교육이 환경을 만나다

한국 학교 환경교육사 산책

교육이 환경을 만나다

한국 학교 환경교육사 산책

최돈형 · 이성희 지음

이담 Books

한국에 환경교육이 도입된 지 반세기가 지난 현재, 한국의 사회·경제적 변화와 관련성을 가지고 변화하는 학교 환경교육의 모습을 통시적으로 살펴보는 일은 매우 의미 있는 일이다. 환경교육사를 살펴보는 일은 학교 환경교육의 뿌리를 탐구하고 현재 학교 환경교육의 모습을 이해함으로써 현재를 바르게 인식하고, 미래의 환경교육을 전망 가능하게 하는 것으로서 환경교육의 학문적 발전에 매우 필요한 일이다.

역사는 '과거와 현재의 대화'이며, 사실을 바탕으로 하는 학문이다. 따라서 환경교육사를 이해하는 일은 과거 사실을 바르게 인식하는 것은 물론 문제 해결 능력을 키워 현재의 환경교육 발전에 기여할 수 있는 바탕이 된다.

현재 우리나라의 학교 환경교육은 초등학교는 분산적 접근방식을, 중등학교는 독립적 접근방식과 분산적 접근방식을 혼용하고 있다. 따라서 학교 환경교육사의 연구가 학교 급별로 나누어져 연구가 진행된다면, 더욱더 엄밀한 시기 구분 및 특성 추출로 학교 환경교육의 구체적인 실재를 드러내는 데 효과적일 것으로 생각한다. 물론 학교 급별을 넘어서 전체 환경교육을 조망할 수 있는 분류 범주가 없는 것은 아니지만, 학교 급별이 갖는 특성까지 고려한다면, 학교 환경교육에 대한 이해를 풍요롭게 하고 이해의 지평을 넓힐 수 있을 것으로 생각한다.

환경교육의 역사적 연구가 계속적으로 이루어져 환경교육의 기반을 튼튼히 하고, 사회를 아우르면서, 세기를 넘어서는 환경교육으로 진화할 수 있기를 희망한다.

앞으로 환경혁명의 세기가 도래할 것이라는 말도 이미 역사가 되었다. 현재 우리는 이미 환경의 세기에 살고 있다. 'Ecoism'은 일상생활의 전 영역에서 적용되고 있다. '친환경'

과 친환경을 떠올리게 하는 '그린'과 '녹색'은 흔히 생활 영역의 접두어처럼 사용되고 있다. 그러나 친환경에 대한 필요성은 증대되었지만 막상 이를 위한 교육은 단편적으로 이루어지고 있다. 따라서 꾸준한 연구와 논의를 바탕으로 학교 환경교육이 활성화되고 강화되어 현재 용어만 있고 이념이 부족한 환경교육의 문제점을 보완하여 현세기를 선도할 수 있는 학문으로 더욱 발전되어야 할 것이다.

2012년 새 봄을 기다리며

저자 씀

contents

PART I

환경교육사

어떠한 학문의 역사를 알아가는 여정은 그 분야를 깊이 있게 이해할 수 있는 길에 이르게 한다. 환경교육사의 논의를 시작하는 이유도 여기에 있다. 환경교육사는 다양한 교육적 함의를 내포하고 있다. 몇 년도에 어떤 일이 일어났는지를 열거하는 것으로 그치는 것은 환경교육사가 가지고 있는 고유한 가치 및 함의를 드러낼 수 없다. 따라서 환경교육의 뿌리와 근간, 그리고 그러한 토대 위에서 축적되어가는 학문의 모습을 이해하고, 앞으로 한국의 환경교육이 나아가야 할 방향과 과정에 대한 안목을 기르기 위해 1장에서는 먼저 환경교육사의 의미와 환경교육사의 교육적 의미를 논하고자 한다.

제 1장에서는 환경교육의 의미 탐색을 위해서 환경교육이라는 용어가 언제 시작되었는지, 환경교육의 관점이 어떻게 변화되었는지, 그리고 지속 가능한 발전교육이 환경교육과 어떠한 관계를 갖게 되었는지 살펴보고자 한다. 이러한 사적 탐구는 환경교육의 발전하는 모습을 확인하고 현재 환경교육의 모습을 투영해볼 수 있도록 도와줄 것이다.

제 2장에서는 환경교육의 교육적 범주를 규정짓는 즉 환경교육의 변천 과정을 고찰해보고 그 의미를 되짚어 보는 것에 대한 의미를 찾아보고자 한다. 이러한 과정을 통해 환경교육사가 가지는 중요하고 분명한 교육적 의미를 규명할 수 있게 될 것이다.

1. 환경교육사 의미를 찾다

국제적으로 환경교육의 시초는 자연학습(Nature Study), 야외교육(Outd-oor Education), 보존교육(Conservation Education)이라고 할 수 있다. 환경교육은 1900년대 초반에 관심을 끌었고 1940년대까지 보존교육을 강조하였다. 환경교육은 1960년대까지는 자연학습이라는 의미로 사용되었고, 1970년대에는 야외교육, 자원이용교육, 인구교육 등의 의미로 사용되었다. 또한 1980년대에는 세계화 교육, 가치교육, 1990년대에는 환경문제의 해결을 위해 행동하는 시민교육, 2000년대에는 지속가능발전교육(Education for Sustainable Development: ESD)의 성격을 반영함으로써 시대 상황에 따라 그 의미가 계속 변화하였다(최돈형, 2006).

가. 환경교육 용어의 시작

'환경교육'이란 용어가 국제 사회에서 공식적으로 처음 사용된 것은 1948년 토마스 프리차드(Tomas Prichard)에 의해서였다. 당시 영국 웨일스의 자연보전과장이었던 그는 '국제자연보전연맹(International Union for Conservation of Nature and Natural Resources: IUCN)'의 파리 회의에서 자연 과학과 사회 과학을 접목하려는 시도가 필요하다고 주장하면서 그것을 '환경교육'에서 찾고자 하였다. 하베이(Harvey)에 따르면 아주 구체적으로 정의된 것은 아니지만 쉔펠드(Schoenfeld)의 1968년도 논문이 학문적인 문헌으로는 환경교육이란 용어를 처음 사용했다고 한다(Harvey, 1976). 그러나 쉔펠드는 환경교육이라는 용어를 처음 사용한 것은 1964년 브레넌(Brennan)이 '미국고등과학협회'에 기고한 글에서 처음 썼다고 주장하였다. 한편 로쓰(Roth)는 '메사추세추 조류학회'의 1957년의 논문을 제시하면서 브레넌이 '환경교육'이라는 용어의 창시자라고 언급하고 있다(최돈형 역, 2005).

이처럼 환경교육이라는 용어가 문헌에 제시된 기원이 정확하지는 않다. 그러나 1969년 환경교육의 개념이 정리되면서 환경교육과 관련된 학회 및 연구회를 중심으로 저널들이 출판되기 시작하였다. 각국에서는 환경교육을 증진시키기 위한 법령 및 제도들이 제정되었고, 교육과정에 환경교육을 포함하는 것에 관심을 기울이게 되었다. 1972년 유엔환경회의, 1975년 베오그라드 국제환경교육회의, 1977년 트빌리시 정부 간 환경교육회의와 같은 초기의 환경교육을 위한 국제적 노력과 더불어 1973년 유엔환경계획(United Nations Environmental Programme: UNEP), 1975년 유네스코(United Nations of Educational, Scientific and Cultural Organization: UNESCO)와

[국제자연자원보존연맹(IUCN) 마크]

같은 환경교육의 확산을 위해 중요한 기구들이 탄생되었다. 1987년 브룬트란트(Brundtland) 보고서는 지속가능발전을 위한 환경교육이라는 패러다임의 이행을 가져왔고, 1992년 유엔환경개발회의(United Nations Conference on Envitonment and Development: UNCED)에서 채택한 의제 21(Agenda 21)은 세계 각국으로 환경교육을 확산시켰다. 2002년 유엔총회에서 2005년부터 2014년까지 지속가능발전교육 10년의 실행 계획을 세웠으며, 다양한 국제적인 환경교육회의 및 워크숍이 현재 진행되고 있다. 제1차 세계 환경교육회의(World Environmental Education Congress: WEEC)가 2005년 포르투갈에서 개최되었으며, 그 후 계속되어 2011년에는 오스트레일리아에서 제6차 회의가 개최되었다. 국외 환경교육은 국제환경교육회의 및 국제기구, 각 나라의 환경운동 단체 및 연구학회를 중심으로 발전하였으며, 국외 환경교육은 국내 환경교육에 커다란 영향을 주었다.

환경문제의 근본적 예방과 해결을 위한 교육적 접근의 중요성이 점차 부각되면서 우리나라에서도 환경교육의 필요성이 점차 강하게 인식되어 왔다.

이러한 이유는 그간 산업화의 과정에서 다양한 환경문제가 발생하게 되었고, 국민의 소득 수준이 향상되면서 쾌적한 환경 속에서 삶을 영위하고자 하는 사회적 요구가 싹트게 되었기 때문이다. 이러한 국제적인 변화와 궤를 같이하여 1970년대부터 우리나라의 학교 환경교육이 시작되었으며 발전하게 되었다.

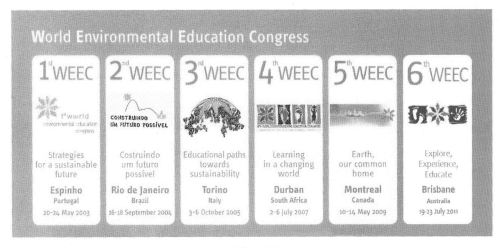

[세계환경교육회의]

나. 환경교육 관점의 변화

환경교육은 당면한 환경문제 해결이라는 실용적인 측면에서 출발하였지만, 최근에는 환경과 경제와 사회를 통합한 인간 삶 전반에 걸친 행복과 복지를 추구하는 방향으로 발전하여 왔다. 환경오염 문제가 심각했던 환경교육 탄생의 초기에는 당면한 환경문제를 자연 과학적으로 규명하고 과학 기술적으로 대처하는 실용적 접근이 우세할 수밖에 없었다 (최돈형, 2007). 하지만 스탭 등(Stapp, et al., 1969)과 같은 초기 환경교육자들은 환경교육이 단지 환경에 대한 '지식'과 환경문제 해결의 '방법' 및 '기능'을 갖추게 하는 것뿐 아니라 시민으로서 올바른 의사 결정 능력을 함양하는 목표를 포함해야 한다고 규정하였다. 이렇게 보면 초기의 환경교육에서부터 '시민적 의사 결정'과 '새로운 행동 양식의 창출'이라는 관점을 함축하고 있었다고 말할 수 있다.

환경교육은 1992년 '리우 선언'을 계기로 큰 변화를 맞이하게 되었다. '리우 선언'은 환경문제의 해결과 환경보전 의식 고양 정도에 머물러 있던 환경교육의 관심을 더욱 폭넓게 확장하면서 '지속가능발전교육'이라는 개념을 확산하였고, 이 지속가능발전교육은 환경교육의 지평을 크게 확장시켰다. 요컨대 자연 과학에서 비롯되어 환경교육의 기능적, 행동적 측면을 강조하는 실용적 관점에서, 사회적 실재를 환경 속에서 이해하는 관점, 또는 사회 비판적인 관점으로 그 폭이 크게 넓어지게 되었다(Jickling & Spork, 1998; Jickling, 2006).

다. 지속가능발전교육으로서의 보편성과 환경교육의 특수성

20세기 중반 이후 전 세계적으로 산업화, 도시화가 가속화되고 성장 위주의 정책이 유지됨에 따라 환경문제가 중요한 사회적 문제로 제기되었다. 환경을 고려하지 않는 개발에 의해 곳곳에서 크고 작은 환경 파괴와 오염 문제가 발생하기 시작하였고, 이러한 환경문제의 해결책으로 환경운동과 환경교육이 대두되었다.[1] 하지만 환경을 고려하는 것이 경

---

1) 환경교육은 환경운동과 환경홍보 및 환경계몽과는 구별된다. 교육은 장기간에 이루어지는 의도적인 활동으로, 과정 중심적이며, 교육받는 대상의 능력을 신장시키고 가치관을 내면화하는 것을 목표로 하기 때문에, 결과 중심적이며 쟁점해결을 위한 실천지향성을 의무화하는 환경운동과는 다른 내포와 외연을 갖는다. 또한 사람들의 인식을 목적으로 알리는 데에 주로 관심을 갖는 환경홍보나, 사회적인 의도에 의하여 무지와 인습의 상태를 깨우치게 하는 환경계몽과는 다른 관점을 갖는다.

제 발전에 저해된다는 인식이 강했던 1960~1970년대에는 환경과 경제 발전을 양립할 수 없는 두 개의 축으로 보았다. 즉, 환경을 고려한다는 것이 경제 발전의 큰 걸림돌로 간주한 것이다. 1980년대에 들어와서 국민 소득이 5,000달러를 넘어서면서 기본적인 의식주의 문제가 해결되고, 1988년 올림픽을 성공적으로 치러 내면서 성숙해진 국민 의식을 바탕으로 하여 민주주의가 자리 잡기 시작하자 사람들은 삶의 질에 대해서 생각하게 되었다.

이러한 흐름 속에서 1990년대에 들어와서는 환경보전의 가치가 경제 발전의 가치를 넘어서게 되었다. 또한 2000년대에 들어서면서, 지역적인 환경문제를 넘어 인류 공동의 협력과 노력을 필요로 하는 전 지구적인 환경문제들이 부각되었고, 이에 따라 환경문제가 개개인의 쾌적한 삶의 질 추구에서 인류의 생존과 번영을 책임져야 하는 필수적인 주제로 확대되었다. 이와 같이 환경과 환경문제를 다루는 환경교육은 사회 정의, 민주주의, 경제 발전, 인간의 권리, 적절한 개발, 환경보전, 환경문제 해결 등 지속가능발전을 추구하는 사회로 나가기 위한 가치를 내포하는 필수적인 교육이라고 할 수 있다. 즉, 환경교육은 환경문제를 환경 자체의 보전 문제를 넘어 환경을 대하는 인간과 사회의 문제를 통합적으로 바라보는 지속가능발전의 개념을 추구하게 된 것이다.

이와 같이 인류가 나아가야 할 새로운 패러다임으로 제시되고 있는 '지속가능발전'의 개념은 1972년 유엔인간환경회의를 통해 등장하였으며, 국제자연보전연맹(IUCN)이 1980년 개최한 '세계보전전략'(World Conservation Strategy)에서 다시 사용되었다. 이후 환경과 개발에관한세계위원회(World Commission on Environment and Development: WCED)에서 채택한 브룬트란트(Brundtland) 보고서인 '우리 공동의 미래'(Our Common Future)(WCED, 1987)[2])에서 그 개념이 정의되었으며, 1992년 유엔환경개발회의(UNCED),[3]) 1997년 지구헌장위원회(Earth Charter Committee), 2002년 지속가능발전세계정상회의(World Summit on Sustainable Development: WSSD)[4]) 등 이후의 많은 국제회의에서 세계인의 보편적인 가치로 인정받게 되었다.

---

2) 1983년 유엔총회가 '2000년을 향한 환경전망' 준비에 착수한다는 결의문을 채택하고, 특별위원회를 구성하여 4년만의 연구 끝에 1987년 '환경과 개발에 관한 유엔 보고서'로 발표한 것인데, 이보고서는 지속가능발전의 중요성을 국제사회가 처음 공식적으로 인정한 문서라고 할 수 있다.

3) 흔히 리우 회의라고 부르는데, 국제 사회가 인류의 공동체 운명에 관하여 범지구적 행동을 처음 시작한 기념비적인 행사인데, '기후변화에 관한 유엔 협약', '의제 21'(Agenda 21) 등이 이 회의의 산물이다.

4) '리우+10회의'라고 부르기도 하는데, 2012년 리우데자네이루에서 '리우+20 회의'라고 부르는 '세계지속가능발전정상회의 2012'가 열릴 예정이다.

[지속가능발전의 4차원]

　　지속가능발전에 대한 수백 개의 서로 다른 정의가 존재하지만, 브룬트란트 보고서와 의제21에서 제안된 "미래 세대가 그들 자신의 필요를 충족시킬 능력을 훼손하지 않으면서 현재 세대의 필요를 충족시키는 발전"이라는 정의가 가장 일반적으로 받아들여지고 있다. 지속가능발전에 대한 다양한 정의들은 환경적, 경제적, 사회적 그리고 정치적 범위에서 강조점을 [지속가능발전의 4차원]과 같이 반영하고 있다(UNESCO, 2005). 즉, 계속해서 진화하는 개념인 지속가능발전은 환경보전을 경제 발전(적정 개발), 사회 발전(평화, 평등, 인권), 정치 발전(민주주의)과 조화시켜 현 세대와 미래 세대 모두의 삶의 질이 향상되는 것을 의미한다.

　　또한 2002년 '지속가능발전세계정상회의(WSSD)'가 남긴 중요한 함의는 지난 10년 동안 지속가능발전의 조건이 바뀌었고, 그 실천을 둘러싼 의미와 방식이 변하고 있다는 사실이었다. 지속가능발전은 현재의 발전이 현 세대 내에서만이 아니라 현 세대와 미래 세대, 인간과 생물종 간의 형평성을 실현하는 방식으로 전개되어야 하고, 그 실천에서는 주요 집단 간의 파트너십이 매개되어야 한다. 이러한 지속가능성이 실현되려면 무분별한 소비 생활, 경제 중심의 사고, 과도한 에너지를 사용하는 산업 생산, 비민주적 정책 등과 같은 기존의 행태와 관행이 바뀌어야 하는데, 이를 위해서는 지속가능발전교육이 절대적으로 필요하다. 이러한 지속가능발전 개념의 발전 과정을 정리하면 <표 1>과 같다(교육과학기술부, 2009).

〈표 1〉 지속가능발전 개념의 발전 과정

구 분	내 용	주안점
유엔인간환경회의 (1972년)	지구 환경에 대한 위기의식과 환경문제에 대한 국제적인 대응 시작	환경문제
세계보전전략(World Conservation Strategy)(1980년)	생태 작용의 유지, 지속가능한 자연 자원 이용, 그리고 종 다양성 보존의 세 가지 핵심 쟁점을 중심으로 환경 쟁점에 대한 이해와 분석에 대한 중요한 장을 열었음. 이를 토대로 지속가능발전의 개념에 대한 국제적 공감대가 최초로 형성	환경 쟁점에 대한 이해와 분석 중심
환경과개발에관한 세계위원회 (1987년)	미래 세대의 필요를 충족시키기 위한 잠재 능력을 침해하지 않는 범위 내에서 현 세대의 필요를 충족시키는 발전	환경보전과 경제 개발
유엔환경개발회의(1992년)	'환경적으로 건전하고 지속가능한 발전'이라는 환경적 의미를 강조. 환경과 경제의 조화를 추구하는 실천 전략으로 구체화되어 발전	환경보전과 경제 발전의 조화
지속가능발전세계 정상회의 (2002년)	환경, 경제, 사회라는 상호 의존적인 측면들을 통합적으로 고려하는 발전의 의미로 발전	환경, 경제, 사회의 통합적 조화를 이루는 발전

    지속가능발전을 창조하고 대응하는 힘은 교육에서 나온다. 지속가능발전교육(Education for Sustainabel Development: ESD)은 지속가능발전에 '관한' 교육인 동시에 지속가능발전을 '위한' 교육이다. 지속가능발전교육을 통해 학습자로 하여금 평생 학습이 가능하고, 이웃과 더불어 지속가능한 삶을 영위하는 데 필요한 지식과 기능을 습득할 수 있게 해야 한다. 또한 지속가능발전교육은 지구적 쟁점과 국지적 쟁점 및 토착 지식을 중시하는 인식을 길러 주고, 다양한 관점과 가치를 고려할 수 있는 능력을 개발하는 것을 강조하며, 학습자 자신의 가치, 함께 사는 사회의 가치, 다양한 인종의 가치, 인간과 자연 간의 호혜 관계 등의 이해 능력을 갖춘 세계 시민을 양성하는 것을 지향한다.

    하지만 지속가능발전의 개념 자체가 가진 모호성과 다양성은 그 실천 방안에 대한 구체적인 토대를 제공하지 못하였고, 개념 자체에 대한 다양한 해석과 이해 부족으로 아직까지 지속가능발전교육이 원활하게 이루어지지 못하고 있는 실정이다. 이에 우리나라는 지구적 환경문제를 해결하고 지속가능발전을 가능하게 하려는 방안으로 녹색성장이라는 개념을 국가의 신성장 동력으로 제시하게 되었다. 여기에서 제시하고 있는 녹색성장이란 "모든 사람의 삶의 질을 향상할 수 있도록 환경적으로 지속가능하고, 환경을 원동력으로 삼는 경제 발전"을 일컫는다.

    이러한 녹색성장의 의미는 크게 3가지 측면으로 해석할 수 있는데, '환경적 측면'에서는 환경보전과 경제성장, 사회 문제의 조화를 꾀하며, 화석 에너지에서 기후 변화를 일으키지 않는 신재생 에너지로 에너지원의 전환을 추구하는 것이고, '경제적 측면'에서는 환경보전을 위한 각종 규제를 성장의 저해 요소로 인식하기보다는 녹색 과학·기술을 바탕으로 한 녹색 산업을 새로운 성장 동력 및 고용 창출 기회로 활용하겠다는 것이다. '사회적 측면'에서는 환경적, 사회적 정의를 지향하는 것이다. 이렇게 볼 때 녹색성장의 개념은 경제 발전에만 방점을 둘 것이 아니라, 다음 그림과 같이 지속가능발전의 세 축을 모두 소홀히 하지 않아야 하며, 이는 앞으로의 녹색성장 교육이 어떠한 방향으로 나아가야 할지를 시사한다(교육과학기술부, 2009).

특히 우리나라는 국가·사회적으로 지속가능발전을 위한 실제적인 실천 방안으로 녹색성장을 선택하였다. 학교 교육의 새로운 청사진으로 학생들의 교육 활동에 적용하기 위해 선택한 녹색성장교육은 넓은 의미에서 녹색성장의 중요성을 인식하고 녹색 생활양식을 체득하는 것을 의미하며, 좁은 의미로는 녹색성장에 필요한 실제적 역량을 강화하는 교육을 뜻한다. 따라서 녹색성장 교육은 자연환경과 어우러지는 삶의 방식 속에서 행복을 발견하고, 사회 변화를 녹색성장의 기준에서 판단할 수 있는 사고력을 보유하며, 지역 및 지구 환경문제의 예방 및 해결에 적극적으로 참여할 수 있는 건강한 시민 양성을 목적으로 하고 있다. 즉, 녹색성장 교육은 에너지 문제, 기후 변화와 같은 인류의 지속가능발전을 저해하는 환경문제를 통합적이며 총체적 접근을 통해 해결하고, 쾌적한 환경 속에서 살아갈 수 있는 환경 소양을 갖춘 민주 시민 양성을 추구한다.

그러나 녹색성장의 개념은 환경교육의 내적 논의에서 비롯되었다기보다는 국가적 요구에 의한 것이며 충분한 학문적 논의가 없었던 것이 사실이다. 또한 녹색성장교육에 대해서는 다양한 이견들이 있다. 이것은 Ⅲ 장에서 자세히 다루기로 하겠다.

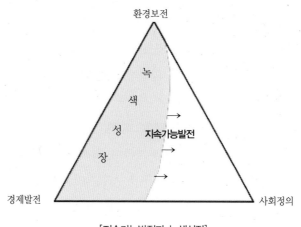

[지속가능발전과 녹색성장]

2. 환경교육사 교육적 의미를 찾다

역사 연구에서 역사가는 중요한 의미를 내포한다. 역사적 지평을 재구성하고 사유과정을 재사고함으로써 역사적 사실에 담겨 있는 의미를 읽어낸다(김영한·임지현, 1994). 역사가의 '재연'은 합리적이고 객관적이며 보편적인 추론의 과정이다. 이는 그것이 질문과 대답의 연쇄 과정으로 구성되기 때문이며, 구체적인 질문의 단계적 제시와 그에 대한 옳은 대답의 추구가 끊임없이 이어지는 논리적 구조를 지니고 있을 뿐만 아니라, 역사가가 각 단계에서 자신의 질문과 대답의 타당성을 증거에 비추어 끊임없이 검증하는 합리적 과정이다(Collingwood; 김봉호 역, 1976).

다카하시(1922)는 일찍이 일본사 전공자와 교육학 전공자들 각자가 연구한 일본 교육사 책의 장단점에 대해서 언급하였다. 전자는 사료의 취급에서는 조금 나은 점이 있지만 교육학적 고찰에서는 뒤떨어지고, 후자는 그 반대라고 하였다. 여기서 바람직한 것은 교육학을 연구한 사람으로 역사에 대한 소양이 있는 사람이 몰두해서 일본 교육사를 연구하는 체제가 완벽한 일이라고 논하면서 사료취급의 과학성과 교육학적 고찰의 타당성은 모순되는 개념이 아니라고 하였다(中內敏夫; 김경희·변호걸 공역 1995).

따라서 카아(Carr)가 말한 역사가 현재의 역사가와 과거의 역사적 사실을 재음미하고 재해석하는 과정으로 본다면(박종국 역, 2006), 환경교육학자의 관점에서 환경교육사가 정립되고 서술되어야 할 것이다.

또한 역사성이나 역사적 중요성은 한 인간 혹은 한 인간집단의 실존적 선택의 산물일 수밖에 없으므로(박이문, 2004) 인간의 사상만을 대하는 역사가의 견지에서가 아니라 환경교육학적 안목에서 환경교육의 대상을 일관성 있게 기록하고 설명하고 그 의미를 해석하는 것 역시 필요하다.

따라서 환경교육사를 역사적인 시각으로만, 혹은 윤리적인 차원에서만, 교육학적 견지에서만 연구하는 것은 많은 한계를 가지게 된다. 왜냐하면 환경교육이라고 하는 것이 시간적 통시성만을 가지고 있는 것이 아니며, 사상의 논쟁으로만 그칠 수 있는 것도 아니며, 사회의 구조에 국한하고 있는 것만은 아니기 때문이다. 환경교육사는 환경적 세계에 대한 총체성과 통합성을 담보하고 있어야 하므로, 이를 위해서는 환경교육학적 관점에서 과거에 있었던 환경교육과 관련된 사건을 재평가하고 해석해야 한다.

가. 환경교육사의 교육적 가치

교과의 역사를 안다는 것은 한 교과 교육 연구, 실천의 시작이다(남상준, 1995). 환경교육사 연구의 일반적인 의의는 환경교육의 형성, 발전 과정의 구명을 통하여 환경교육의 본질을 이해하는 것에 있다. 또한 이를 통해 현재의 환경교육이 위치하고 있는 맥락을 이해하고 앞으로의 환경교육이 나아가야 할 방향을 제시할 수 있다.

오늘날 학교 환경교육에서 주요한 논의 중 하나는 환경을 어떻게 바라보아야 하는가와 환경교육의 목적과 내용 및 방법은 어떠해야 하는가 이다. 기초적인 환경에 대한 올바른 이해는 다른 많은 환경문제에 대한 지식과 정보를 정확히 판단하고 의사결정 할 수 있게 하는 기초적인 초석이 될 수 있기 때문이다. 특히 근래에 들어 환경교육과 관련하여 단순히 지식을 가르치고 배우는 차원으로 접근하는 것이 아니라, 환경 본래의 특성과 환경 철학 및 환경적 세계관에 대한 강조를 통해 접근하자는 주장들이 지속적으로 대두되고 있다.

환경교육은 문화적·역사적·철학적 맥락을 통한 통합교육이어야 한다. 환경과 인간관계의 발전 과정을 통해서 학생들에게 환경의 사회적·철학적·문화적 측면을 바르게 인식시켜 바람직한 환경적 가치와 안목을 갖게 하는 데 도움을 준다.

환경교육사는 다음과 같은 가치를 지닐 수 있다.

첫째, 환경교육사는 그 자체로서 탐구할 고유한 가치를 지닌다. 환경교육진흥법 제정, 체험환경교육의 강화, 녹색성장교육 등 환경학적 관점에서 바라보는 것과 같은 구체적인 사건에서의 중요한 원인과 결과 등의 내용은 학생들이 환경 및 환경교육을 바라보는 새로운 안목과 통찰을 가지게 되며 스스로 깊이 탐구할만한 가치를 갖게 될 것이다.

둘째, 환경교육사는 환경 개념을 포괄적으로 이해하는 데 도움을 준다. 역사적 접근은 환경의 변화와 환경문제의 원인을 시간의 흐름 속에서 추적하게 함으로써 환경을 이해하고 환경관을 구성하는 데 의미 있는 논의를 제공한다.

셋째, 환경교육사는 환경의 본성을 이해하는 데 반드시 필요하다. 환경교육사는 우리 주위에서 흔히 접할 수 있는 극단적인 생태주의, 극단적인 기술지향주의와 같은 독단론 등을 경계하도록 한다.

넷째, 학생들은 환경교육사로 인해 환경교육에 매우 흥미를 가지게 되며 수업에 활기를 띠게 된다. 환경교육사 자료 가운데는 학생들의 잘못된 개념이나 그것을 어떻게 해결해 가면 되느냐를 시사하는 풍부한 재료를 발견할 수 있다.

다섯째, 환경교육사는 환경의 사회적 기능의 이해와 그것이 있어야 할 올바른 모습을 아는 데 중요한 역할을 한다. 환경교육사는 인간과 환경의 관계에 대해 고심하고 우여곡절을 거쳐서 현재의 환경에 도달한 발자취이므로 환경교육사는 환경교육에 다양한 교수·학습적 측면을 제공해준다.

여섯째, 환경교육사는 다양한 학문 분야들이나 각 주제 간의 관련성을 증진시키며 환경과 다른 교과와의 연관성도 높여준다(이성희·최돈형, 2008).

나. 환경교육사의 교육적 함의

환경교육사 탐구는 시대적 변천에 따라 어떻게 환경을 바라보았는지에 대한 관점의 변화를 알아가는 것이다. 인간과 인간 사이에는 서로 간의 동의를 얻기 위해 간주관성(intersubjectivity)이 중요하듯이, 환경과 환경 속에 살고 있는 환경 인자들의 권리도 동시에 생각해야 하는 인간과 환경 간의 간주관성이 필요하다. 분명히 현대는 학문적 태도의 변화와 정신문화 면에서 새로운 의식의 혁신과 가치체계를 강력히 요구하고 있다. 더 늦기 전에 인류는 자연의 질서와 인류의 질서가 합치될 수 있는 통일의 철학을 발굴해 나가야 할 것이다.

환경은 사회나 역사와 분리하여 생각할 수 없다. 환경 속에서 사회와 역사 발전이 함께 이루어졌기 때문이다. 서양 문화에 바탕을 둔 환경관 및 환경사와 우리 문화의 환경관은 다소 이질적이다. 그렇기에 전통문화의 구조 위에서 환경을 보는 관점이 중요하다. 뿐만 아니라 다원사회에서는 학습자가 속한 문화에 따라 환경교육의 내용도 달라질 필요가 있다. 더욱이 오늘날 우리의 환경교육이 우리 문화와 유리되어 있다는 점이 큰 문제점으로 지적된다. 따라서 우리 문화에 기초한 환경교육을 실현하려는 방안의 하나로, 환경교육사를 이용한 환경교육의 의미를 탐색하고 우리의 환경교육사 자료를 활용한 환경교육의 가능성을 제시하는 후속연구가 뒷받침되어야 한다.

PART Ⅱ

시기 구분

역사에서의 시대 및 시기 구분을 어떻게 할 것인가는 곧 각자의 사관 문제로 귀결될 수 있다. 사관에 따라 역사를 바라보는 관점이 달라지고, 시대를 가르는 기준과 원칙도 달라질 수밖에 없게 된다(이대근, 2005). 따라서 환경교육사의 연구에서 환경교육을 바라보는 연구자의 관점은 환경교육의 전개 과정을 범주화하는 시기 구분의 기준에 귀결된다고 할 수 있다.

시기 구분이란 환경교육의 기원이 언제인지, 환경교육의 출발점을 무엇으로 보아야 하는지, 환경교육의 시작은 언제인지, 그 시기의 특징적인 패러다임은 무엇인지, 패러다임에서 또 다른 패러다임으로 전환하는 과정은 어떠한지와 같은 다양한 문제 인식을 포함한다.

현재 환경교육의 시기 구분에 대한 연구는 다른 교과에 비해서 매우 적은 편이다. 이는 짧은 환경교육의 역사에서 기인하는 이유가 가장 크겠지만, 환경교육과 관련된 논문 편수를 생각한다면 환경교육의 충분한 이해를 위한 사적 연구, 특히 시기 구분에 대한 연구가 거의 이루어지지 않고 있다고 볼 수 있다.

본 장에서는 시기 구분이 갖는 의미를 깊이 있게 탐색하였다. 시기 구분의 선행연구를 재조명하기 위해서, 먼저 시기 구분의 쟁점이 되는 학교 환경교육의 출발점과 환경교과의 독립이 시기 구분에서 갖는 가치에 대해서 깊이 있게 논의하였다. 또한 시기구분의 준거를 바탕으로 환경교육의 학문적 특성을 고려한 시기명이 어떻게 결정되었는지 설명하였다.

학교 환경교육사의 시기 구분과 시기별 특성을 추출하는 것은 환경교육의 보다 깊은 성찰을 위하는 길이며, 다양한 학문 분야들로부터 얻을 수 있는 통찰을 서로 연결 짓고 종합하여 나아가 환경교육을 바로 볼 수 있는 안목과 세계관에 접근할 수 있도록 도와줄 것이다(이성희·최돈형, 2008).

1. 시기에 획을 긋다

환경교육이 교육 내부의 요구보다는 외적인 요구, 즉 사회적 필요에 의해 성립된 분야라는 주장에 비추어 본다면, 연구경향 및 교육과정 개정뿐만 아니라 당시의 사회적·경제적 배경을 고찰하는 것이 학교 환경교육에 대한 논의를 풍부히 하고 발전 방향을 좀 더 합리적으로 전망하는 데 도움이 될 것이며, 환경교육의 다양한 사유를 역사적인 관점에서 수렴하고 통합할 수 있을 것이다. 또한 전체 사회적·경제적 배경 속에서 학교 환경교육이 의미하는 바를 조망해 보는 일은 학교 환경교육의 발생과 성장, 발전과 굴절을 이해하는 데 필수불가결한 일이다. 환경교육은 환경과 인간과의 관계, 인간 행위의 문제를 판단하는 가치의 문제, 개발과 경제성장에 따른 환경파괴의 원인을 바라보는 관점과 같은 인간 사회의 사회적 경제적 사유를 담고 있기 때문이다.

따라서 이러한 통찰을 바탕으로 학교 환경교육사의 시기를 구분하고자 한다. 시기 구분은 학교 환경교육의 해석적 틀을 제공함과 동시에 환경교육을 관통하는 관점을 제공함으로써 환경교육의 학문적 논의를 풍부하게 하고자 한다. 따라서 사회적·경제적 상황을 고려하여 환경교육의 내재적 발달 과정을 실증적으로 규명하여 시기를 범주화하는 작업을 통해 진화·발전하는 학교 환경교육의 상(像)을 파악하고 특성을 구분 지어 보는 것은 환경교육의 발전을 위해 매우 중요한 일이다.

우리나라의 학교 환경교육은 크게 4시기로 구분된다. 해방 후부터 1971년까지를 한국 학교 환경교육의 여명기로, 1972년부터 1986년까지는 한국 환경교육의 형성기로, 1987년부터 1996년까지 한국 환경교육의 확산기로, 1997년부터 현재에 이르러서는 한국 학교 환경교육의 전환기로 구분하였다.

특히 시기 구분은 학교 환경교육의 해석적 틀로써 학교 환경교육을 관통하는 관점을 제공하기 때문에, 환경교육의 토대가 되었던 당시 사회적·경제적 배경과 학교 환경교육의 내재적 발전 과정을 시기 구분의 준거로 삼았다.

가. 한국 학교 환경교육의 출발점은 언제인가

환경교육의 시기 구분에 대한 연구로, 남상준(1995)은 환경교육 전 단계로서의 환경운동 및 선구적인 환경교육 연구개발이 이루어졌던 시기를 태동기(1980년 이전)로 보았으며 1981년을 환경교육이 성립되는 출발점으로 보았다. 최석진(1999)은 1970년대 이후 자리를 잡기 시작한 환경교육이 80년대부터 본 궤도에 들어섰다고 하면서 이 시기를 시발기(1980년 이전)로 보았으며 1980년을 환경교육이 성립되기 시작하였다고 하였다. 최돈형(2004)은 학교 환경교육의 변천 과정을 환경교육의 태동기(1980년 이전)로 보았으며, 1981년을 환경교육 성립기의 시작으로 간주하였다. 이재영(2008)은 환경교육 목표 및 환경교육의 접근 방법을 중심으로 1970년대 초반부터 10년간을 계몽의 시대(1970년 초반~1980년대 중반)로 보았으나, 환경교육의 성립과 출발에 대해서는 명확한 시기를 언급하고 있지는 않다. 다만 이 시기에 환경교육은 교육의 성격과 계몽의 성격을 동시에 가지고 있다고 주장하였다.

요컨대, 남상준(1995), 최석진(1999), 최돈형(2004)은 모두 1980년 혹은 1981년을 학교 환경교육의 분기점으로 고려하여 학교 환경교육이 시작되었다고 기술하고 있는데, 이는 제4차 교육과정의 총론에서 '환경교육'이라는 용어가 명시적으로 나타나기 때문이다.

그러나 기존에 받아들여지고 있는 '제4차 교육과정의 개정'을 학교 환경교육의 효시로 보고 있는 통념을 재검토할 필요가 있다. 환경교육의 맹아를 이해하기 위해서는 기존 연구에서 주장하는 1980년대 이전의 환경교육과 관련된 자료들을 중심으로 환경교육의 형성 시기 이전의 맹아에는 어떤 것들이 있는지에 대한 확인이 필요하다.

학교 환경교육의 시작을 어디로 보아야 할 것인지는 환경교육[5]을 어떻게 보느냐의 관점과 매우 밀접한 관계가 있다. 단순히 '환경'이라는 말이 등장했다고 해서, '환경교육'의 시작으로 볼 수는 없는 것이다. 따라서 경제성장 이데올로기가 압도하는 사회·경제적 여건에서 환경교육을 뒷받침할 수 있는 인식과 노력을 실증적으로 검토해야 한다.

1973년에 고시된 제3차 교육과정은 환경교육 관련 내용을 간단히 다루고 있지만, 자연과에서 환경교육에 대한 기본 개념을 중심으로 다루고 있다(윤세중, 1975). 환경교육 목표와 체제가 결여된 일반적인 기술이라고 평가할 수 있겠으나, 환경교육의 시작으로서 아직 체계가 부족하였을 뿐, 이 시기에 일어났던 환경교육의 형성을 부정할 수는 없다. 제3차 교육과정을 학교 환경교육의 시작으로 보는 이유는 다음과 같다.

---

5) 환경교육은 환경 탐구를 바탕으로, 환경 감수성 및 환경 지식을 신장시키고, 환경적 관점에서 세상을 바라보는 태도와 인식을 통합함으로써 궁극적으로 바람직한 환경관을 갖도록 하는 것을 목적으로 하는 교육 일체를 포함한다. 따라서 오래전부터 우리나라의 전통과 가치관으로 자리 잡고 있는 생명존중교육이나 단순히 자연을 보호하는 자연보호학습, 또는 야외에서 이루어지는 학습과 구별되는 의미를 갖는다. 우리나라 '환경교육진흥법' 제2조(정의)에서는 '환경교육'이란 국가와 지역사회의 지속가능발전을 목표로 국민이 환경을 보전하고 개선하는 데 필요한 지식·기능·태도·가치관 등을 배양하고 이를 실천하도록 하는 교육을 말한다.

첫째, 총론편의 일반 목표에서 자연 자원의 보존을 명시하고 있다. 제1차 교육과정과 제2차 교육과정 총론편에 제시되지 않았던 '자연 보존'과 관련된 목표가 제3차 교육과정에 나타나고 있다.

1973년 2월 15일에 개정 고시된 국민학교 교육과정(문교부, 1973)에 '국토 및 자연 자원의 보존과 개발을 위하여 힘쓰게 한다.'와 같은 일반 목표가 제시되어 있다.

둘째, 이전 시기와 다르게 각급 교육과정에서 인구, 공해, 자연 보전, 토양 오염, 산림 보호, 환경오염, 환경보전과 같이 환경교육의 관련 내용으로 볼 수 있는 내용요소와 용어들이 등장하고 있다.

국민학교 6학년 자연 과목에서는 '생태계'라는 단원 속에 먹이 연쇄, 물질의 순환, 자연의 평형과 오염 및 자연 보존의 내용이 포함되어 있으며, 4학년 사회 과목에서는 교과서에 '국토보전과 개발'이라는 단원 속에 우리나라의 자연재해와 공해, 국토보전의 필요성, 자연재해방지 대책, 공해방지 대책이 수록되어 있다.

1973년 8월 개정 고시된 중학교 교육과정에서 환경교육의 내용은 2학년 과학(생물) 영역에서 환경오염이 인류생활에 미치는 영향과 요인을 밝혀 보존하려는 것을 다루었으며, 사회 과목에서는 1학년의 경우 산업 및 인구 취락과 교역의 발전에 대한 이해와 자연재해, 공해대책과 국토의 균형 있는 발전과 개발에 따르는 당면과제에 대한 고찰을 다루었다. 3학년에서는 인류사회의 여러 문제라는 단원 속에 세계적으로 문제 되고 있는 환경, 인구, 농촌, 도시 등을 학습하게 하여 국민의 복지 지향과 인류의 번영을 위해서는 어떠한 노력이 있어야 하겠는가에 대해 고찰하였다.

1974년 고시된 인문계 고등학교의 교육과정에서는 생물학 과목에서 생물과 환경이란 단원 속에 생태계 평형을 파괴하는 환경오염 및 그 대책과 자연의 보존 내용을 다루고 있다.

셋째, 몇몇 과목에 치중되어 있기는 하지만, 도덕과 사회, 가정과 과학에서 환경 관련 내용이 초등학교 1학년부터 고등학교에 이르기까지 연계되어 가르쳐지고 있기 때문이다.

따라서 제3차 교육과정이 고시되었던 1973년을 한국 학교 환경교육의 형성기의 출발점으로 볼 수 있다.

나. 환경교과의 독립이 갖는 실질적인 가치는 무엇인가

시기 구분은 환경교육과의 전개과정에 대한 해석의 틀을 제공한다는 점에서 매우 중요한 연구 작업이다. 즉 시기 구분은 환경교육의 흐름에 의미를 부여하기 위해서 환경교육의 사적 사건들을 일정한 단위로 특성화하여 묶어보려는 시도이다. 남상준(1995), 최석진(1999), 최돈형(2004)은 모두 학교 환경교육의 성립을 1991년까지로 보고 있다. 즉 1992년 제6차 교육과정 고시를 시기 구분 기점으로 설정하고 있는데, 이는 환경교과의 독립을 매우 중요하게 여기고 있기 때문이다. 환경과의 독립은 우리나라 교육사상 처음으로 국가 사회의 문제를 해결하기 위하여 교육이 도구로서 동원된 교과목을 설정하였다는 의의를 갖으며, 환경문제 해결의 긴급성에 대하여 사회 전체가 공통으로 인식한 결과가 교육적 표출로 이어졌다고 볼 수 있다.

그러나 독립적 교과 형식이 반드시 학교 환경교육의 도약과 발전을 가늠하는 척도는 아닐 것이다. 우리나라보다 훨씬 환경교육이 발달한 다른 나라의 예를 보더라도 독립적 교과방식이 분산적 교과방식보다 결코 뛰어나다고 확언할 수 없으며, 그보다는 독립적 교과방식이 학교 환경교육에 미치는 영향과 결과에 무게를 두어 그 가치를 판단해야 할 것이다. 따라서 기존의 시기 구분이 갖는 통념에 대해 재검토할 필요가 있다.

1992년 환경교과의 '독립 교과화'가 된 이후, 1995년 중학교에 환경이 '선택' 과목으로 도입되었지만 대부분의 학교가 선택을 기피, 학교 환경교육이 시행 초부터 흔들리는 현상을 보였다. 서울 지역 347개 중학교 중 환경을 선택과목으로 지정한 학교는 2.6%에 불과한 9개교로 나타났으며, 경기도와 강원도 내 중학교들도 각각 330개, 163개교 중 각각 7개, 4개교만 환경 과목을 선택하였다. 이 같은 현상은 경상남도 294개교 중 3개교, 경상북도 299개교 중 4개교와 같이 전국에서 공통으로 발생하여 전국 선택률이 2%를 넘지 않았다. 특히 대구와 부산지역은 환경과목을 선택한 중학교가 하나도 없는 실정이었다. 일선 학교 대부분은 환경과목 대신 한문과 컴퓨터를 선택과목으로 지정하였다. 이렇게 환경 과목을 선택하지 않는 이유에 대해서 '기존의 과학, 도덕, 가정 과목 등에 환경 관련 내용이 일부 기술돼 있을 뿐 아니라 대학입시와 무관하고 환경담당 교사도 부족한 때문'으로 꼽고 있었다(서울신문, 1995. 01. 23).

이러한 사항은 2011년의 경우도 별반 다르지 않다.

2011년 서울시 소재 367개 중학교 중 환경교과를 선택한 학교는 겨우 14개 학교(3.8%)에 지나지 않았다. 2008년 서울시 일반계 고등학교는 302개교 중 46개 학교(15.2%)가 환경과목을 선택했으며, 환경교육 자격을 지닌 교사 수는 중학교 총 43명, 고등학교 16명으로 이 중에서 환경교육 전공자는 그나마 중학교 1명, 고등학교 5명뿐이었다.

환경교육의 필요성을 묻는 설문조사 결과에 따르면, 학생의 93.4%, 교사의 98.5%가 학교에서 환경에 대해 가르칠 필요성을 인정하고 있지만, 독립화된 환경교과의 선택률은 별반 달라지지 않았다. 또한 최근 몇 년간은 환경교육을 전공한 학생들에게 임용 시험의 기회조차 주어지지 않았다.

따라서 환경교과가 독립 교과로 성립된 것은 사회적 요구에 의해 형성되었다는 점, 체계적으로 환경교육을 할 수 있다는 점, 깊이 있게 환경교육을 강화할 수 있다는 점, 환경교육의 위상을 드러낸다는 점에서 강점으로 평가할 수 있으나, 분산적 접근과 내용 면에서 중복될 수 있다는 점, 선택교과로서 선택률이 낮은 점을 감안한다면 환경교육이 갖는 전체성, 통합성, 총체성 및 상호관련성의 특성을 생각해볼 때, 전체 학생들에게 환경적 감수성과 소양을 심어줄 수 있는 가장 이상적인 접근방식으로서 환경교육의 '독립 교과화'는 꾸준한 보완과 많은 노력이 필요할 것으로 생각한다.

2. 시기, 어떻게 이름 부를까

시기명은 충분한 실증적 근거와 해석적 타당성을 기반으로 선정되어야 하며, 범주화된 시기의 특성이 잘 드러나야 한다.

남상준(1995), 최석진(1999), 최돈형(2004)은 환경교육의 발달상(發達像)을 고려하여 시기명을 정하였다. 또한 이재영(2008)의 연구는 환경교육의 목표 및 성격과 시기명을 관련시켰다. 그러나 태동기 혹은 정착기와 같이 환경교육의 발전 과정을 유기체의 성장으로 비유하여 시기명을 정한다거나, 집단의 이동 및 정주와 관련된 명칭을 사용하는 것보다는 구분된 시기를 아우를 수 있는 시기명이 타당하다. 왜냐하면 유기체는 태동하고 성장하기만 하는 것이 아니라 언젠가는 죽음과 같은 결말이 있기 때문에 학문의 발전과는 다르다고 할수 있다. 또한 집단의 이동 및 정주도 학문의 다양한 논의를 담아내기에는 맞지 않다.

시기명은 환경교육을 관통하는 연구자의 관점으로 당시 학교 환경교육의 전체적인 흐름을 이해할 수 있는 인식의 틀을 제공한다. 즉 연구자가 학교 환경교육에서 보려고 하는 것이 무엇인지, 어떠한 형태로 학문적 성과가 나타나고 전개되는지를 시기명을 통하여 확인할 수 있다.

가. 환경교육사의 시기명을 결정하는 방법

범주화의 방법으로 시기를 구분하는 기준은 다음과 같다.

첫째, 시기를 구분하여 범주화하지 않고, 전체 교육과정의 변화 속에서 환경교육과정에 어떠한 변화가 있었는지를 기술하는 것이다. 특히 환경정책 및 한국의 환경사 연구에서 환경교육을 하나의 분야로 인식하여 환경교육의 발달과정을 서술하는 것 등의 연구가 여기에 속한다(환경부, 1995, 2009; 한국환경정책평가연구원, 1998).

일반적으로 환경교육과정의 변천에 초점을 두어 환경교육의 목표와 내용, 방법 및 편제와 시간배당과 같은 것들을 주로 소개하는 형식이다. 따라서 이러한 환경교육 연구는 환경교육사적 관점에서 볼 때 낮은 차원의 해석으로 볼 수 있다. 그러나 이러한 연구는 이차적인 해석을 위해서 필요한 기초연구로서 의미를 가지기 때문에 보다 실증적인 연구로서 타당한 연구가 되어야 한다.

둘째, 환경교육의 변화를 각 교육과정 시기에 의미를 부여하면서 환경교육 변천에 대해 특징적인 교육적 형태의 이름을 정하는 것이다. 각각의 교육과정이 갖는 의미 부여를 통해 환경교육의 교육과정기별 특성을 주제어처럼 나타내는 것이다. 예를 들면, 제5차 교육과정을 환경보존교육기, 제6차 교육과정을 생태환경교육기, 제7차 교육과정을 지속가능 발전교육기, 2009 개정 교육과정을 녹색성장교육기와 같은 시기명을 사용하는 것이다.

셋째, 첫 번째와 두 번째 연구를 바탕으로 환경교육의 내재적 발전과정 및 사회적·경제적 배경을 고려하여 교육과정 개정의 시간적 경계를 넘어서 새로운 시기로 범주화하여 구분을 시도하는 경우이다. 이는 환경교육의 적극적인 해석을 시도하는 것으로 환경교육의 본질을 보다 잘 부각시켜 환경교육에 대한 미시적이고 거시적인 안목을 함께 가져올 것으로 생각한다.

나. 시기 구분의 준거

본 책에서는 세 번째 방법인 범주화의 시기 구분을 시도한다. 이를 위해서 기존의 연구가 갖는 강점과 약점을 토대로 한 시기 구분의 기준은 다음과 같다.

첫째, 환경교육의 토대가 되었던 사회적 변동을 중심으로 한 사회적 배경을 시기 구분의 기준으로 삼는다.

　사회는 시공간의 위치에 따라 개인의 자아와 가치관의 형성에 직접적인 영향을 준다. 인간은 사회관계를 벗어나 생각할 수 없으며 인간은 이 모든 관계 속에서 영향을 받으면서 형성된다. 이 모든 관계가 우리의 가치관과 의식 그리고 행동 양식과 같은 삶의 양식을 형성한다. 사회관계라는 개념은 매우 넓다. 정치관계, 경제관계, 문화관계, 가족관계, 일상적인 인간관계 등의 모든 복합적 요인을 포괄하고 있다. 교육 역시 이러한 사회를 기반으로 이루어지는 중요한 영역이다.

　역사적으로 보면 순수한 교육적 의도로서가 아닌 그 사회에 있어서의 정치, 경제, 종교적 특정 세력의 뜻에 따라 의도적이고 조직적인 교육이 실시되었던 적이 있었다. 또한 근대 공교육제도로 발전하면서 모든 사람에게 교육의 기회를 균등하게 부여하기 위해서 교육의 제도적인 장치를 필요로 하게 되었다. 따라서 그 사회를 이끌어가는 세력에 의하여 의도하는 바를 계획적으로 규정하기 위한 교육이 이루어지며 또한 이러한 교육은 사회적으로 공인된 제도에 의해 뒷받침되었다. 이러한 제도는 법규에 의하여 공인되는 형식을 취하고 있으며, 특히 근대 국가 성립 이후의 교육제도는 법규에 기반을 두고 있다.

　환경오염이 사회적 문제로 대두되면서 환경오염을 해결하는 하나의 수단으로 제시되었던 환경교육은 다양한 사회관계에 의해 영향을 받으며 형성되고 확산되며 변형되었다. 즉 환경교육이라는 것은 사회관계의 그물망을 벗어날 수 없고 사회적 토대 위에서 성립된다. 엄격한 의미에서 이 모든 관계는 사회관계와 한 덩어리로 이루어져 있다.

　따라서 본 연구에서 시기 구분의 강조점으로 중요시되는 '사회적 배경'이 갖는 의미는 인식에 기반을 둔 '사회 문제화'된 '환경'이다. 국내 환경사로 대변되는 일련의 사건들은 '사회 문제화'된 환경적 인식이 계기가 되었으며, 환경교육의 태동과 발전에 매우 커다란 영향을 주었다. 이러한 '사회 문제화'된 사회의 대응으로서 환경 피해 사례 및 환경단체의 활동들에 주목한다. 또한 '사회 문제화'된 사회 구성원의 인식 표본이 되는 국민의 인식 및 생활양식의 변화도 사회적 배경으로 의미 있게 다루어져야 한다.

　사회 구성원과 구성체들의 '사회 문제화'의 해결 기제를 갖는 법제적 제도 및 정부의 활동도 사회적 배경에서 간과할 수 없다. 정부 혹은 국가라는 조직은 알튀세르(Althusser)의 언급처럼, 교육과 같은 제도를 이념적 국가의 장치로 보고 이데올로기의 조정과 통제를 통하여 기존 질서체계를 유지하는 헤게모니를 확대(이진수 역, 1992)하기 위해 다양한 정책으로 대응한다. 특히, 환경교육이 갖는 특수성은 정부의 계획과 정책의 영향이 얼마나 큰 것인지를 보여주고 있다. 따라서 정부 활동을 하나의 '사회 문제화'된 '사회적 대응'의 관점에서 보고 환경보호 및 환경권을 위한 법령, 교육과정의 개정, 교육령 공포, 정권의 변화와 정부의 환경교육 사업, 정부의 환경정책 기조, 환경 및 환경교육을 담당하는 정부 기관의 변화 등을 중요한 요소로 삼았다.

이러한 사회적 배경은 환경교육의 중요한 토대가 되었으며 학교 환경교육의 시기를 구분하는 데 있어 학교 환경교육의 성격, 이념, 목적 및 주요 패러다임에 매우 큰 영향을 주고받았다. 따라서 이러한 시기 구분의 관점은 환경교육의 사회적 기여 및 관계에 대한 탐구의 기회를 제공한다.

둘째, 환경교육의 토대가 되었던 경제적 변동을 중심으로 한 경제적 배경을 시기 구분의 기준으로 삼는다.

마르크스(Marx)는 사회의 물질적 조건이 인간 의식과 사회 구조의 토대이며, 사회는 생산관계에 그 기반을 두고 있다고 보았다. 그는 사회를 구성하고 있는 각 부분의 기능은 분리될 수 없으며 각 부분의 상호 작용은 궁극적으로 물질적 조건에 의해 결정된다고 파악하였다(김호균 역, 2008). 따라서 생산양식 및 물질적 조건으로 이해되는 경제적 변동은 환경교육의 변천과 발전에 중요한 결정인자이며, 특히 '압축된 근대화'를 이룩한 한국 사회의 특수성에서 비롯된 갖가지 환경과 개발의 모순은 환경교육과 긴밀한 영향연관에 있다.

'사회 문제화'로서의 '환경'이 사회적 배경의 주요 대상이었다면 경제적 배경에서는 '환경문제화'된 '경제'가 경제적 배경의 주요 대상이 된다. '경제 문제화'된 환경적 인식은 여전히 효율적인 방법에 따라 경제적 생산을 하는 일에 관심을 갖는 것이 주류적 경향으로 나타나고 있다. 그러나 '환경문제화'된 경제로의 인식은 경제와 환경이 맺고 있는 인과적 관계에 주목한다. 경제 생산 및 소비로 인해 파생된 환경문제는 환경에 대한 인식을 우선하여 환경교육의 성립과 확산에 커다란 영향을 주었다. 무엇보다도 '환경문제화'된 '경제적 대응'은 정부의 환경시책 및 경제정책에도 매우 커다란 기제로 작동하였다.

따라서 이러한 논의의 바탕이 될 수 있는 경제운영에서의 정부의 계획 및 정책, 경제의 대외개방도와 외자도입의 허용 범위, 산업 구조, 경제 규모와 같은 기본적인 데이터와 함께 경제 구조의 변화 등을 시기 구분에 중요한 요소로 삼고자 한다.

셋째, 교육과정을 중심으로 한 학교 환경교육의 내재적 발전과 발전 과정에서의 환경교육의 전환적 계기를 시기 구분의 기준으로 삼는다.

교육과정은 국가 사회적 요청과 새로운 교육과정 사조 그리고 환경과 교육과정 개발

주도세력의 변화와 환경교과의 교육 혁신에 대한 요구가 결합되어 이루어진다. 이러한 교육과정의 개정은 환경교과의 존재 양상과 추구하는 지향성, 목적과 목표 및 내용, 교육과정의 특성과 같은 복잡한 배경을 중심으로 이루어진다. 따라서 학교 교육과정에 편성되어 있는 학교 환경교육은 결코 교육과정에 자유로울 수 없다.

특히 한국은 정권교체가 사회·경제적 변화와 교육 분야에 커다란 영향력을 끼치고 있다. 정권이 교체되면 기존 정권의 계획을 백지화하거나, 국정의 각 분야에 개혁을 서둘러 진행하려고 하기 때문에 사회경제 구조의 개혁과 함께 교육과정의 개정이 대부분 정권교체와 매우 긴밀하게 맞물려 있다. 이러한 시대적 배경하에서 중앙집권적인 국가 교육과정의 전통을 가지고 있는 우리나라의 경우, 학교 환경교육의 변천에 가장 중요한 영향을 미친 것은 공식적인 교육과정 개정으로 볼 수 있다. 매번 교육과정이 개정될 때마다 교육목적, 교과편제, 교육과정 통합방식, 교육내용, 교수 방법에 있어 다양한 변화가 나타났으며, 이러한 연유에서 1992년의 제6차 교육과정 고시도 중요한 시기 구분으로 고려되어 왔다.

교육과정이 시기 구분에 매우 중요한 변수이겠으나 개정 시기와 무관하게 환경교육의 다양한 교육적 활동, 환경교육 관련 연구 논문 경향 등과 같이 학문적 성과로 나타나는 다른 차원에서 볼 수 있는 가능한 변수도 있다. 여러 기준을 활용한 다양한 역사 읽기가 축적되면 환경교육에 대한 총체적 이해가 더욱 쉬워질 것이다. 따라서 각 시기의 교육과정 문서를 해석하는 작업을 넘어서서 시대 배경, 교육과정 개정 주체, 목표, 내용, 방법, 해당 시기의 쟁점 등이 고려되어야 한다.

넷째, 시기 구분의 기준으로 세계 환경교육사에 대한 깊이 있는 고찰도 필요하다. 현재 환경교육은 세계적인 위기감과 공감을 얻고 있으며 학문적 형성 역시 괘를 같이하고 있다. 환경문제에 대한 세계적 인식은 지속적인 국가 간의 회의를 이끌었고 세계 각지에 환경교육과 관련된 제도적·법적·교육적인 시도를 가져왔다. 특히 세계화 시대에 전 지구적 환경문제의 해결을 위한 국가 간의 노력을 비롯하여 국제 환경교육의 사건 및 국제 환경사적 사건, 국제 협약 및 환경을 위한 국가 간의 회의 등은 국내 환경교육의 흐름에 커다란 영향을 주었으므로 시기 구분의 중요한 기준이 되었다. 다만, '시간 지체(time-lag)' 현상이 있으므로 이를 고려하여 적용하였다. 초기에 세계 환경사 및 환경교육사의 전파가 시간의 지체 없이 바로 국내 환경교육에 영향을 준 것은 아니다. 세계 환경교육에 커다란 반향을 일으켰던 '침묵의 봄(Carson, 1962)'에 대한 언급은 1974년 『공해대책』에 3쪽 정도로 간단히 소개되었으며(임문순, 1974), 번역도 1976년 처음으로 이루어졌다(이길상,

1976). 그러나 이 당시에 '침묵의 봄'은 한국에 커다란 반향을 불러일으키지는 못했다. '침묵의 봄'에 대한 논의는 1990년대 후반에 이루어지다가 2000년대가 되어서야 대다수가 아는 필독서가 되었다.

따라서 환경교육의 연구동향은 당시 환경교육가의 사상적 흐름, 환경교육 연구기관과 단체의 활동, 환경교육의 외연 확장 및 질적인 패러다임의 변화, 환경교육 분야와 관련된 국내 학위 논문 및 학술논문, 환경교육과 관련된 출판물 및 연구물과 환경교육과 관련된 매체 활동, 세계 환경교육사적 역할 등을 고려하였다. 특히 각 교육과정이 가지고 있는 철학과 지향점을 고려하여 시기를 구분하는 데 중요한 요소로 반영하였다.

다. 시기명을 결정하다

시기 구분의 기준이 된 4가지 준거를 중심으로 해방 후 한국 학교 환경교육은 학교 환경교육의 맹아를 확인할 수 있는 '학교 환경교육 여명기(해방 후~1971)', 여명기의 맹아들이 결실을 맺어 학교 환경교육이 시작되었던 '학교 환경교육 형성기(1972~1986)', 형성기를 기반으로 외연적인 확장과 질적인 발전을 이루었던 '학교 환경교육 확산기(1987~1996)', 학교 환경교육의 질적 패러다임의 변화를 가져왔던 '학교 환경교육 전환기(1997~현재)'와 같이 4시기로 구분된다.

각 시기를 중심으로 환경교육은 다른 시기와 구별되는 특성을 갖게 되며 이를 통해 변화하고 발전하는 환경교육의 사적 패러다임을 파악해 볼 수 있다. 그러나 이러한 시기 구분은 각각의 시기가 단절되었음을 의미하지는 않는다. 선행된 시기가 이후의 시기 이행에 바탕이 되며, 지속적인 영향 관계를 맺고 있다. 이는 각각의 시기별 특성에서 구체적으로 논의하기로 하겠다.

한국 학교 환경교육의 시기를 구분하여 연표화하면 다음과 같다.

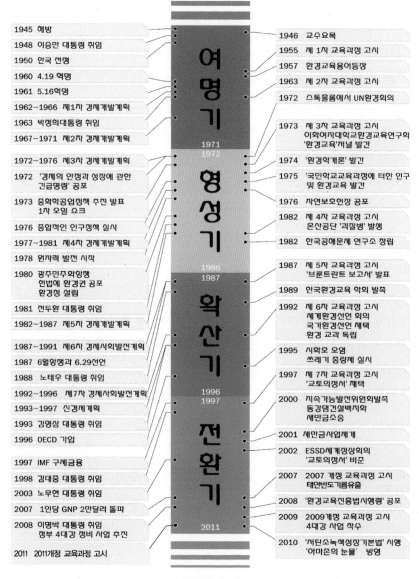

왼쪽 (연도 및 사건):

1945 해방
1948 이승만 대통령 취임
1950 한국 전쟁
1960 4.19 혁명
1961 5.16혁명
1962~1966 제1차 경제개발계획
1963 박정희대통령 취임
1967~1971 제2차 경제개발계획

1972~1976 제3차 경제개발계획
1972 '경제의 안정과 성장에 관한
   긴급명령' 공포
1973 중화학공업정책 추진 발표
   1차 오일 쇼크
1976 종합적인 인구정책 실시
1977~1981 제4차 경제개발계획
1978 원자력 발전 시작
1980 광주민주화운동
   헌법에 환경권 공포
   환경청 설립
1981 전두환 대통령 취임
1982~1987 제5차 경제개발계획

1987~1991 제6차 경제사회발전계획
1987 6월항쟁과 6.29선언
1988 노태우 대통령 취임
1992~1996 제7차 경제사회발전계획
1993~1997 신경제계획
1993 김영삼 대통령 취임
1996 OECD 가입

1997 IMF 구제금융
1998 김대중 대통령 취임
2003 노무현 대통령 취임
2007 1인당 GNP 2만달러 돌파
2008 이명박 대통령 취임
   정부 4대강 정비 사업 추진

2011 2011개정 교육과정 고시

가운데 (시기):

여명기
1971
1972
형성기
1986
1987
확산기
1996
1997
전환기
2011

오른쪽 (연도 및 사건):

1946 교수요목
1955 제 1차 교육과정 고시
1957 환경교육용어등장
1963 제 2차 교육과정 고시
1972 스톡홀름에서 UN환경회의

1973 제 3차 교육과정 고시
   이화여자대학교환경교육연구회
   '환경교육'저널 발간
1974 '환경학개론' 발간
1975 '국민학교교육과정에 터한 인구
   및 환경교육 발간
1976 자연보호헌장 공포
1982 제 4차 교육과정 고시
   온산공단 '괴질병' 발생
1982 한국공해문제 연구소 창립

1987 제 5차 교육과정 고시
   '브룬트란트 보고서' 발표
1989 한국환경교육 학회 발족
1992 제 6차 교육과정 고시
   세계환경선언 회의
   국가환경선언 채택
   환경 교과 독립
1995 시화호 오염
   쓰레기 종량제 실시
1997 제 7차 교육과정 고시
   '교토의정서' 채택
2000 지속가능발전위원회발족
   동강댐건설백지화
   새만금소송

2001 새만금사업재개
2002 ESSD세계정상회의
   '교토의정서' 비준
2007 2007 개정 교육과정 고시
   태안반도기름유출
2008 '환경교육진흥법시행령' 공포
2009 2009개정 교육과정 고시
   4대강 사업 착수
2010 '저탄소녹색성장기본법' 시행
   '아마존의 눈물' 방영

[한국 학교 환경교육 시기 구분]

PART III

한국 학교 환경교육의 이행

Ⅲ장에서는 한국 학교 환경교육의 변천 과정을 사회적·경제적 배경과 관련하여 역사적으로 고찰해보고자 한다. 이를 위해 사회적·경제적 배경의 범주를 설정하고 자료들을 제시하면서 환경교육의 관련성을 중심으로 논의하였다. 이러한 논의를 바탕으로 한국 학교 환경교육의 시기별 특성을 추출하였다.

이 글에서 논의하는 '사회적 배경'이란 사회적 규범과 규정된 행동 기준을 통해 선택되는 사회관계의 상대적 지속성과 규칙성, 사회문제에 대한 사회구성원의 인식 및 기대 등과 관련되어 있다. 따라서 가족과 집단에서의 사회적 역할과 같은 일상적 기본 형태와 시장 및 조직에서 이루어지는 행동 기준이 모두 해당할 수 있으며, 이러한 상대적 지속성과 규칙성을 보장하는 모든 요소가 포함되는 광범위한 영역이 된다. 사회적 배경의 요소를 수집할 때에는 우선 사회에 대해 중심적인 행동영역 혹은 체계를 이루고 있는 정치적 체계, 법적 체계, 행정적 체계, 교육 체계 및 사회 구조적 변화와 같은 사회적 관계에 좀 더 중심을 두어야 한다.

그러나 사회적 배경에 대한 사료 수집은 매우 광범위하며, 제 영역을 구체적으로 다루는 것은 매우 어려운 일이다. 따라서 본 책에서는 환경교육 특히 학교 환경교육에 영향을 끼쳤던 사회적 배경에 주목하였다. 학교 환경교육의 교육과정, 학교 환경교육의 이념과 목표, 학교 환경교육의 강화와 같은 문제들과 인과적 관계를 맺고 있는 사회적 현상을 중심으로 사료 수집을 하였다.

즉, 사회적 배경을 위한 사료 수집은 환경을 '사회 문제화'된 인식을 하는 주체로서 사회 구성원과 그 구성원들이 이루는 사회 조직과 관련된 것으로 관점화하였다.

사회 구성원이 사회현상을 어떻게 바라보고 어떻게 인식하는지를 통해 사회 구성원의 생활양식이 변화는 이유도 알 수 있으며, 사회 조직 및 사회 구조의 변천 과정의 요인도 확인할 수 있다. 또한 사회적 토대에 영향을 미친 사회 구성원의 인식 정도, 특히 환경에 대한 인식 정도와 관련 있는 사료를 폭넓게 수집하려고 노력하였다. 환경개발에 대해서 어떻게 생각하는지, 환경오염에 대해서 어떻게 느끼는지 환경개발과 환경보전과의 관계에 대해서는 어떠한 견해를 가졌는지와 같은 사회 구성원의 인식 변화는 당시 환경교육의 진화·발전을 사회적 상황에서 이해하는 데 매우 중요하다.

사회 조직은 비정부 조직과 정부 조직으로 구분할 수 있다. 비정부 조직은 자발적인 사회단체들을 대상으로 환경과 관련된 조직 및 조직의 활동을 중심으로 자료를 수집하였다. 특히 사회단체 활동은 환경오염 및 환경문제에 대한 사회적 인식의 확산에 기여함과 동시에, 그 시기에 중요한 사회 문제화된 환경적 담론을 형성하기 때문에 중요한 사회적 현상이라고 할 수 있다. 비정부 조직은 정부 및 기업을 상대로 환경문제에 대한 다양한 활동을 전개하면서 정부 조직의 개편 및 정부 조직의 역할, 법령의 개정 및 정책과 같은 정부 조직의 활동에 영향을 끼치기 때문에 사회적 배경을 위한 중요한 사료 수집 분야가 된다.

또한 학교 환경교육의 발전과정에 영향을 끼친 정부조직과 관련 사료를 수집하였다. 우리나라의 환경교육 특히 학교 환경교육의 상당 부분은 정부의 주도하에 이루어졌다고 할 수 있다. 따라서 정부 조직의 변천 과정 및 정책기조를 살펴보는 것은 환경교육의 위상을 가늠해 볼 수 있는 매우 중요한 일임과 동시에, 환경교육의 사회적 요구가 반영된 결과를 해석하는 일이다.

정부 조직은 정책, 법령의 제정·개정, 혹은 교육과정의 개정을 통해 사회문제에 대응한다. 이러한 정부의 대응은 사회적 변화를 가져오기도 하면서 동시에 사회 구성원들의 이해와 갈등을 통합하는 기제가 된다.

정부 활동 중에서 학교 환경교육과 가장 관련이 깊은 것은 교육제도 및 교육과정의 개편이다. 우리나라는 교육과정 개편이 다른 나라에 비해서 그 시기가 매우 짧은데 이는 정권교체와 밀접한 관계가 있다고 하겠다. 교육과정 개편의 시기가 정권교체 시기와 맞물리는 경우가 많은데, 정권이 교체되면 개혁의 기대와 또 정권의 의지로 교육제도 및 교육과정 개선에 착수하기 때문으로 생각된다.

다음으로 '경제적 배경'이란 유한한 재화의 합리적인 선택을 의미하는 경제적 활동이 이루어지고 있는 제반 요소 일체를 포함한다. 경제적 배경은 개별 경제적 주체들의 경제 활동과 생산요소 및 가격 같은 경제적 요인의 상호관계로 기인된 당시의 경제 구조와 가장 밀접한 관련을 맺게 된다. 즉 마르크스가 제시한 생산양식 그 자체이거나, 생산요소의 배분·투입과 생산물의 산출과의 관계 구성, 산업구조와 취업구조 등과 같은 각종 부문 구성, 경기순환 등의 단기적·현상적 변동 요인 등을 일컫는다.

그러나 이 모든 요인을 설명하는 것은 매우 광범위한 일이며, 각각의 요인들의 연관성을 전부 설명하는 것 역시 어려운 일이다. 따라서 본 책에서는 환경교육과 관련된 경제적 활동 및 결과에 의미를 부여한다. 경제주체들의 인식 및 행위가 환경교육에 미치는 영향은 매우 크다.

먼저 한국의 경제적 배경을 설명하기 위해서 경제적 상황과 관련된 기본적인 자료 등을 수집하였다. 특히 실질 경제성장률, 국민총생산(GNP), 1인당 GNP, 수출증가율 및 제1차·제2차·제3차 산업의 비중을 대표적인 지표로 삼았다. 국민총생산(GNP)은 한 나라의 경제규모를 양적인 크기로 파악할 수 있으며, 실질경제성장률은 국민총생산의 연간 신장률로써 국민총생산을 실물로 표시하는 수치이며 물가상승을 반영한다. 따라서 실질경제성장률은 당시 경제의 성장을 가늠할 수 있는 중요한 지표가 된다. 또한 제1차·제2차·제3차 산업의 비중으로 보는 경제 구조는 환경오염과 관련된 산업구조의 변화를 짐작하는 중요한 지표로 경제 구조의 변화를 알아볼 수 있으며, GDP 대 수출증가율은 국내 생산에서 수출이 차지하는 비율의 신장세를 알아볼 수 있어 우리나라의 수출주도형 경제 구조를 파악하는 데 중요한 지표가 된다. 또한 당시의 경제적 상황에 중요한 영향을 미쳤던 기업의 활동 및 노동생산성과 같은 생산의 효율성, 산업별 취업종사자와 같은 분야도 함께 수집하였다.

특히 우리나라는 경제 분야에서 '압축적 산업화'(노진철, 2004)를 이루기 위한 관주도적인 정부정책이 추진되었다. 따라서 경제 주체로서 정부의 역할은 매우 크다고 할 수 있다. 정부의 경제 계획 및 추진 전략은 당시 경제적 상황을 보다 잘 이해할 수 있는 중요한 요소이며, 정부의 경제 정책은 그 시기의 경제적 배경을 파악하는 데 필수적인 자료가 된다.

끝으로 경제 생산으로 인하여 생긴 부산물로 간주되는 산업오염은 경제적 관점에서 사료를 수집하였다. 환경오염을 사회 문제로 인식하기 때문에 사회적 배경으로 보는 관점도 타당하겠으나, 급격한 산업화와 경제 구조의 변화로 생겨나는 환경오염의 인과적 관계가 충분하므로, 경제적 관점과 연결하여 환경오염 자료를 수집하였다.

이와 같은 관점을 바탕으로 수집한 사료의 분석을 통해 사회적인 변화 및 경제 발전 계획 그리고 교육과정의 개정이 매우 긴밀하게 연결되어 있음을 알 수 있었다. 따라서 수

집된 사료 사이의 관계를 소통시킬 수 있는 시기 구분의 준거를 설정하고 이러한 준거를 비판적으로 검토하였다. 설정한 시기 구분의 준거는 사료 수집의 관점과 마찬가지로 사회적인 여건과 경제적인 상황 및 환경교육의 발전 과정이었으며, 이들을 범주화하여 시기를 구분하였다.

시기를 구분하여 각각의 시기에 대한 사회적 배경과 경제적 배경을 전반적으로 기술하되, 학교 환경교육과 관련된 것을 중점적으로 기술하였다. 그리고 사회적 배경과 경제적 배경이 그 시기에 학교 환경교육에 어떠한 시사점을 주는지 간략하게 정리하여 학교 환경교육과의 관계를 드러내었다. 이러한 사료 수집 및 시기 구분에 따른 사회적·경제적 배경을 근거로 하여 학교 환경교육의 시기별 특성을 기술하였다.

이를 통해 학교 환경교육의 뿌리를 파악하고 현재 학교 환경교육의 전개 과정을 탐구하면서, 미래 학교 환경교육의 모습을 전망할 수 있을 것이다. 미래 학교 환경교육의 모습은 학교 환경교육의 과거와 현재의 모습을 재현하기도 할 것이며, 또 반동하기도 할 것이며, 새로운 지향점을 찾기도 할 것이다.

1. 학교 환경교육 여명기(해방 후~1971)

환경교육의 '여명기'는 해방 후부터 1971년까지의 시기를 가리킨다. 해방 전에 있는 환경교육 연구는 대부분 일본어로 쓰인 일본인들의 연구물들이 대부분이다. 식민 상태의 갈등 문제가 사회적으로 가장 큰 문제였으므로, 자생적인 환경교육의 준비시기로 볼 수 없다. 따라서 해방 이후부터 한국 학교 환경교육의 연구를 시작하는 것들이 타당할 것으로 보인다. '환경교육'이라는 용어는 여러 문헌에서 살펴볼 수 있는데, 이는 1960년대에 형성된 것으로 보인다. 용어의 형성을 시작으로 개념 및 의미에 대한 연구의 기틀을 마련하게 되었으며, 학교 현장의 적용을 위한 노력이 가시화되었다.

따라서 환경교육의 여명기인 1945년부터 1971년까지 당시 사회적·경제적 배경을 중심으로 환경교육이 발전해나가는 전개 과정을 살펴보고자 한다.

가. 환경교육 여명기를 바라보다

전후 복구 및 근대자본주의 경제체제로의 이행 및 경제성장을 위한 정부의 노력과 국민의 관심이 팽배한 시기였지만, '환경교육'이 본격적으로 형성되지는 못하였다. 그러나 사회적으로 환경문제를 인식하는 시기였고, 정부도 이에 대응하기 위한 최초의 노력을 시작한 시기였다. 정부기관에 공해를 다루는 조직이 생겨났고, 환경과 관련된 법령이 제정되었다. 또한 공해문제를 다루는 학자나 언론인, 그리고 일반 시민은 급격한 산업화로 인한 환경오염을 환경문제로 자각하여 환경 분쟁 피해 사례를 고발하기도 하였다. 이러한 사례는 시민들이 '사회 문제화'된 환경을 인식하는 등 환경보전에 대한 욕구 및 환경권環境權이 점차 성장하고 있음을 의미하는 것으로, 환경교육사에서 매우 주목할 만한 일이다. 또한 미약하지만 환경 관련 단체가 조성되어 사회 환경교육을 위한 준비를 엿볼 수 있다.

따라서 해방 후부터 1971년까지를 학교 환경교육의 여명기로 구분할 수 있다. 이 시기를 '여명기'라고 칭한 이유는 이 시기에 환경교육의 형성과 관련된 새로운 움직임이 서서히 진행되고 있었기 때문이다. 이 시기에 관련된 연구 문헌에서 현재의 '환경교육'의 정의와 개념과는 차이가 있지만, '환경교육'이라는 용어가 사용되었고, 주변 환경과 교육과의 관계가 중요함을 강조하였다.

(1) 환경교육 여명기의 사회적 배경

1945년 8월 15일 해방 직후 미 군정이 시작되었다. 1948년 대한민국 정부가 수립되었으나, 1950년 한국 전쟁의 발발과 1960년 3·15 부정선거는 우리 사회를 매우 혼란스럽게 하였다. 1960년의 4·19혁명으로 성립된 제2공화국은 1961년 5·16 군사정변으로 미완의 혁명이 되었으며, 1963년 박정희 대통령이 취임하면서 제3공화국이 성립되었다. 제3공화국은 강력한 경제개발 의지로 급격한 산업화를 이루어졌지만, 그 부작용으로 사회 전반에 산업화의 폐해를 안겨주었다.

(가) '사회 문제화'된 환경문제에 대한 사회 구성원의 인식과 대응
1965년 5월 부산 감천화력발전소 주변지역 주민의 매연반대 운동이 일어나서 환경문제

[〈1970. 5. 27. 경향신문〉 옥천, 대전, 이천의 괴질 세균성 이질로 판명]

를 '사회 문제화'하였다. 화력발전소로부터 나오는 환경오염 물질로 주민의 피해가 속출한 것이 원인이 되었다. 1960년대까지는 대규모 공장을 중심으로 환경오염이 특정 지역에 국한하여 일어났으며 지역 중심의 공해반대 운동이 주류를 이루었다.

1970년 4월 옥천군 이원면 원동리에서 괴질이 발생하여 21명의 환자 중 2명이 사망하였고 대전, 경기도 이천 등지에서 이와 유사한 사건이 발생하여, 국립보건연구원이 1개월간 조사 분석한 결과 세균성이질이라는 사실이 당시 밝혀졌다. 그런데 이번 괴질발생지역의 환경 위생 상태를 살펴본 결과 보건소장의 결석(缺席)과 낮은 생활수준, 주민의 보건상식에 대한 부재, 오염되기 쉬운 우물 사용의 사실이 밝혀졌다.

1970년대에 들어서면서 공장 등 일부 지역을 중심으로 환경오염 피해가 공업도시를 중심으로 확산되면서 환경오염은 '사회 문제화'의 진행속도가 빨라졌다. 그러나 울산공업단지의 피해사례처럼 공해안전 기준치를 초과하고 있다는 보건사회부의 조사결과(1970. 7. 14.)가 있더라도 피해당사자의 소송으로 그치는 등 아직 환경오염을 사회적 쟁점으로 인식하고 실천하는 의식이 부족했던 것으로 보인다.

한편, 이 시기 환경 관련 단체의 성격에서도 이러한 문제가 그대로 노출된다. '한국산악회'라는 단체는 1945년 산악인의 친목 도모 및 과학기술상의 조사연구와 교육훈련과 자

[〈1969. 5. 27. 매일경제〉 6월 21일, 22일 양일간 공해방지 세미나]

연 보호 정신을 전파하여 국가사회에 기여함을 목적으로 설립되었다. 설립 목적에서 알 수 있듯이 '환경교육' 이전의 전통적인 자연 보호 사상과 맥을 같이 함을 알 수 있다. 1963년 자연 보호의 필요성을 국민에게 보급하면서 '한국자연 및 자연자원보전학술조사위원회'가 설립되었으며, 1969년에는 탐조활동과 야생동물 먹이 주기 등의 활동을 하는 '한국야생동물보호회'가 발족하였다. 이렇듯 1960년대에는 자연보호운동단체가 2개 결성되었을 뿐, 주민 운동단체는 거의 조직되지 않고 있는데, 이를 통해 사회 문제로서 '환경'에 대한 인식의 부족을 엿볼 수 있다.

그러나 협회 내부에서 노력한 흔적을 찾아볼 수가 있는데, 공해방지법(1963년 제정)에 규정되어 있는 법정단체인 공해방지협회는 1969년 6월 20, 21일 이틀 동안에 걸쳐 제1차 공해방지관리인 세미나를 우리나라 최초로 개최하였다. 보사부 후원으로 보건연구원 강당에서 개최된 이 세미나는 공해방지법 제9조에 의하여 임명된 각 기업체의 공해방지관리인들을 대상으로 공해방지에 수반된 공장 시설관리, 분석, 시설보완, 시설시공, 보전기술 등을 조사 연구하였고 이를 발표하였다.

전후 복구 및 학교 교육이 본 궤도에 오르면서 '깨끗한 환경'에 대한 사회의 관심과 요구가 강해졌다. 정부가 주도한 새마을운동은 1970년 4월 22일 전국지방장관회의에서 박정희 대통령이 제창해 '우리 마을은 우리 손으로 가꾸어 나간다'는 의미의 '새마을가꾸기운동'에서 출발했다. '새마을운동중앙협의회'는 1971년에 창설되었으며, 1983년까지 환경개선사업을 지원하였는데 농어촌의 환경개선사업에 비중을 두었다. 마을 산 푸르게 만들기, 관정 보수 및 관리, 하수구 개수 등 주택개량사업을 중심으로 이루었고 농촌에서 시행되어 점차 도시의 뒷골목 정비 및 하천정화 등 도시미화 및 학교 환경 정화 등으로 확산되었다.

1970년 9월 14일 학교 보건법 시행규칙이 문교부령으로 공포됨에 따라, 학교환경 정화

  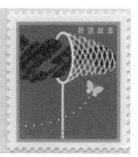

[공해방지법]　　　　　　　　　　　　　　　[공해방지법 기념우표]

대상 및 행위를 구체적으로 정하여 정화 구역 내에는 교육에 지장이 있는 행위 및 시설을 금지하도록 하여, 학교환경에 관심을 가지기 시작하였다. 이 시기 '환경'이라는 개념적 정의가 지금 학교 환경교육에서 논의하는 '환경'과는 다소 차이가 있겠지만, 환경정비에 대한 관심과 도시미화 및 학교환경정화에 대한 인식은 환경교육을 싹 틔울 수 있는 여건을 마련하기에 충분한 것으로 생각된다.

이 시기에 공해방지법(1963. 11. 5.)이 제정되었다는 것은 공해가 사회에 문제가 되었다는 것을 의미한다. 그러나 제도적·재정적인 뒷받침이 없었던 것은 그만큼 환경문제나 환경교육에 대한 관심이 적었고, 또 앞에서 언급하였듯이 산업구조상 전통적 농경 국가이면서도 투자 효과가 빠른 공업부문에 우선 투자를 하는 급격한 개발 방식이어서, 그러한 개발을 저해하는 일을 할 수 없었기 때문으로 해석된다.

(나) 환경교육 여명기의 교육 전개 과정

환경교육 여명기의 교육과정 변화는 이후에 있게 될 형성기와 확산기, 전환기의 바탕이 된다. 해방 후 우리나라는 미 군정에 의해 만들어진 교수요목(敎授要目)에 의거하여 교육을 실시하였다. 그러던 중, 1949년에 교육법이 제정됨에 따라 문교부는 1950년 초부터 교육과정 제정 작업에 착수하였으나 한국 전쟁으로 말미암아 그 작업이 중단되었다. 1953년부터 문교부는 교육과정 제정 작업을 다시 시작하여 1954년 4월 20일 문교부령 제35호로 국민학교·중학교·고등학교 및 사범학교 '시간 배당 기준표'를 공포하고 1955년 8월 1일에 문교부령 제44호, 제45호, 제46호로 국민학교·중학교·고등학교 및 사범학교 '교과 과정'을 공포하였다.

1955년에 처음으로 제정된 제1차 교육과정(1955~1962)은 이른바 '새교육운동'의 정신을 반영하려고 시도하여, 종래의 지식중심의 교육과정을 지양하고 학생들의 생활 경험과 노작교육을 강조하였다. 그러나 제1차 교육과정은 실제로는 교과중심(敎科中心) 교육과정이었으며 실과를 중시하였고, 당시의 시대적 요구에 의하여 '도의' 교육이 강화되었다.

1963년 공포된 제2차 교육 과정(1963~1972)은 정치·사회의 구조적 측면에서 5·16군사정변과 제3공화국의 출범을 배경으로 하고 있다. 제2차 교육과정은 이전에 있었던 '시간 배당 기준표'와 '교과 과정'을 통합하여 '교육과정'이라고 부르기 시작하였으며, 내용면에서는 생활 경험을 중요시했다. 당시의 교육과정은 자주성·생산성·유용성을 강조하였고, 교육과정 조직의 합리성과 지역성도 중요시하였으며, 교육과정을 교과활동, 반공·도덕, 그리고 특별활동과 같은 세 가지 영역으로 구성한 반면, 고등학교에 처음으로 단위제를 채택하였다.

포괄적인 의미에서 교수요목시기에 '홍익인간'의 이념을 기본으로 하였다는 점과 제1차 교육과정에서 실과와 도덕을 중시하였다는 점, 제2차 교육과정에서 고등학교 교육과정에 자연 및 자연 현상 관련 내용이 포함되었다는 점 등을 환경교육과 관련지을 수 있을 것이다. 그러나 여명기에 시행되었던 교육과정에서 구체적인 환경교육의 발자취를 찾기는 다소 어려운 일이다. 다만, 교수요목에서 제2차 교육과정을 통해 한국 학교 환경교육의 형성을 위한 기본적 토대를 마련한 것으로 생각된다.

(다) '사회 문제화'된 환경에 대한 정부 조직의 대응

이 시기에 법령 정비가 먼저 시작되었는데, 1961년 '수도법(1961. 12. 31.)'과 '오물청소법(1961. 12. 30. 제정)'이 제정되었고, 제1차 경제개발 5개년계획이 수립된 다음 해인 1963년 11월 '공해방지법'과 1966년에는 '하수도법(1966. 8. 3.)'이 제정되었다.

공해방지법은 우리나라의 공해문제가 심각하지도 않을 뿐만 아니라, 일반 국민의 공해문제에 관한 이식이 그다지 높지 않았던 상황에서 제정되었다. 이 법의 제정은 오히려 경제개발계획의 수립과 함께 선진국에서의 환경오염 선례였던 LA 스모그 현상(1943)과 런던 스모그 현상(1952)의 결과를 염려했던 결과로 보인다.

그러나 '공해방지법'의 제정은 있었으나 공해 행정을 담당할 기관도 없었으며 법 시행에 필요한 예산의 책정도 전혀 없었다(허장, 1998). '공해방지법'의 시행을 위하여 그 불가결한 전제가 되는 공해방지법시행규칙이 1967년 5월에야 제정되었고, 1969년 배출허용기준 설정과 배출시설설치허가제도, 이전명령 등을 내용으로 하는 공해방지법 시행령이 겨

우 제정되었으며 예산의 책정은 1970년에 처음으로 이루어졌다.

정부는 1967년 2월에 보건사회부 환경위생과에 공해계(4명)를 신설하고, 1970년 2월 환경위생과가 차관 직속 위생관리관(2급)으로 승격 개편되면서 그 소속하에 공해담당관(4급)을 두게 되어 이전보다 공해방지에 좀 더 대처할 수 있는 역량이 커졌다고 할 수 있다.

1971년 일산화탄소 배출 기준량을 초과하는 차량에는 배기가스 배제장치를 부착시키는 법령이 시행되기도 하였다(박준희, 1970). 또한 1971년에 '공해방지법'을 대폭 수정·보강하여 공장에서 배출되는 폐수에 대한 관리를 강화하기 위해 '폐수배출시설설치허가제도'를 도입하였다.

신문기사는 보사부에서 1971년 12월 미국 베탈만 회사로부터 1,600만 원에 사들인 환경오염 측정차량을 가동하여, 오염물질이 많이 발생하고 있는 지역에 대한 오염도를 정기적으로 이동 측정, 분석하고 주요 터널 외 공기 오염도를 조사, 유해원인 분석 등을 하였다고 보도하고 있다. 특히 이 차량은 환경오염물질 발생에 의한 피해 진정이 있을 때는 피해 발생지역에 즉각 출장하여 발생 원인을 조사하고 이를 분석 처리하기 위함이었다고 한다.

일본의 환경교육의 첫 시기를 공해교육(김범기, 1990; 고자와 기미코, 2007)으로 보는 경우가 일반적이다. 우리나라도 이 시기에 환경오염 중 특히 대기오염을 '사회 문제화'로 가장 먼저 인식하였으며, 이를 해결하기 위한 다양한 시도를 요구하게 되었다.

(2) 환경교육 여명기의 경제적 배경

이 시기는 근대적 자본주의의 성립 과정에서 이루어진 원시적 자본 축적을 통하여 근대 자본주의 경제 형태를 구축하였으며(이호영, 1996) 중앙집권적 경제가 성립된 시기이다.

(가) 경제 상황

해방 후 미 군정은 막대한 일본인 재산을 자산 계층에 불하하였다. 미 군정은 사적 자본가 계급을 창출하여 이들을 한국 자본주의 체제의 유지 수단으로 삼고자 하였다. 정부는 1949년 귀속재산불하정책을 시행하였고, 종전의 지주들 입지는 줄어들게 되었다(강만길, 2000).

한국 전쟁 휴전 후 당시 한국경제는 GNP의 15%를 원조로 받았으며, 이 원조의 금액 속에서 소비재 비율은 1959년 69.4%의 높은 비율이었다. 당시 한국소비재 산업 진흥책을 위한 집중투자가 이루어졌는데(이해주, 1980), 이것은 곧 원조에 의해 충당되었던 원료가 공 부문의 공업화라고 하는 이른바 '3백 공업(소비재공업)'인 제당, 제분, 면공업을 중심 으로 한 수입대체산업의 육성책이었다.

당시 한국경제백서의 통계에 의하면 한국의 국민총생산 성장률은 <여명기 연간 경제 지표(1975년 기준)>와 같이 1958년에는 5.5%, 1959년에는 3.9%, 1960년에는 1.2%, 1961년 에는 5.9%로 급락하는 하향추세를 나타내고 있다. 이로 인해 소비재공업의 1954～1957년 연평균 성장률은 17.1%이었지만, 1958～1961년에는 4.9%까지 저하하게 되었다(김종수, 2008). 또한 <표 2>와 같이 농림어업이 산업구조에서 가장 높은 비중을 나타내는 시기였 으나, 점차 광공업과 제조업이 증가하여 수출입이 증가되는 추세에 있었다.

〈표 2〉 여명기 연간 경제 지표(1975년 기준)

계정항목코드별	58	59	60	61	62	63	64	65	66	67	68	69	70	72
국내총생산(억 달러)	19	19	20	21	23	27	29	30	36	42	52	65	81	108
일인당GNP(달러)	80	81	79	82	87	100	103	105	125	142	169	210	255	322
국내총생산(%)	5.5	3.9	1.2	5.9	2.1	9.1	9.7	5.7	12.2	5.9	11.3	13.8	8.8	6.5
수출입의대GNP비율(명목)(%)	13.6	13.7	16.8	21.3	22.6	21.3	20.2	25.5	32.2	36	40.6	41.4	39.2	45.7
농림어업(%)	40.7	33.8	36.8	39.1	37	43.4	46.8	38	34.8	30.6	28.7	27.9	26.9	29.5
광공업(%)	14.4	15.9	15.9	15.5	16.4	16.3	17.4	20	20.5	21	21.6	21.7	22.4	19.8
제조업(%)	12.8	14.1	13.8	13.6	14.4	14.7	15.6	18	18.6	19.1	20.1	20.3	20.9	18.3
건설전기가스 수도사업(%)	4.1	4.3	4.1	4.4	4.6	3.9	3.7	4.7	5.1	5.3	6.2	7.2	7.1	1.3

자료: 한국은행, 1963.

이 시기 미국의 원조는 일단 자유시장경제의 토대를 마련해 주었던 것으로 평가할 수 있다. 그러나 미국의 원조 등은 이른바 빈곤의 악순환을 탈피할 수 있을 만한 경제 기반을 조성하거나 충분한 산업자본을 형성시키기에는 역부족이었다(이종원, 2002). 결국 근대적 시민사회와 자본주의 경제건설 과정에 있어 반봉건적 요소를 제거하는 데 한계를 가질 수 밖에 없었던 해방 이후의 개혁 과정은 4·19 혁명을 계기로 종말을 고하게 되었다.

1960년 4월 혁명에 의해 세워졌던 장면 정부는 종합적인 장기 경제개발계획을 수립하 였고, 1961년 5·16 군사정변으로 집권한 당시 혁명정부는 경제 근대화를 통한 국가 민족 의 자존·자주·자립을 국가 건설 목표로 내세우며 경제개발을 주도하였다.

제3공화국에서 1962년부터 1966년까지 '제1차 경제개발 5개년계획'을 수립한 것은 국가 계획의 출발점이라고 할 수 있다. 정부는 공공부문의 확대, 민간부문에 대한 규제의 강화 및 자본 동원에 적극적으로 개입해 왔던 것이다. 제1차 경제개발 5개년계획은 수출의 기록적인 증대와 함께 산업구조 개선과 사회간접자본의 확충에 집중하였다. 제2차 경제개발 5개년계획 기간에는 세계경제의 자유무역주의 영향으로 인하여 한국의 수출은 크게 신장하고, GATT에 가입을 비롯하여 케너디라운드에도 참가하는 등 개방체제로의 이행을 진행시켰다(유문량, 2007). 즉 선진국들이 완전 고용과 기술혁신을 통해서 경제 발전을 이룩하였고, 이와 함께 UN이 선포한 개발 10년대를 맞이하여 국제 간의 협력분위기도 확대되어 가고 있었다. 한국 경제는 자립공업구조 확립을 위한 노동집약산업수출화가 본격화되어 합성섬유, 석유화학, 전기기기 등 수출 산업이 성장을 주도하게 되었으나 해외 의존적인 형태를 띠게 되었다.

당시 한국이 수출 경쟁력을 가질 수 있는 것은 오직 값싼 노임밖에 없었다. <표 3>은 당시 임금을 미화로 환산하여 비교한 것으로 경제성장 및 GNP 규모보다 턱없이 부족한 것을 알 수 있다. 5년간 10배에 가까운 GNP 성장률을 달성했지만 임금 향상은 2.2배에 달했으며 그 수준 역시 미약하게 이를 때 없었다. 자본 동원력이나 축적된 기술, 개발이 가능한 자원 그 어느 것도 기대할 수 없는 상황이었던 것이다. 결국 박정희 정부는 수출 1억 달러를 목표로 국민을 독려하였다. 1964년 1억 달러를 돌파한 이후로 1970년 10억 달러를 돌파하였다.

〈표 3〉 각국의 시간당 제조업 임금 수준 비교(1966~1970)

(단위: 미화 센트)

구분	1966	1967	1968	1969	1970
한국	10	12	15	18.5	22.5
일본	56	63	74	86	-
필리핀	22	23	23	24	-
태국	20	21	-	23	-
대만	19	21	22	-	-

출처: 오원철, 2006.

1960년대 추진된 제1·2차 경제개발 5개년계획의 이데올로기는 탈빈곤을 통한 국가 경제의 근대화라고 할 수 있다. 개발정책의 기본 방향도 자본주의 체계, 경제개발하의 국제

분업주의를 지향하면서 이를 실현하기 위한 구체적 전략으로 수출산업의 중점 육성과 정부가 주도하여 사회간접자본에 대한 투자와 대규모 설비가 필요한 기간산업에 투자 또는 지원으로 경제성장의 기틀을 마련하였다(문윤진, 2008). 이러한 사회·경제적 여건 속에서 기반 산업으로 1971년 11월에 한국에 원자력발전소(고리 1호)가 건설에 착공하였다.

대내적으로는 우리 경제가 휴전 후 외국의 원조에 힘입어 어느 정도 경제의 안정과 성장을 이룩함으로써 중간 안정단계는 마련할 수 있었으나 지속적인 경제 발전을 위한 기반 조성은 제대로 이룩하지 못했다.

일제의 식량생산기지화에 따른 강제수탈과 산림벌채, 한국전쟁으로 인한 삼림훼손, 농지수리 시설의 손상, 그리고 전후 복구과정에서 연료용 땔감채취로 인한 산림훼손 등으로 생태계가 상당 부분 파괴되었지만, 환경문제에 대한 인식은 거의 이루어지지 않았다. 산업공해와 환경훼손, 환경위험으로 표출되는 1960년대부터 현재에 이르는 환경문제의 역사는 현실사회가 재생산을 지속하는 과정에서 그 활동의 결과로서 외부비용이 증가하고 자연환경의 부담이 가중되며 그 결과에 의하여 인간의 삶 자체가 위협받는다는 통찰에 근거한다.

제1차 국토종합개발계획에 따라 중화학공업 육성정책을 추진함으로써 선진국 공해산업들이 국내기업들과의 기술합작을 통해 국내로 유입되는 것을 방조했다(정규호, 2003). 또한 전 국토를 산업용지로 동원함으로써 전량 외국에서 수입한 자원들을 가공할 수 있는 대규모 공업단지들을 포항(철강), 울산(석유화학), 온산(비철금속), 옥포(조선), 마산 창원(기계), 여수(석유화학)를 잇는 동남권 임해 지역에 집중적으로 개발했다.

따라서, 한국 사회의 관심은 전반적으로 사회적 복구, 특히 경제적 복구에 및 경제 규모 확대에 치중되어 있어서 환경에 관심을 가지지 못했으며 환경교육은 더욱더 논의의 중심에 둘 수 없었다. 이 시기에 정부 차원의 경제적인 관점에서 환경관리를 위한 제도적 여건은 거의 마련되지 않았으며, 이에 따른 기업의 환경 관련 투자는 전무한 실정이었고, 환경에 대한 압력은 매우 높아지고 있었다.

(나) 경제규모 확대에 따른 '환경문제화'된 경제 활동

1960년대부터 발생한 환경오염 피해는 공업도시와 일부 공단을 중심으로 발생하여 부분적이긴 하지만 심화되고 있었다. 1965년부터 1967년까지 2년 동안 서울의 아황산가스 오염도는 공업지구와 주택 지구에서 4배 이상, 이산화질소는 공업지구에서 2배, 주택 지구에서

3배가 증가한 것으로 나타났다(환경기술개발원, 1996). 1969년 보건사회부가 작성한 보건계획 중 환경 위생 부문에서 도시의 공해는 공해안전기준을 상회하고 그 위험도가 증가 추세여서 국민보건 위험과 위생적인 생활환경 조성을 저해하는 큰 요인으로 작용할 것으로 전망한다는 보고가 있었다. <표 4>는 당시 서울의 대기오염 상황을 나타내고 있다.

<표 4> 서울시 대기 평균 오염도(1965~1970)

		아황산가스(ppm)	이산화질소(ppm)	분진(ton/lm)
공업지구	1965	0.010	0.085	
	1967	0.043	0.160	
	1968	0.042	0.260	
	1969	0.057	0.454	48.4
	1970	0.061		31.1
주택지구	1965	0.003	0.029	
	1967	0.017	0.089	
	1968	0.022	0.100	
	1969	0.058		15.2
	1970	0.047		18.4

자료: 권숙표. 1972.

또한 <표 5>, <표 6>과 같이 수질오염도 매우 심각한 상황으로 기준수치를 훨씬 넘어서고 있다. 이러한 이유로 1962년 한강에서 수영을 금지하기에 이르렀으며, 수질오염에 대해서도 경각심을 갖게 되었다. <표 7>은 당시의 수질오염 측정항목 기준 수치로, 일본과 현재의 수치를 비교해보면 당시의 기준이 매우 높았음을 알 수 있다. 환경오염의 공식적인 측정이 이루어지지 않아서, 제시한 통계보다 훨씬 더 환경오염은 악화되었을 것으로 추측된다.

<표 5> 한강 수질 오염도(1967~1970)

측정항목	측정지점	구이수원지 취수장부근	뚝섬수원지 취수장부근	보광동수원지 취수장부근	노량진수원지 취수장부근	제2한강교 부근
BOD (ppm)	1967	14.2	29.7	26.3	23.2	−
	1968	18.0	17.9	44.3	26.9	29.2
	1969	0.3	24.2	34.9	30.7	34.6
	1970	6.2~18.6	6.3~19.2	18.8~50.6	15.6~39.5	36.7
	1971	−	−	40.2	30.2	29.2

	1967	1.46	1.87	1.07	5.8	−
대장균군	1968	4.16	6.00	3.00	1.5	−
(10^4/100ml)	1969	6.70	7.00	15.00	14.0	−
	1970	0.18~1,970	2.4~3,670	30~650	154~5,400	−

자료: 한국환경기술개발원, 1996a.

〈표 6〉 전국 주요 지천의 연평균 수질(1968)

	BOD(mg/ℓ)	COD(mg/ℓ)	대장균군(MLN/(100mg)
부산·낙동강	185.3	35.3	9,200
부산·수영강	253.3	45.5	16,000
춘천·소양강	−	3.2	540
청주·금강	132	−	10,000
충주·한강	124	−	10,000
전주·전주천	−	63.0	470,000
이리·만경강	−	21.8	680,000
광주·극낙강	18.5	−	10,400
대구·금호강	8.3	−	9,200

자료 : 한국환경기술개발원, 1996a.

〈표 7〉 1971년 서울의 수질 오염도

	BOD (20℃ 5일간)	DO	1cc당 대장균군	PH	소음
수질오염	54ppm	8ppm	7,000	7.28	87
한국 기준	50ppm		250이하	5.8~9.0	주택가: (낮)50, (밤)45
일본 기준	5ppm	5ppm	300이하	5.6~8.3	주택가: (낮)50, (밤)45
현재 기준	1mg/L	7.5이상	50이하	6.5~8.5	주택가: (낮)50, (밤)40

자료: 유용대, 1972.

    1967년 울산공단 내 영남화학의 복합비료제조 과정에서 배출되는 아황산가스와 황산미스트[6]로 인해서 뒤쪽 야산의 대나무가 고사하였고, 인근 주민은 눈이 따갑고 기침을 수반하는 호흡기계 질환에 시달렸다(한국환경기술개발연구원, 1996). 또한 사과 등 과수와 기타 작물이 1,655만 5천 원의 피해를 입었으며, 1969년에는 울산공단 내 한국알루미늄공장이 가동되면서 경남의 곡창지대였던 백만 평에 이르는 삼산 평야의 벼가 누렇게 말라 들어가는 피해를 입기도 하였다(류석환·감연희, 1998). 영남화학에 의한 피해는 이후에도 계속되었으며 이 외에도 현대자동차(1968), 한국석유(1969) 등의 공장에서 배출되

---

6) 안개 모양으로 된 황산. 또는 황산을 함유한 물방울 따위의 미립자가 대기 중에 떠 있는 것. 산성비의 원인이 된다.

는 오염물질로 인해서 과수와 기타 작물들의 피해가 계속되었다. 그래서 1967년부터 1970년까지 울산공단의 공해 피해로 울산시가 집계한 피해액은 당시 물가로 1억 7백만 원에 이르렀다.

KIST 연구보고서(1996)에 의하면 1967년 여천공단의 인근 지역이 심각한 환경오염의 피해를 입고 있는 것으로 드러났다. 1969년 호남정유가 가동되고 중화학 공단이 들어서면서 폐수 방류와 광양제철에서 배출하는 제강 온폐수로 인해 미나마타병의 원인 유해물질인 수은이 0.286ppb(현재 기준: 검출되어서는 안 됨) 검출되는 등 광양만이 오염되고 어패류의 몰살 등의 피해가 발생하기 시작하였다. 이외에도 인근 지역의 음용수에서 중금속 함유로 식수 부적합 판명받았으며, 인근 지역의 농작물에도 큰 피해가 나타났다(조태진, 1996).

1970년도에 이미 서울, 부산, 대구 등 3대 공업도시의 분진과 일산화탄소, 아황산가스, 질소산화물 등 대기오염물질의 발생량이 일본과 미국의 환경기준을 크게 초과하였다(유인호, 1973).

이 시기 논의한 바와 같이 국내 기업이 설립되고 수출 10억 달러를 달성하는 등 경제성장과 경제 구조는 빠르게 재편성되고 있었다. 그러나 '환경문제화'된 경제적 활동은 점차 환경적 한계를 넘어서고 있었다. 이러한 경제적 제 생산의 과정에서 파생되는 환경의 질 악화는 학교 환경교육 여명이라는 시대적 사회적 요구를 가져오게 되었으며, 환경과 경제의 관계에 대한 비판적 논의를 가져오는 원인이 되었다.

나. 환경교육 여명기로 구분 짓다

이 시기는 아직 환경교육의 개념이 정립되지 않았고, 환경교육에 대한 성립이라고 할 만한 사료를 찾아보기 어려운 시기로 세계적인 환경교육의 영향을 받기 이전의 시기로 보여 진다. 또한 '환경'이라는 용어보다는 '자연'이라는 말을 주로 사용하였다. 그러나 이 시기에는 보전하고 보호해야 할 대상으로서의 '자연' 혹은 '환경'에 대한 의미를 두고 있으며, 한국전쟁 전후 복구 사업의 소소한 분야로서 건강한 삶을 위한 환경 위생과 깨끗한 환경을 위한 환경 정화에 관심을 가지고 있었다. 또한 자연 애호 사상을 바탕으로 자연 보호적 접근이 중심이 되어 다음 시기의 환경보전교육의 기반이 되었다.

결국 교수요목, 제1차 교육과정 및 제2차 교육과정 시기였던 이 시기를 바탕으로 한국의 환경교육이 형성될 수 있었으므로, 다음 시기인 형성기를 준비하는 시기, 즉 '학교 환경교육 여명기'라고 부를 수 있다.

[학교 환경교육 여명기 개요]는 '여명기'에 일어났던 사회적·경제적 사건 및 환경교육과 관련된 내용을 개요화한 것이다. 당시 사회적·경제적으로 '문제화된 인식과 대응'은 학교 환경교육에 중요한 영향을 끼쳤다. 비록 이 시기에 학교 환경교육이 활성화되었다고는 할 수 없으나, 학교 환경교육의 시작을 위한 '맹아'를 확인할 수 있다.

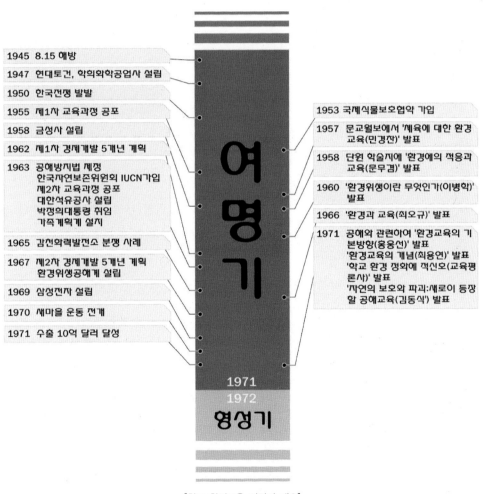

[학교 환경교육 여명기 개요]

(1) 환경의 개념이 싹트다

사회경제 발전에 총력을 기울였던 시기로 경제성장 규모에 비해 임금수준이 매우 낮았던 당시의 성장 이데올로기적 상황에서, 성장에 방해가 될 수 있는 '환경'적 가치를 논의한다는 것은 사회적으로 매우 불편한 일이었다.

그러나 앞서 논의한 바와 같이, 감천 화력 발전소 분쟁 사례, 온산병 사건, 환경 관련 단체 출현, 환경 관련 법령 제정 및 정부 기관의 변화와 같은 일련의 사회·경제적 상황은 '사회 문제화' 된 환경을 점차 인식하는 과정으로 이해할 수 있다. 환경교육의 발전과정에서도 이러한 사실을 확인할 수 있는데, 초기에는 전통적으로 주위의 상태를 뜻하는 환경으로 주로 사용은 되었지만,

[1953년 8월 문교월보 표지]

점차 환경의 중요성에 관심을 두게 되었으며 여명기가 끝나갈 무렵 환경교육을 위한 의미 있는 관점이 드러나기도 하였다. 이 시기 환경 및 환경교육을 새롭게 정의하려고 하거나, 환경에 대한 교육을 직접적으로 논의하지는 않았으나, 인간의 신체적·정신적인 측면이 환경에 지대한 영향을 받는 것이라고 서술하고 있다. 1953년 문교월보에 국내 최초로 '환경교육'이라는 용어가 사용되었다.

환경과 교육의 관계를 기술한 주요 연구는 다음과 같다. 이러한 연구에서는 교육에 있어서의 환경의 중요성과 환경의 영향에 대하여 기술하고 있다.

- 『체육에 대한 환경교육』(민경찬, 1957)
- 『환경에의 적응과 교육』(문무겸, 1958)
- 『이상적인 환경과 교육』(김석목, 1964)
- 『환경과 교육』(진위교, 1966)
- 『환경과 교육』(최오규, 1966)

체육의 환경이라고 하는 것은 생체가 작용하는 데 있어 충분한 도움을 줄 수 있는 객관적 내용을 체육의 환경이라고 말할 수 있다. 체육의 환경은 다른 교과의 환경과는 다른 내용을 갖게 된다. 그것은 체육이 신체를 통한 교육활동이기 때문에 이의 적응된 교재를 실시하기 위한 환경이 되어야 한다. (중략) 자연적 환경에 적응한 자연적 환경을 활용하여 강건한 신체를 육성하고 활동성을 증강케 하며 내인도(耐忍度)를 높이는 학습 내용이 되어야 하겠다. 때문에 인간의 신체적 정신적 면은 이 환경의 영향을 다분히 받으면서 성장되는 것이다(민경찬, 1957).

적응이란 먼저 생활체의 환경과의 관계에서 취급되는 개념이다. 곧 적응이란 생활체가 환경에 적응되는 것을 말한다. 생활체 특히 인간에 있어서 환경이란 것은 어떠한 존재이며 어떠한 의의를 가지고 있는가라는 것이다. (중략) 그러나 동시에 교육은 현재에 작용하면서도 그 효과를 미래엔 기대하는 것이다. (중략) 환경에 대한 자발적 창조적인 행동도 다분히 포함되고 환경에 대한 단순한 수동적 반응이 아니고 개인적으로도 또 환경에 대하여 능동적 적극적으로 작용하여 환경을 자기에 적(適)하게 개변(改變)하여 나간다는 중요한 의미를 가진다(문무겸, 1958).

환경과 교육 얼마나 친근하고 불가분의 관계에 있는 말인가 환경이란 어의는 모를 바 아니로되 의식적으로 정의해 보면 '생활체를 둘러싸고 있는 일체의 사물, 유기체에 직접 접함으로 영향을 주는 모든 것' 이렇게 되어 있다. 환경과 교육의 관계에 대한 사례를 두 가지 제시하였는데 환경교육에 대한 뚜렷한 개념이 내포되어 있지는 않지만 환경의 중요성과 자연환경물에 대한 교육적 효과를 소개하고 있다(최오규, 1966).

환경의 개념을 정비하려는 주요 연구논문은 환경교육의 여명기가 거의 끝나갈 1970년대 초에 발간되었다.

- 『환경교육의 개념』(최용연, 1971)
- 『환경교육의 기본방향』(홍웅선, 1972)

'환경교육의 개념'은 1971년 교육과학 1월호에 총 3쪽에 걸쳐 게재된 글에서 찾을 수 있다. 환경교육의 필요성을 촉구하는 내용으로 '환경교육의 목표'를 4가지로 규정하고 있다.

첫째, 인간은 인간과 문화 그리고 생물리적(生物理的) 환경으로 구성되는 체제 속의 한 부분이라는 것과 인간은 이러한 체제의 상호관계를 변화시킬 수 있는 능력을 가지고 있다는 것을 분명히 이해하도록 하는 것이다.

둘째, 자연적이거나 인위적인 생물리적 환경과 현대사회에 있어서의 그 역할에 대해 폭넓은 이해를 하도록 하는 것이다.

셋째, 인간이 당면하는 생물리적 환경문제에 대한 이해, 그 해결방안 및 그 해결을 위한 국민과 정부의 책임을 인식시키는 것이다.

넷째, 생물리리적 환경의 질을 높이기 위하여 국민 스스로 문제 해결에 참여할 수 있도록 하는 데 대한 관심과 태도를 갖도록 한다.

> 사람은 어디에 살거나, 그가 하는 일이 자연의 질서를 유지하는 복잡한 상호 관계에 미치는 영향을 잘 앎으로써 그의 생활의 복지를 누릴 수 있어야 한다. 이와 같은 주장은 환경교육이 인지 활동으로 그칠 것이 아니라 행동적인 목표에 도달하여야 할 것임을 강조한 것이다. 그리하여 환경교육이 행동의 변화를 가져오는 데 효과적인 것이 되게 하려면 행동적인 초점이 뚜렷한 목표를 설정하고 행동 변화를 가져올 교수전략을 세운 교육과정이 개발되어야 한다. 그런 의미에서 환경교육은 현대인의 행동을 설복에 의하여 바꾸려고 하는 것이다(최용연, 1971).

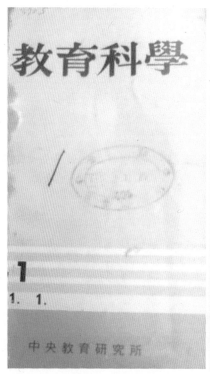
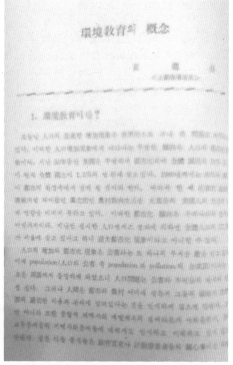

[1971년 교육과학 1월호]　　　　[1971년 교육과학에 실린 '환경교육개념']

환경교육은 사람과 그를 둘러싼 환경과의 관계를 포괄적으로 이해시키려는 학문이기 때문에 자연관찰이나 자연자원 보전교육보다는 범위가 매우 포괄적이라고 할 수 있다. 환경교육이란 용어가 일반적으로 사용되면서 공해대책, 새교육, 교육과학 등과 같은 많은 학술지에서 환경교육과 관련된 글을 찾아 볼 수 있다. 공해대책에 실린 '환경교육의 기본

방향'에서 홍웅선은 총 5쪽에 걸쳐 크게 환경교육의 목적, 환경교육의 내용, 환경교육의 방법 등으로 나누어 글을 썼다. 1972년 유네스코한국위원회가 개최한 환경문제연구협의회에서 다음과 같이 환경교육의 성격을 밝힌 바 있다.

> 지금까지 학교에서 환경에 대하여 가르치는 교육 내용에는 사람도 환경의 일부분이라는 점에 대한 고려가 뚜렷하지 않았던 것 같다. 그리하여 환경을 대상으로 보고 객관화하여 이를 다루어 왔다고 할 수 있다. 확실히 사람은 그의 환경을 부단히 변용하고, 조절하고, 통제하고, 보존 또는 파괴하는 유일한 생물인 것이다. 따라서 사람이 그의 환경에 어떤 영향을 미치며 사람이 한 일의 결과가 어떠하다는 것을 아는 것은 인간을 이해하는 데 있어 본질적인 요소라고 하겠다. 그러나 그와 아울러 사람이 그의 환경에 변화를 가져옴으로써 사람 자신은 어떤 영향을 받고 있는지를 알아보는 것이 또한 중요하게 되었다. 그 점이 환경교육에서 새롭게 다루어져야 할 점인 것이다(홍웅선, 1972).

[환경교육의 기본방향]   [공해대책 표지]

(2) 공해교육이 시작되다

'1억 달러 돌파', '10억 달러 돌파'와 같은 경제성장 수치는 국민에게 경제성장에 대한 몰입을 가져오기에 충분하였다. 이 시기 오염시설, 공해방지 시설에 투자할 여유와 필요를 요구하지 못하는 상황에서, 대기는 점점 더 오염되고 있었다. 공해는 '사회 문제화'되기 시작했다.

주변 환경을 돌아보지 않았던 경제성장의 부산물로서 공해 즉, 대기오염은 점차 여명기 후반에 갈수록 사회구성원들의 인식을 심각하게 할 만한 것이었다. 정부 기관에 공해계가 신설되었고 공해방지법이 제정되었으며, 공해방지를 위해 이 법을 개정하고 보강하기도 하였다.

공단 지역을 중심으로 공해피해 사례도 잇따르면서 점차 대기 오염방지, 즉 공해방지를 위한 교육의 압력이 높아졌다. 또한 LA 스모그 및 런던 스모그 현상, 1972년 유엔인간환경회의도 압력을 높이는데 영향을 끼쳤다(박병선, 1970; 박만규, 1971; 김동식, 1971).

그러나 공해교육은 환경교육 여명기에 그 필요성이 대두되었으나 형성기에 이르러서야 주요 쟁점으로 등장하며, 확산기가 되어서야 비로소 제 모습을 갖추게 된다. 여명기에 공해교육은 자칫 성장하고 있는 우리 경제에 부담을 줄 수 있다는 생각들이 만연했던 것으로 보인다.

> 공해방지기관에서 도시와 공업단지를 조사하여 그 대책을 시급히 수립하여야 할 것이다. 현재 한국의 생산업을 경영하고 있는 기업가들은 자금 면에서 곤란한 처지에 있는 것도 사실이다. 그러므로 기업가에게만 공해시설보강을 강요하게 되면 기업은 운영이 곤란하게 될 것이므로 공해시설비의 저리융자와 보조로써 시설할 수 있도록 정책 면에서 조속히 배려되어야 할 것이다(박병선, 1970).

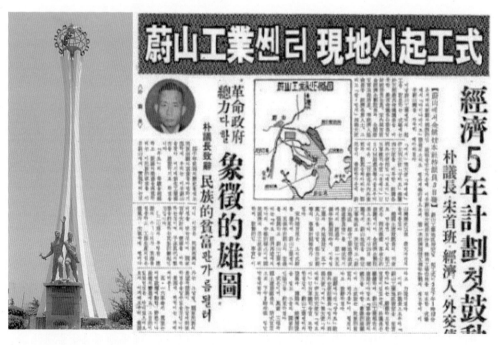

[1962년 1월에 착공과 관련된 기사에 보면 공업생산의 검은 연기가 대기 속으로 뻗어 나가는 그날엔 국가의 희망과 발전이 눈앞에 도래했음을 알 수 있을 것이라는 공업탑의 문구는 공해교육보다는 아직 경제적 성장에 우리 사회가 방점을 찍고 있음을 보여준다.]

공업생산의 검은 연기가 대기 속으로 뻗어 나가는 그날엔 국가의 희망과 발전이 눈앞에
도래했음을 알 수 있을 것이다(1970년대 대표적 공업도시로 조성된 울산 중심부의 공업탑
에 새겨진 문구).

그러나 공해교육의 필요성을 현 세대의 요구가 미래세대에 부담을 주지 않는다는 인식
으로 이해한 다음의 글은 여명기에 환경교육사적 측면에서 매우 주목할 만한 글이다.

우리 사회의 건강을 침해하고 위협하는 무서운 공적인 공해를 추방하여야만 된다는 의무
감을 깨달아야 하며 우리는 이 나라 후손에게 무거운 피해를 남겨주지 않도록 노력하여
야 할 때가 왔다(박병선, 1970).

(3) 깨끗한 환경이 필요하다

사회 전반적으로 전쟁 후 사회기반시설의 재건 및 복구에 초점이 맞추어져 환경교육이
발전하기 매우 어려운 시기였다. 정부 기관의 '환경위생과'의 존재에서 알 수 있듯이, 당
시 환경을 위생적으로 관리하는 것이 매우 중요한 차원으로 이해되고 있었다. 이렇게 환
경 위생을 위한 건강 교육은 여명기 이후의 형성기 및 확산기, 전환기의 환경적 모토가
되었던 '참살이 교육', 즉 '삶의 질 향상'으로 발전하게 된다.
당시 사회는 환경교육에 대한 강력한 의지가 없었으나, 경제개발을 위한 건강한 인적
자본 형성을 위하여 개인위생에는 얼마간의 관심을 가지고 있었다.

한나라의 인력은 곧 그 나라의 생산 원동력이요 국방력을 공급하는 유일한 자원임은 말
할 나위도 없는 것이다. 건강한 시민을 감싸주고 내일의 활력소를 길러주는 깨끗한 환경
이 마련되어야 한다(조규상, 1968).

이 시기 환경과 관련되어 환경 위생이 중심이 되는 주요 연구는 다음과 같은데 대부분
질병의 예방적 차원에서의 개인적 위생을 다루고 있다.

- 『호흡기와 환경 위생』(주인호, 1959)
- 『환경 위생이란 무엇인가』(이병학, 1960)
- 『환경 위생에 대한 조사(제1보): 초등학교 교실에 대한 오염도에 관하여』(노정배 외,

1961)

- 『환경 위생』(심상황, 1962)
- 『농어촌의 환경 위생』(이성관, 1966)
- 『도시환경위생문제: 예방의학적 견지에서』(조규상, 1968)

또한 대학에서도 초창기에 환경문제 교육은 보건위생학적 시각에서 접근하여 위생공학과 또는 보건학과에서부터 출발하였다. 우리나라 최초의 환경공학과를 설립한 동아대학교는 1966년 문교부로부터 위생공학과로 인가받았으며 1980년에 환경공학과로 명칭이 변경되었다.

환경 위생이 개인의 건강 차원이었다면 환경 정화는 주변 환경을 깨끗하게 하는 지역적 차원의 성격을 지닌다. 여명기 후반 정부가 주도하는 새마을 운동은 환경 정화 개선에 기여하였다. 학교 환경 정화 대상 및 행위와 관련된 문교부령이 제정되었고 점차 환경교육의 맹아적 형태를 띠게 되었다.

이 시기에는 학교 주변 환경의 정화에 관한 연구가 많았으며, 대도시의 공업단지 주변의 환경이 정화되어야 할 대상으로 생각하였다. 특히 학생들이 다니는 학교 주변 정화는 시행령에 근거해서 관리하도록 하였다.

이 시기 환경 정화와 관련된 주요 연구로는 다음과 같은 것을 열거할 수 있다.

- 『공해방지를 위한 문제점과 그 대책: 도시권의 생활환경 정화를 중심으로』(박병선, 1970)
- 『학교환경정화에 적신호』(교육평론사, 1971)
- 『학교환경 정화에 대한 효과적 방법: 학교경영의 근대화 <특집>』(박정희, 1971)

1960년대에 산업화가 시작되고 화학비료가 점차 퇴비를 대체하게 되었고 퇴비화가 어려운 쓰레기들이 발생하기 시작하였다. 쓰레기문제가 대두되자 서울시는 1962년 청소국을 신설하게 되었다. 당시 쓰레기는 도시 주변에 버릴 곳이 얼마든지 있었기 때문에 별다른 문제는 되지 않았다. 그러나 이러한 비위생적인 분뇨처리가 환경 정화에 악영향을 미쳤다(김정욱, 1983).

<표 8>은 여명기 신문기사 중에서 환경 정화와 관련된 신문기사의 제목들이다. 주로 폐기물과 관련된 기사들로, 환경 정화에 대한 관심을 뒷받침해주고 있다.

⟨표 8⟩ 폐기물 관련 신문기사 제목(1946~1959)

일자	신문기사 제목
1946. 11. 12.	넘쳐흐르는 분뇨 누가 치우나? 나는 책임질 수 없다. 김 시장의 무성의한 답변
1946. 11. 19.	김 시장 회견담: 미 쓰레기는 동회서 명기처리
1948. 12. 12.	신 윤시장: 쓰레기부터 연구
1948. 12. 12.	부족한 후생사업: [쓰레기분뇨] 못치고 해 넘기나
1950. 04. 14.	분뇨처분에 새 방안
1953. 08. 11.	두통꺼리 분뇨: 제거부진
1954. 02. 22.	오염제거 경비 염출: 늘어만 갈 시민의 부활
1954. 03. 04.	오물제거 경비
1954. 03. 05.	오물제거 적극추진: 8조 원조 트럭 동원
1954. 08. 01.	지정 외의 곳에 인분 버리지 말라: 시경서 엄중 경고
1957. 09. 24.	코를 찌를 때마다 당국 원망 안쳐가는 쓰레기에 서울시민의 소리: 대중위생에 나쁜 영향
1959. 04. 28.	마음대로 못 받는다 오물 처리료

자료: 동아일보(1946~1959).

(4) 환경의식을 엿보다

한국사회의 전통적인 자연 보전 사상이 지속되어 본격적인 환경교육 여명에 토대가 되었다. IUCN의 권유에 따라 우리나라 일부 자연보호학자들이 모여 1963년 12월에 '한국자연 및 자연자원보호학술조사위원회(KCCN)'라는 민간단체를 구성하였다. 국제연합기관인 IUCN이 지향하는 노선에 발을 맞추면서 국토의 보전 및 관리를 위해 국·도립공원의 지정 등에 관여하는 한편, 자연 보존을 위한 연구 조사를 실시하고 일반 국민과 학생을 대상으로 학술 강연회를 개최하는 등 자연보호사상을 계몽하였다. 이 단체가 우리나라에 있어서 근대적 자연보호운동의 시초라 하겠다.

이 시기에는 자연 보호를 위한 단체들이 나타났다. 자연 보호 및 자연 보전은 성장 우선주의와 자칫 충돌되는 것 같으나, 전통적인 자연 애호 수준의 자연 보존, 자연 보호를 위한 '행동 지향적 교육'에 그치고 있다.

이후 1965년 8월에는 '한국자연보존위원회'로 부분적인 체제 개선을 하고 1965~1966년에는 한국 휴전선 남방한계선 부근의 비무장지대 일대의 생태계에 대한 예비 학술조사를 실시하였으며, 1966년에는 IUCN에 가입하였다. 1969년 6월에 사단법인 '한국자연보존연구회'로 개칭되어 계속 한국의 자연 및 자연자원보존을 위한 종합학술조사, 국민교육, 홍보사업 등에 주력해 오고 있다(내무부, 1979).

이 시기 자연 보호에 관련된 주요 연구는 다음과 같다.

- 『자연 보호의 다섯 가지 전제』(손경석, 1966)
- 『인간의 자연환경을 수호함에 있어서 국제자연보존의 역할』(원병우 역, 1966)
- 『명승과 자연자원의 보호: 법적인 보장과 국민의 의식을 위하여』(이은상, 1969)
- 『자연보존』(강영선, 1969)
- 『한라산 국립공원과 자연 자원 보존: 한라산은 전 인류의 재산이다』(홍순만, 1970)
- 『시급한 자연 보호: 각국의 경우와 비교해서』(이해조, 1971)
- 『자연의 보호와 파괴: 새로이 등장될 공해교육』(김동식, 1971)
- 『자연 보호와 공해』(박만규, 1971)

환경보전을 위한 교육훈련은 환경청 및 환경연구원이 발족되기 이전인 1967년도에 보건사회부 소속기관인 국립보건원에 공해과가 신설되면서 공해검사수반 과정(17명)을 신설, 교육을 실시한 것에서 처음으로 시작되었다.

자연 보전, 자연 보호, 자연 보존에 관련된 연구문헌이 환경 위생이나 환경정화 관련 연구문헌보다 많지 않았다. 이것은 아직 이 시기에 자연 보전과 같은 것을 중요하게 여기지 못했던 것으로 파악된다. '환경'과 '자연' 개념이 명확히 분화되기 이전 시기로 보통 '자연 보전'의 차원에서 '환경교육'이 이루어졌다고 할 수 있다. 그러나 이러한 '자연 보전'도 결코 경제 발전 및 사회시설 기반 구축을 저해해서는 안 되는 것으로, 고속도로 및 철도공사에서 자연을 보전하기 위한 노력을 찾아보기는 매우 어렵다.

〈환경사 column〉

부산 감천화력발전소 매연 분쟁 사건

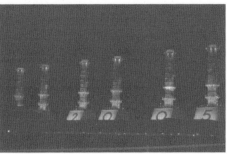

[부산 감천 화력발전소]

1960년 이후 대단위의 공단건설과 자동차 수요의 급증으로 환경문제가 심각하게 대두되기 시작하였다. 1965년 5월 부산 감천화력발전소 주변 주민의 매연분쟁은 우리나라 최초의 환경 분쟁사건이다.

다음 신문 자료는 1965년 6월 15일자 경향신문에서 발췌한 자료로 15일 부산시 감천화력발전소에 대해 매연 집진기 설치령을 내렸다는 기사이다. 이 조치는 1965년 5월 부산 감천화력발전소 굴뚝에서 나오는 연기와 그을음 때문에 부민동, 감천동 주민 25만여 명이 5월 27일 부산지법에 매연분출방지가처분명령을 신청한 데서 비롯된 것이다. 이 발전소 굴뚝에서 내뿜는 매연은 하루 평균 4.4톤인데 이 때문에 주민 중 일부는 폐염증, 인후두염증에 걸렸다고 한다.

1965년에 발생한 감천화력발전소 매연 분쟁 사건은 1973년에 다시 사회에 문제가 되었다. 부산 화력발전소에서 굉음과 함께 터져 나오는 굴뚝 연기 때문에 주민들 노이로제 상태인데다가 농작물 수확이 격감되고 발전기의 폐수에 바닷물이 오염되는 등 사건이 발생한 지 9년여가 흘렀음에도 문제가 지속되었다.

다음 자료는 각각 동아일보 1973년 10월 12일자 사회 6면, 1975년 9월 9일 사회 3면에서 발췌한 신문기사로 다음의 내용이 자세히 실려 있다.

[〈1965. 6. 15. 경향신문〉 발동 감천화력발전소에
공해방지법 제1호]

[〈1966. 5. 28. 동아일보〉 매연을 내뿜던 감천화력발전소]

[〈1973. 10. 12. 동아일보〉 속수무책…「부산화전공해」]

[〈1975. 9. 9. 동아일보〉 검은 연기를 내뿜고 있는
부산감천화력발전소]

2. 학교 환경교육 형성기(1972~1986)

1972년부터 1986년까지 환경교육이 형성되고 발전하는 이 시기에는 중화학공업이 중심이 되는 제3차 경제개발 5개년계획이 발표되었고, '경제의안정과성장에관한긴급명령'이 공포되어 박정희 대통령의 지배체제가 강화되었다. 사회적으로는 인구증가 및 인구의 도시 집중화 현상이 사회에 문제가 되었다. 급격한 경제성장은 심각해져가는 환경오염을 파생시켰고, 이를 위한 해결책으로서 환경교육의 필요성이 점차 제기되었다. 시민들의 인식의 변화 및 환경오염 수치들은 국가적 대응을 불러일으켰고, 1973년 제3차 교육과정 개정에 변화를 주었다.

또한 국외적으로는 1972년 스톡홀름에서 개최된 유엔인간환경회의가 있었으며, 환경권 성립 및 환경 정부 부서가 확대되었다. 환경 분쟁 사례 및 수출 목표치 달성을 위해 환경은 매우 심각하게 오염되었으며, 공해 문제뿐만 아니라 수질오염, 토양오염, 소음 등에서도 환경문제로 인식하게 되었다. 이러한 인식의 변화는 환경오염에 대처하기 위한 방안을 모색하게 되었고, 제4차 교육과정에서 환경보전에 대한 선언적인 의미를 부여할 수 있게 되었다. 이는 제3차 교육과정보다 좀 더 안정적으로 환경교육이 학교 교육 현장에 도입됨으로써 체계적인 환경교육을 할 수 있는 기틀이 마련되는 중요한 시기라고 할 수 있다.

따라서 환경교육 형성기인 1972년부터 1986년까지 당시 사회적·경제적 배경을 중심으로 환경교육이 발전해나가는 전개 과정을 살펴보고자 한다.

가. 학교 환경교육 형성기를 바라보다

학교 환경교육 형성기는 환경교육이 학교 교육으로서의 영역을 확보하는 매우 의미 있는 시기라고 하겠다. 이 시기에는 '인구환경교육'이 부각되었으며, 여명기에 시작된 '공해교육'이 '환경오염에 대처하는 교육'으로 더욱 확대되었으며, 자연보호운동에서 환경보전교육으로 점차 진화되어 이 시기 환경교육의 중심이 되었다.

또한 환경관리적 패러다임의 형태가 나타나는데, 이것은 경제성장을 우선으로 하는 사회·경제적 배경 하에서 환경을 '자원 이용'으로 보고 잘 관리하기 위한 방법을 모색하는 것이 환경오염 문제를 해결하는 길이라는 인식에 기초하게 되었다. 이러한 인식은 환경교육 형성기 이후의 확산기에 이르러 환경에 대한 경제적 접근으로 발전하게 된다. '학교 환경교육 형성기'에 도입되었던 환경교육은 이후 '학교 환경교육 확산기'에 이르러서 정착하게 되었다.

(1) 환경교육 형성기의 사회적 배경

1979년 박정희 대통령이 암살되었고 그해에 12·12 군사정변이 일어났다. 이를 비판하는 5·18 광주민주화항쟁이 1980년도에 일어났으며, 1981년 전두환 대통령의 취임으로 제5공화국이 출범하였다. 1983년 인구 4천만 명이 돌파되었고 1986년 아시안게임이 개최되었다. 군사정권에 대한 비판과 민주화에 대한 열망이 높아져 갔으며, 급격한 경제성장으로 인한 환경오염도 심각한 상태에 이르러 국민의 환경오염에 대한 인식이 증대되었다.

(가) '사회 문제화'된 환경문제에 대한 사회 구성원의 인식과 대응

1977년 남해화학이 가동되면서 대기오염 피해가 나타나기 시작하였다. 1978년 여천군 삼일면 낙포리에서 눈병, 피부병 환자가 708명이 발생하고, 1979년에는 여천공단 주변의 10여 개 마을에 사는 어린이들이 원인 모를 피부병과 중이염에 시달리는 일 등 환경오염 공장 주변에 사는 주민의 생업과 건강에 미치는 피해가 크게 일어났다(이진, 1996). 1978년 여천군 낙포리 주민은 농작물 보상과 이주 대책을 요구하면서 낙포리 공해대책위원회를 조직하여 활동하였고, 이후 1980년 정부는 낙포리 주민을 이주시키기로 하여 적극적인 변화를 가져왔다.

1970년대에 들어서서 비로소 공단으로 인한 피해자들이 중심이 되어 주민 조직을 결성하여 6개의 단체가 만들어졌으나 대중적인 환경운동은 하지 못했다. 다만 1979년에 조직된 대학생들 중심의 공해연구회는 1980년대의 전문가들 중심의 환경 운동의 씨앗이 되었다. 1970년대까지는 환경운동에 대한 개념이나 인식이 거의 없는 시기로서 주요 사회운동의 흐름은 유신체제에 반대하는 학생과 지식인 중심의 민주화운동, 민중운동이 큰 흐름이었다. 환경오염으로 인한 피해보상중심의 주민운동은 비조직적이고 일회적으로 일어나는 경우가 대부분이며, 사회적 여론이나 외부지원 없이 고립적이고 국지적으로 일어났다.

뿐만 아니라 그 심각성에도 불구하고 전국 차원의 대기, 수질 등 환경오염에 대한 체계적인 조사가 이루어지지 않았고, 각 도 위생시험소와 일부 대학에서 연구목적으로 조사되었을 뿐이었다.

한편 우리나라 민간 환경 운동은 1982년 '공해문제연구소'가 설립되면서부터라고 할 수 있다. '공해문제연구소'는 천주교와 기독교 성직자들이 중심이 되어 조직된 단체로서 공해문제에 대한 교육과 여론화, 피해지역 주민들에 대한 지원을 중심으로 활동하였다. '한국공해문제연구소', '공해반대시민협의회', '공해추방운동청년협의회'는 '공해추방운동연합'으로 통합하여 활동하게 되었다.

공해피해에 대한 피해보상 차원의 주민운동이 여전히 중심이 되었으나, 공해문제연구소와 같은 조직이 주민운동과 결합함으로써 주민운동을 조직적이고 지속적으로 발전시키는데 기여했다. 그리하여 온산병의 경우처럼 언론을 통한 여론화를 활성화시키고 소극적 보상에서 집단이주라는 목표를 달성할 수 있었다. 이 시기의 환경운동이 민족민주운동의 부분운동으로서 역할을 수행하고 있었음에도 불구하고 다른 민간운동 세력에게는 주요한 운동 목표로 공유되지 못하고 국민적인 관심사에도 크게 미치지 못하는 한계를 가지고 있었다. 그러나 비로소 전문 환경운동 단체와 주민운동 단체들이 활동을 시작하여 1980년 부터 1987년에 이르는 시기 동안 '한국조류보호협회' (1980), '한국교회환경연구소'(1982)와 같은 환경운동단체 11개가 만들어졌다.

이 시기 사회 환경교육은 가치관과 태도의 형성보다는 환경운동을 지지하는 역할을 하였다. 따라서 사회 환경교육의 형태도 홍보나 계도의 형태로 이루어졌다. 또한 이 역할이 지금처럼 정기적이거나 체계적이지 않았고 용어 자체도 환경운동보다는 '반공해운동'이나 '공해추방운동'이, 환경교육보다는 '반공해 교육'이 더 어울리던 시기였다. 각종 소비자 보호단체들도 반공해 교육 및 캠페인을 실시하였고, 한국여성단체협의회도 환경교육과 관련된 교육을 실시하였다.

그러나 사회 환경교육에 대한 목표, 대상, 내용, 기관 및 방법에 대해서도 구체적인 논의가 진행되었다. 다음은 사회 환경교육의 내용에 대한 글이다.

> 교육내용 즉 교육과정은 역시 환경보전을 위한 기본 노력을 다루고, 다음으로 환경파괴의 원인과 결과 그리고 과정을, 대기, 수질, 쓰레기 등은 물론 소음 등 도시와 농촌에 따라 고루 구분하여 비교적 다양하게 교재를 구해서 다루도록 하는 것이 바람직하다. 또한 시간의 분량과 수준은 교육의 필요성의 경중을 고려하여 몇 가지의 모형을 마련하여 상황에 맞는 것을 선택해서 지도할 수 있도록 하는 것이다. 이 같은 작업을 위해서는 교육의 목

표와 대상 등을 포괄해서 내용을 선정하기 위한 '환경교육과정위원회'를 조직 운영해 보는 것도 효과적일 수가 있다(환경청, 1983).

이 시기는 제2차 국토개발계획이 수립 시행되면서 대형국책사업이 진행되고 중화학공업 육성 정책은 계속 유지되고 있어, 1980년대도 환경을 희생으로 하는 경제성장 정책의 연장선에 있다고 할 수 있다. 따라서 정부 환경정책은 환경문제를 근본적으로 해결하는 안목과 정책보다는 경제성장의 대가로 치를 수밖에 없는 공해피해를 최소화하는 사후관리와 응급처치에 두었다고 할 수 있다.

즉, 도시의 급속한 성장과 팽창으로 인해 도시 환경의 악화와 도시 주변의 삼림 지역이 심각하게 훼손되던 시기였다. 다른 한편에서는 국민의 소득 수준 증대로 인한 여가에 대한 욕구가 증가하는 등 삶의 질에 대한 관심이 높아지면서 환경문제의 심각성과 환경보전의 필요성이 더욱 요구되는 시기였다.

1980년대 초반의 환경보전 운동은 주로 휴지를 줍고, 쓰레기를 치우는 것에서 그치는 환경정리 차원을 벗어나지 못했다. 그래서 더욱 환경보전에 대한 의식의 확대 및 교육이 강화될 필요가 있었다. 환경단체 및 시민단체들은 주로 정부의 환경보전범국민운동과 더불어 홍보와 제도로서의 환경교육을 환경보전에 대한 시민운동과 함께 벌여 나갔다.

1980년도 환경청 발족과 함께 환경연구원의 직제 개정으로 환경교육훈련 업무를 전담할 부서인 교육과가 신설되면서 사회 환경교육이 본격적으로 이루어졌다. 이러한 교육훈련은 각급 기관에서 환경보전 업무를 담당하고 있는 공무원과 민간인에게 환경을 적절히 이용하고 관리하여 쾌적한 환경을 보전하는 데 필요한 기술의 보급과 각종 환경시책 등을 체계적으로 심도 있게 이해시키고 기술을 익히는 데 필요한 실무교육이라 할 수 있다.

또한 '국립환경연구원[7]'에서 실시하는 환경관리자교육과 '환경보전협회'에서 실시하는 배출시설 관리인 교육 역시 미약하지만 새로운 기틀을 다질 수 있게 되었다.

형성기에 나타나는 가장 큰 특징은 환경문제의 심각성과 해결의 필요성에 대한 인식이 전국적으로 확산되는 경향을 나타낸다는 것이다. 환경청은 1982년 2,000명을 대상으로 환

---

7) 산업화가 지속되던 1970년대에 공해문제가 사회문제로 대두됨에 따라 정부는 1978년 7월 28일 대통령령 제9117호로 보건사회부 산하기관으로 국립환경연구소(1과, 5연구 담당관, 44명)를 설립하고 이때부터 환경오염 현상에 대한 본격적인 연구를 시작하였다(보건사회부 국립환경연구소 설치). 이후 1980년 환경청 소속기관으로 편입되고, 국립환경연구원(86년), 국립환경과학원(05년)으로 승격 및 명칭개정과 함께 조직 확대, 인력증원, 연구시설 및 장비를 확충하였고, 09년에는 연구전략 기능강화 조직개편을 통하여 환경 전문 국가 연구기관으로서의 내실을 강화하면서 환경부 환경정책 및 주요 환경오염방지사업에 대한 연구지원활동을 추진해 나가고 있다.

경과 관련된 국민의식을 조사하였다. 이 조사에 의하면 <표 9>와 같이 환경문제의 심각성을 71.4%나 느끼고 있는 것으로 나타났다. 그러나 환경문제의 중요성을 우선으로 삼고 있지는 않았다. 또한 정부의 환경정책에 대한 평가의 경우에는 부정적인 평가가 24%였으며, 경제성장과 환경보전의 조화에 대한 지지율은 72%로 매우 높았다. 또한 환경피해 경험도 18%를 넘어서서 국민이 환경오염에 대한 피해를 점차 인식하게 되었다고 평가할 수 있다.

한편 4년 후인 1986년 조사에서는 환경문제를 더욱더 심각하게 인식하고 있었다. '매우 심각하다'가 51.6%였으며, '심각하다'가 42.4%로 94%가 심각하다고 응답하였다(환경청, 1986). 이것은 오염이 심화되었다기보다는 국민의 환경 의식이 높아졌음을 의미한다. 특히 1985년 온산병이 사회적 문제가 되면서 국민의 환경인식에 어느 정도 영향을 미친 것으로 추측해 볼 수 있다(구도완, 1996).

국민인식조사에서 알 수 있듯이 환경보전과 경제성장과의 조화를 추구하는 것이 바람직하다는 응답 결과가 높았는데, 이는 환경교육의 기술공학적 접근을 용이하게 하였다(이정전, 1991). 즉, 기술이나 공정을 개선함으로써 대체물질을 개발하게 되어 오염이 줄고 자원의 사용이 감소하는 효과를 가져 온다는 논리를 주장할 수 있다.

〈표 9〉 형성기 대국민 환경의식 조사

연도	문제의 중요성 및 순위		문제의 심각성				환경피해경험		경제성장과 환경보전
	환경 문제(%)	순위	매우 심각	심각	그저 그렇다	심각하지 않다	있다	없다	경제성장과 환경보전 조화
1982	5.7	7/14	17.2	54.2	22.4	3.2	18.2	73.9	72
1996			51.6	42.4					

자료: 환경청, 1982; 환경부, 1996.

따라서 이 시기에는 여명기보다 환경오염을 초래하는 산업의 성장으로 인해 환경오염이 심각해졌으며, 이에 따른 환경 분쟁 피해사례도 여명기보다 많아져서 환경오염에 대처하는 교육이 강조되었다. 사회적으로는 민주화 및 인권 향상의 기대감이 높았으며 사회환경교육을 주도하는 NGO 단체도 활발히 활동을 시작하였다. 환경권[8]의 성립은 환경교육에 대한 사회적 인식을 성숙시키는 계기가 되었으며, 환경교육의 형성적 토대가 되었다. 환경교육이 학교 제도권 내로 정착되어 분산적 접근[9]이 이루어졌다. 그러나 여전히

---

8) 국민의 기본권으로 환경권이 1980년 헌법에 신설되었으며, 오늘날 헌법 제 35조 1항에 "모든 국민은 건강하고 쾌적한 환경에서 생활할 권리를 가지며, 국가와 국민의 환경보전을 위하여 노력하여야 한다"고 명시되어 있다.

9) 도덕, 국어, 사회, 실과, 과학 등 각 과목에서 환경교육이 이루어지는 것을 분산적 접근이라고 하며, '환경'교과가 독립

'교육법' 및 '교육법시행령' 어디에도 환경교육에 대한 명시적인 조항이 없었다.

(나) 환경교육 형성기의 교육 전개 과정

형성기에는 제3차 교육과정(1973~1980)이 공포되어 시행되었다. 1960년대 후반의 고도 경제성장, 1968년의 국민교육헌장 공포, 1972년 10월 유신 등의 영향에 의하여 만들어졌으며, 국민적 자질 함양·인간 교육의 강화, 지식 기술교육의 쇄신을 그 기본 방침으로 삼았다. 제3차 교육과정은 학문중심(學問中心) 교육과정이론의 영향에 의하여, 각 교과의 '지식의 구조(structure of knowledge)'를 중시하였고, 탐구학습 또는 발견학습이 강조되었다. 그리고 교육과정을 교과활동과 특별활동의 영역으로 나눈 반면에, 도덕을 하나의 교과로 설정하였다.

환경교육과 관련하여, 도덕이라는 교과에서 환경오염, 환경정화 및 자연 보존에 대한 내용을 다루었으며, 사회와 과학 그리고 실과 과목에서도 환경교육 관련 내용을 포함하게 되었다. 그러나 '국민교육헌장'에서 알 수 있듯이 국가성장에 이바지하는 일꾼 육성을 위한 교육이 보다 강조되었다.

또한 제4차 교육과정(1981~1986)이 고시되고 시행되었다. 제3공화국의 퇴조와 제5공화국의 출범, 1980년대의 교육개혁 조치 등을 배경으로 만들어졌다. 제4차 교육과정은 건전한 심신의 육성, 지력과 기술의 배양, 도덕적 인격의 완성, 민족 공동체 의식의 고양에 역점을 두고 있으며, 교육과정의 적합성을 높이고 교육과정 구성을 체계화하려고 노력하였다. 그리고 국민학교 1·2학년에 교과 통합 지도를 하였고, 중등학교에서는 사회교과를 통합하였으며, 중학교에 '자유선택과목'이 신설되면서 분권화가 시작되었다.

따라서 이러한 통합교육은 학교 환경교육의 확대를 가져왔다고 할 수 있다. '바른 생활'과 '슬기로운 생활'에 각각 환경교육과 관련된 내용이 포함되어 다루어졌고, 사회교과의 강화로 인해 자원, 환경오염, 삶의 질과 관련된 내용을 이전 시기보다 다양하게 가르칠 수 있었으며, 자연 및 과학교과에서도 환경 내용을 강조하였다.

(다) '사회 문제화'된 환경에 대한 정부의 대응

1977년 '공해방지법'을 폐지하고 환경관리에 관한 규제를 강화시킨 '환경보전법'이 제

되어 환경교육이 이루어지는 것을 독립 교과적 접근이라고 한다. 1992년 제6차 교육과정 이전에는 분산적 접근이 이루어지다가, 이 후에 중등에서 '환경'과목이 생기면서 독립 교과적 접근을 이루었다. 그러나 초등에서는 '환경'교과가 단일과목으로 없으므로, 현재까지 분산적 접근으로 환경교육이 이루어지고 있다.

정되었으며 해상운송, 임해공단도시의 건설로 해양오염이 늘어나게 되자 해양환경을 보전하기 위한 '해양오염방지법'도 아울러 제정되었다. 1977년에 제정된 '환경보전법'은 종래 위생법적인 성격을 띤 '공해방지법'을 전면적으로 개편, 강화시킨 법으로서 환경기준의 설정, 환경영향평가의 시행, 특별대책지역의 지정, 사업자에 대한 오염방지 비용 부담 등 환경행정에 있어서 획기적인 전환이 마련된 것이라 할 수 있으며, 상징적으로는 이전까지의 반공해 정책이 환경정책으로 이전하는 하나의 분수령이 되었다(허장, 1998). 그러나 국가정책의 우선순위에 밀려 법의 시행은 소극적이었으며 형식적인 범위에서 머물렀다.

1973년 3월에는 차관 직속 위생관리관을 위생국으로 개편하여 공해과(9명)를 신설하였고, 1975년 8월에는 다시 위생국을 환경위생국으로 개편하고 그 소속하에 공해과는 대기보전과와 수질보전과로 각각 분리 개편함과 동시, 공해문제의 전반적인 사항에 관하여 환경위생국장을 보좌하도록 공해관리관(3급)을 신설 운영하였으며, 다시 1977년 3월에는 환경행정의 효율화를 위하여 공해관리관을 환경위생국으로부터 분리, 차관직속의 환경관리관(2급)으로 개편하는 동시 그 밑에 4급 3명(환경기획담당, 대기보전담당, 수질보전담당)을 두게 되었다(한국환경기술개발원, 1996a).

그러나 환경행정조직은 획기적인 변화 없이 보건사회부 내의 국 단위에 그대로 머무르고 있어, 산업에 대한 환경관리 및 규제를 전문적으로 할 수 있는 정부 조직체계가 미비한 상태였다고 볼 수 있다. 이와 같이 산업에 대한 정부의 환경규제가 형식적인 상황에서, 산업의 환경오염 방지를 위한 투자를 소홀히 할 수밖에 없었다.

한편 1979년 5월 정부는 환경행정전담기구 설치작업에 착수하게 되었고, 그 결과 환경청(246명)이 보건사회부 외청으로 1980년 1월 5일에 발족되었다. 이를 계기로 본격적인 환경보전 업무수행을 위하여 1980년 5월 전국에 6개소의 지방 환경측정관리사무소가 설치되어, 환경영향권역별 환경관리를 시작하였다. 그 후 시도 보건연구소와 환경청 지방환경 측정 관리사무소의 기구를 대폭 개편 보강하여 환경오염 문제에 대처하고 각 지역의 특성에 따른 근본적 대책의 수립 시행 및 환경영향권별 환경보전계획의 수립, 오염관리 업무를 효율적으로 수행할 수 있는 지방 환경 관서의 설치가 절실히 요청되었다. 이러한 필요는 1986년 10월 폐기물관리국과 감사담당관을 신설하고 6개 지방 환경지청과 1개의 출장소(제주)의 설치로 나타났다. 또한 1983년 9월부터 배출부과금제도를 시행하게 되었다. 환경청과 지방 환경지청의 설치는 환경문제를 해결하는 일을 전적으로 수행하게 되었으며, 환경교육에 대한 업무도 하게 되었다. 따라서 이 시기에 사회 환경교육이 본격화되기 시작하였다.

제5공화국 헌법은 제33조에서 모든 국민은 '**깨끗한 환경에서 생활권 권리를 가지며 국가와 국민은 환경보전을 위하여 노력하여야 한다**'고 규정하여, 국민의 기본적 권리로서의 '환경권'을 천명하였다. 헌법상 환경권을 구현하기 위하여 1981년에 개정된 환경보전법에서는 제1조에 '환경오염으로 인한 위해를 예방하고 자연환경 및 생활환경을 적정하게 관리 보전함을 그 목적으로 선언'하였으며 제5차 경제사회발전계획의 환경보전부문계획 정책목표를 경제성장과 환경보전의 조화에 두었다.

이러한 환경권의 천명은 근본적으로 환경교육의 전반적인 활동을 지지하는 사회적 대응기제로서 법령이 제정되었다는 것을 의미하기 때문에, 학교 환경교육사적 측면에서 매우 주목할 만한 일이다.

(라) 환경보전을 위한 단체들의 노력

'한국자연보전협회'는 자연자원의 보전 및 연구, 자연자원보호에 관한 계몽, 자연실태 학술조사, 멸종위기에 처한 동식물의 복원사업 등을 사업 목적으로 하고 있다. 또한 『자연 보존』 저널을 발간하였고, 이 저널에는 자연 보전에 대한 다양한 연구들이 수록되어 있다. '철새의 이동에 관한 소고(우한정, 1979)'에서와 같이 자연생태 연구가 주를 이루었으며, 환경교육과 관련한 논문은 많지 않았다.

1975년에는 '한국환경보호협의회'(민간단체)가 발족하였고, 1977년 '한국야생동물보호협회'는 산림청 산하 사단법인으로 창설되었다. 1978년 '낙동강보존회'는 부산시민이 참여하여 자연환경을 보존하여 후손에게 물려준다는 정신으로 창립되었다.

1977년 육림의 날을 계기로 하여 그 대책으로서 자연보호운동이 점화되어 이제 범국민운동으로 확산되었으며, 정부기관에는 '자연보호위원회'가 발족되고 각 지역사회에는 '자연보호협의회', 각 직장에는 '자연보호회'가 창립되었으며, 민간연구기관으로는 '자연보호협회'가 발전적 구성을 가지고 있었다.

오염으로 인한 피해보상 문제가 발생하면서 환경오염의 심각성이 알려지자, 박정희 대통령은 1977년부터 자연보호운동을 관 주도에 의해 범국민적 운동으로 전개하였다. 정부는 자연 보호를 위한 범국민운동을 전개하기 위하여 정부안에 필요한 기구를 설치하고 민간단체 결성을 지원했다. 이 시기 자연보호협의회가 민간단체로 결성되었고, 전국의 통·반에 이르는 자연보호회를 조직하였다. 1977년 전국에서 일제히 열린 '자연 보호 범국민운동

궐기대회'에는 24,199개의 '자연보호회'와 131만 8천여 국민이 참여하였다(안기희, 1990). 이 운동은 쾌적한 환경보전이 아닌 '깨끗한 청소운동'에 그쳤으며, 민간의 자발성보다는 관주도의 강제적인 참여로 운영되는 등의 문제로 인해, 환경문제의 인식 제고와 그 확산에 별로 영향을 끼치지 못했다.

그리고 1978년 '환경보전협회'(설립준비위원장 노융희)가 환경보전법(1977년 제정)에 규정되어 있는 법정민간 단체로 탄생하였으며, 정부는 자연보호운동의 의지를 담은 '자연보호헌장'을 선포하였다. 자연보호헌장은 '자연을 사랑하고 환경을 보존하는 일은 국가나 공공단체를 비롯한 모든 국민의 의무'라고 규정하고, '개발은 자연과 조화를 이루도록 신중히 추진되어야 하며 자연의 보전이 우선되어야 한다'는 자연 보호 우선의 원칙을 천명하고 있다.

[1978. 10. 5. 동아일보 자연보호헌장선포]

[자연보호헌장 기념비로, 자연보호헌장의 본문 내용이 쓰여 있다. 경기도 이천시 관고동 설봉공원에 위치하고 있다.]

[자연보호헌장을 기념하는 우표]

신문 기사는 박정희 대통령의 자연보호헌장 선포식 참여와 자연보호헌장의 전문의 강조점, 기념비의 위치 등을 보여주고 있다. 이처럼 자연보호헌장에는 제3조항으로 가정, 학교, 사회 각 분야에서 교육을 통하여 체질화되어야 한다는 조항이 포함되어 있음으로써, 환경교육의 필요성을 인식하고 이를 널리 조항화하여 전파하려는 시도에서 환경교육의 발전에 이바지했다고 볼 수 있다.

자연보호운동은 새마을운동보다 환경교육적 인식이 진일보한 것으로, 환경 위생적 차원에서 '환경보전적' 차원으로 바뀌었다고 할 수 있다. 그러나 이러한 원칙은 개발 사업에 전혀 영향을 미치지 못했으며, 자연보호운동은 새마을운동의 연장선에서 국민 개개인의 국토청결운동의 의무를 강조하는 것에 머물렀다고 할 수 있다. 따라서 환경행정 업무의 일원화와 강력한 조정 통제가 가능한 독립된 환경보전 중앙행정기관의 설치가 절실히 요청되었던 것이다.

이 시기에는 정부 차원에서 환경규제 제도가 초보적으로 갖추어지기 시작했지만, 실질적으로 기업의 환경오염방지시설 투자와 공단폐수종말처리장 오염방지시설 투자가 제대로 이루어지지 않았다. 다만, 날로 심각해지는 오염에 위기를 느껴 환경문제 해결에 관심을 가지고 있었고, 이러한 관심이 환경교육을 지원하는 토대가 되었다.

(마) '사회 문제화'된 인구 증가와 도시화

<표 10>과 같이 1960년대에 인구가 빠르게 증가하기 시작하다가 1970년대에 매우 급격히 늘어났다. 이러한 인구 증가가 생산의 잉여와 자원의 이용을 적게 가져간다는 '분배'의 문제를 제기하면서 인구 문제는 사회 문제화되었다. 그러나 당시 한국 사회는 인구 증가 못지않게 급격한 도시화가 더 큰 문제로 작용했던 것으로 보인다.

또한 <표 11>과 같이 도시 인구 증가로 급격한 도시화가 공장을 중심으로 이루어졌고, 도시들은 인구수용을 위한 제반적 여건이 조성되지 못한 채 몰려드는 인구 때문에 많은 사회적 문제들을 낳았다.

〈표 10〉 한국의 합계 출산율(1960~2008)

	1960	1974	1983	1987	1990	2000	2002	2005	2008
합계출산율	6.0	3.6	2.1	1.6	1.6	1.47	1.17	1.19	1.19

자료: 통계청. 2009.

특히, <표 11>에서 알 수 있듯이 도시 인구의 증가는 인구 이동, 즉 농촌 인구의 유입에 의한 것으로 급격한 도시화는 도시와 농촌의 구조적 재편성을 요구하는 것이었다. 기존의 도시가 수출을 위한 생산기지로 확대되거나 대도시에 인접하여 대규모 공단이 새롭게 조성됨에 따라 농촌을 기반으로 하는 주민은 생활터전을 잃었으며, 공단 배후지역에 무계획적으로 건설된 신도시와 이주단지는 급격히 증대된 인구를 받아들일 여건이 제대로 조성되어 있지 않았다. 서울, 부산, 대구를 비롯한 대도시는 과밀한 인구집중으로 교통체증, 낮은 주택시설, 주거 공단의 절대 부족, 생활폐기물의 대량배출 등으로 삶의 질이 극도로 악화되었다. 주택보급률은 1960년 84.2%이던 것이, 1980년에는 53%에 지나지 않았고, 1960년대 말과 1970년대 말 부동산 가격은 급등했다(정규호, 2003).

<표 11> 도시 인구 성장의 구성 요인(1960~1985)

연도	도시 인구 증가 (단위: 천 명)	요인별 증가(%)		
		자연증가	인구이동	지역조정
1960~1966	2,338	30.5	41.3	28.3
1966~1970	3594	24.5	75.5	−
1970~1975	3841	38.4	51.5	10.0
1975~1980	4640	32.7	58.1	9.2
1980~1985	5009	38.9	38.4	22.6

출처: 권태환·김두섭. 1990.

도시화율은 1960년 39.1%에서 1970년 50.1%, 1980년 68.7%, 1985년 74.3%, 1990년 81.9%, 1995년 85.5%, 2000년 87.7% 2005년 89.1%로 급상승하고 있다.

1960년대 후반 이후 급격했던 도시화의 속도는 1980년대에 접어들어 크게 둔화되었다. 1980년대부터는 농촌인구가 이미 크게 줄어 이농민 역시 덩달아 감소하기 시작했다. 그리하여 1960년 이후 처음으로 도시화의 원인 가운데 도시 인구의 자연 증가가 농촌으로부터의 사회적 이동보다 두드러지는 현상이 나타나게 되었다. 이와 함께 서울, 부산 등 거대 도시의 인구 증가가 주춤하는 대신에 위성도시의 인구가 급증하는 근교화가 더욱 뚜렷해졌

[인구 억제 길거리 홍보]

다. 한국의 도시화 과정은 서울의 과잉 팽창을 가져왔으며, 그 결과 1990년대에는 인천, 경기로의 근교화 현상이 두드러지고 있다.

한편 <표 11>과 같이 도시화라고 하는 도시인구의 증가는 곧 공단도시들이 주변의 농촌으로부터 경제활동 인구를 대거 유입 받으면서 도시와 농촌 간 불균형 발전을 점차 심화시켰다. 이에 정부는 농촌에 식량증산을 위한 농업정책을 추진하여 수리시설 확충과 경지 정리, 조생종 다수확 품종을 보급했고, 농민들은 농민대로 상대적 빈곤에서 벗어나기 위해 농산물의 상품화를 본격화하면서 농약과 화학비료를 과도하게 사용

[〈1973. 11. 1. 경향신문〉물질 성장의 한계]

했다. 그 결과 토양의 산성화, 유기물 함량 감소, 수질오염 등으로 농촌의 생태계는 급속히 파괴되었다.

형성기의 '사회 문제화'되었던 인구 증가와 도시의 인구집중은 환경문제의 원인이 되었다. 1964년 가족계획이 발표되었고, 늘어나는 인구가 사회적 문제로 인식되었다. 숫자 '3'으로 대표되던 가족계획 운동은, 1970년대 들어 '2'로 바뀌었고 '딸·아들 구별 말고 둘만 낳아 잘 기르자'는 유명한 표어도 이때 나왔다. 1980년대에는 아예 하나만 낳자는 운동이 벌어졌다. 1981년 발표된 '인구증가억제대책'은 가족계획운동의 결정판이었다. 가족계획에 참여하는 집에는 혜택을 주고, 아이가 많은 집에는 불이익을 주었으며, 불임시술을 받은 가정에는 생계비를 지원하고, 자녀 진료비도 깎아주었다.

이러한 인식은 사회 구성원들 간의 공통된 인식이라기보다는 정부 조직의 정책으로 인한 사회 구성원들의 계몽적 성격이 강했다는 것에 주목할 필요가 있다. 정부는 사회적 문제로 인식시키고, 이를 환경교육적 측면에서 반영하도록 하였다. 즉 인구 증가로 인한 환경문제의 해결을 위한 교육적 방법을 강조한 것이다. 이는 세계적인 환경교육의 중요 주제인 '인구 과잉'에 대한 우려와 맥을 같이 하는데 '성장의 한계(로마클럽, 1972)'와 같은

글이 그것이다.

또한 도시의 인구집중은 경제적 성장과 공업화 사회로의 변화를 위한 필연적인 결과로 인식되었다. 따라서 도시로의 인구집중 자체에 대한 문제 제기보다는 인구집중으로 파생된 문제 즉, 공업화로 인한 대기오염, 개발로 인한 환경파괴와 같은 환경적 문제가 도시 사회의 불편함을 초래한다는 담론이 형성되어, 환경보전을 위한 교육적 필요를 불러일으켰다.

[인구정책 포스터]

(2) 환경교육 형성기의 경제적 배경

1972년부터 1986년까지 환경교육의 형성기에는 경제개발 5개년계획의 강력한 추진 및 사회의 비민주적 행태가 만연했던 시기였다. 급속한 경제성장은 심각한 환경문제를 가져왔고, 이러한 환경문제는 자연을 보전하거나 환경문제를 해결하기 위한 기술의 발달이 필요하게 되었다.

이와 같은 사회적 요구가 환경과학의 학문적 성립을 가져오게 하였고, 학교 환경교육이 도입되는 계기를 가져왔다. 이 시기 가장 중요한 환경교육 패러다임으로 여겨지는 인구교육과 환경 관리적 접근도 이러한 사회·경제적 변동으로 설명될 수 있다. 인구교육은 인구를 고도의 경제성장을 위한 인적자본으로 바라보기보다, 1인당 GNP 성장률을 위한 분배적 차원에서 해석하여 인구수의 감소가 곧 경제성장과 환경을 위해 필요하다는 것을 강조하였다. 환경 관리적 접근 역시 환경문제의 해결을 위한 수단적 접근으로 환경 즉, 자원을 관리한다는 인간 중심의 경제성장 중심적 접근 방식을 취하여왔다.

(가) 경제 상황

형성기는 국가가 주도하는 중앙집권적 관리자본주의 체제로 <표 12>와 같이 고도의 경제성장을 이루었으나, 누적된 구조적 문제를 조정하는 시기라고 볼 수 있다.

국내총생산 성장률은 꾸준히 증가하였고, 이전 시기보다 수출입 증가율이 급격히 증가하였다. 광공업과 제조업의 비율이 농림어업을 넘어서서 이 시기 한국 사회는 공업국가의 외형을 갖추게 되었다.

제3차 경제개발 5개년계획(1972~1976)은 산업구조 고도화를 위한 중화학공업의 건설과 지역 간의 균형개발을 목표로 하였다. 특히 중화학 공업의 건설은 소비재 부문에서 생산재 부문의 비중이 증대해 가는(김종수, 2008) 자립경제 구조의 달성과 수출의 획기적 증대를 위한 수출산업의 육성에 있었다. 경제의 장기 발전과 해외 의존 경제를 탈피하기 위해 무엇보다 중요한 것이 수출상품의 외화 가득률을 높이는 것이었다.

〈표 12〉 형성기 연간 경제 지표(2005년 기준)

계정항목코드별	1973	1974	1975	1976	1977	1978	1979
국내총생산(억 달러)	138	194	216	298	382	535	640
일인당GNP(달러)	404	559	607	825	1,043	1,443	1,693
국내총생산(%)	14.8	9.4	7.3	13.5	11.8	10.3	8.4
수출입의대GNI비율(명목)(%)	62.3	66.9	65	64.2	64.2	63.4	63.5
농립어업(%)	28.6	26.5	26.4	26.9	25.5	24.2	22.2
광공업(%)	21.1	24.1	23.7	23.7	25.3	25.4	25.5
제조업(%)	20	23	22.4	22.2	24.1	23.9	24.1
건설및전기가스 수도사업(%)	1.4	1.2	0.7	1.1	1.2	1.4	1.4

계정항목코드별	1980	1981	1982	1983	1984	1985	1986
국내총생산(억 달러)	643	724	775	859	949	984	1,137
일인당GNP(달러)	1,660	1,826	1,927	2,113	2,300	2,355	2,702
국내총생산(%)	−1.9	7.4	8.3	12.2	9.9	7.5	12.2
수출입의대GNI비율(명목)(%)	78.9	82.2	76.4	72.8	75.1	70.3	71.5
농립어업(%)	-17	15.3	7.5	8.2	-3.1	5.8	5.1
광공업(%)	-2.2	9.7	5.2	15.5	17.6	6.5	20.3
제조업(%)	-2.2	10.2	6.1	15.9	18.3	6.5	21
서비스업(%)	48	47.7	48.4	48.3	48	49	49.3
건설및전기가스수도사업(%)	6.9	15.5	6.2	30.5	26.9	19.9	26.8

자료: 한국은행. 2005.

그러나 제4차 경제개발 5개년계획(1977~1981)은 사회개발의 필요성과 형평의 문제가 크게 부각되면서, 경제의 항구적 성장과 국민 생활의 양적, 질적 향상이라는 전제 아래 경제의 자력 성장구조를 달성하고 사회개발을 통한 형평의 증진, 기술혁신, 능률향상을 기본 목표로 삼았다.

경제개발계획은 경제사회개발계획으로 명칭을 바꾸어 1980년대에 들어서는 제5차 경제사회개발 5개년계획(1982~1986)이 추진되었다. 공업화의 선도 산업을 중화학공업에서 기술집약적 공업으로의 이행을 목적으로 하였으며, 계획의 기조로 삼았던 성장을 빼고 안정安定·능률龍率·균형均衡을 기조로 하여 물가안정·개방화, 시장경쟁의 활성화, 지방 및 소외 부문의 개발을 주요정책 대상으로 하였다.

1970년대 석유파동으로 인한 해외 인플레 요인이 국내물가의 급등을 가져와 국민 생활 안정을 위협하는 불황에도 불구하고, 제3차 계획기간에 연평균 10.1%의 높은 경제성장을 기록하였다. 또한 이 시기 한국의 공업부문 성장률은 17%를 상회하고 있었던 것으로, 이것은 당시의 세계에서 1위에 속하는 실적이었다(KIEI, 1978). <표 13>은 전발전도상국과 국내총생산 실질성장률을 비교한 자료로 당시 한국의 경제성장 정도를 직접적으로 알려 주고 있다.

〈표 13〉 아시아 NICs의 경제지표

경제지표	실질GDP 성장률	수출성장률	수출에 점하는 공업품의 비율	수출 의존도	1인당 GDP
년도	(1978~1980년)	(1978~1980년)	1979년	1978년	1978년
한국	9.5	37.2	27.7	81.5	1,298
전발전도상국	5.7%	26.0	19.0	21.7	659

자료: 산업은행, 1978.

1977년에는 수출 100억 달러의 달성을 실현하였다. 70년대의 중화학공업 육성을 위한 집중투자와 정부지원은 대기업 중심의 재벌회사를 탄생시켰으며(박태섭, 2003), 대규모의 석유화학, 조선, 종합제철소 등이 건설됨으로써 우리나라는 '중화학공업국'으로서의 모습으로 변모되었다.

노동집약적 경공업에 치중된 수출 주도 산업화는, 아래로부터 후발도상국들의 경쟁력 상승과 위로부터 수입 선진국들의 보호 장벽 구축에 의해 양면 위협을 받게 되었다(김영화, 2004). 이러한 경제적 어려움을 극복하기 위해서는 경공업 수출 상품보다 단가가 높고 부가가치가 큰 중화학 상품 위주의 수출 산업 구조화가 필요하게 되었다.

1978년 3월 '한국경제의 당면과제와 대책'이라는 비공개 내부 문건이 작성되어 한국경제성장의 전면적인 재검토의 움직임을 보였으나, 제2차 석유위기와 대통령의 피살로 인해 1980년 경제성장률은 사상 유례가 없는 마이너스 5.4%를 기록한 반면, 도매물가는 44.2%나 치솟았다. 곳곳에서 부실기업이 속출했고 공장 가동률은 74%로 떨어졌다. 그에 따라 공장 휴폐업과 대량해고가 빈번해지면서 공식 실업률은 1979년 3.8%에서 5.0%로 상승했다.

전두환 정부는 물가안정을 최우선의 과제로 삼았다. 20%에 이르던 국제금리는 1986년 한 자리 숫자로 떨어졌고, 1980년 60달러 수준이었던 국제 원유가는 1986년 14달러 수준으로 떨어지는 등 국제 원자재 가격이 대폭 하락하였다. 이 모든 요인이 작용하여 또한 전두환 정부 아래에서 물가는 소수점 이하로 떨어졌으나, 이러한 물가안정은 어디까지나 민중의 일방적 희생을 대가로 한 것이었다. 추곡수매가와 임금 억재, 긴축재정으로 인한 복지 축소 등이 그것이다. 또한 전두환 정부가 추진하고자 시도하였던 자율화 정책은 곳곳에서 벽에 부딪히고 말았으며, 개방화 역시도 매우 조심스러워하는 입장을 취하였다.

결국 경제운영의 기조와 시스템이 박정희 시대의 유산 위에서 움직여 별반 다르지 않다가, 1987년 민주화 세력의 운집으로 사회적 여건을 형성하였고, 이후에 김영삼 정부가 들어서면서 민간의 자율을 증대하는 정책으로 선회하였다.

그러나 곧 경제는 다시 안정을 되찾았고 <형성기 연간 경제 지표(2005년 기준)>과 같이 다시 고속 성장을 이루었다. 또한 농림어업과 같은 1차 산업의 비중이 약해졌고, 광공업과 제조업이 뚜렷한 성장세를 보여 왔으며, 건설 및 전기가스수도사업과 같은 사회기반 시설의 확충이 증가세를 나타내었다. 또한 수출입의 비중이 매우 높아졌음을 알 수 있는데 이는 무역 의존도가 매우 높은 한국의 경제적 특성을 잘 보여주는 예라고 할 수 있다.

그러나 이정전(1966)의 '환경오염지향산업' 선정 결과에 의하면 6대 중화학 전략산업은 모두 '환경오염지향산업'의 순위에서 10위권 내에 위치하고 있다. 따라서 6대 중화학공업 육성(철강, 비철금속, 석유화학, 기계, 조선, 전자공업)이 환경오염에 큰 영향을 주었음을 알 수 있다.

구체적 내용으로 DDT, BHC, 유기인제 등 유기합성 농약과 합성세제 생산기술이 도입되었다. 또한 합성화학물질의 생산기술이 도입되어 천연생산물을 대체하였으며 전기야금, 전기화학공업 기술이 도입되었다. 특히 이 과정에서 수입된 생산기술들은 환경보전 기술을 완비하지 않은 채 도입되었다는 점에서 환경파괴적인 속성이 더욱 심했다(이정전, 1991; 김선근, 1982). 환경오염 지향적인 산업 업종 선정, 대규모 산업단지 및 산업 지원시설 건설, 반환경적인 원자력발전소 건설, 인권과 환경 희생의 배경이 된 외자도입과 수출 정책, 환경파괴적인 생산기술 도입 등으로 인해서 환경에 대한 압력 요인이 매우 강했던 시기로 평가할 수 있다(오용선, 2007).

1972년 개발에 방해되는 일체의 장애들을 해소하고 경제의 지속적 개발을 위한 위기정부체제를 구축한다는 명분하에서 공화당정부에 의해 기습적으로 유신체제가 선포되었다. 유신체제는 시장경제의 원리나 경제의 논리를 무시하면서 경제 전반에 걸쳐 강력한 정치적인 영향을 미쳤다. 10월 유신을 계기로 경제성장이 이데올로기화되면서 경제성장은 양적 팽창주의에 몰입되었고, 성장우선주의에 밀려 정치사회 발전은 경제의 종속변수로 전락했던 것이다. 이러한 여건에서 한국에 원자력발전소 고리 1호가 완공되었다. 그 이후 70년대에 4기의 원자력발전소(고리 2호, 고리 3호, 고리 4호, 월성 1호)가 추가 건설되기 시작해서 80년대에 모두 준공되었다. 또한 1980년대에는 원자력발전소 부문에서 환경 압력 요인이 가장 강화된 시기로 총 6기(영광1·2 울진1·2호)의 원자력발전소가 준공되었다.

선도 부문에서의 발전이 개발 전략에서 기대했던 만큼 충분히 전후방의 산업연관을 통하여 국민경제의 구조를 새로운 균형으로 변화 수렴시키지 못했다. 이러한 대기업과 중소기업의 격차, 특히 공업과 농업 간의 격차도 풀어야 할 숙제로 남게 되면서 1980년대 이후의 한국 경제는 전면적인 구조 개편의 구제를 안게 되었다.

이 시기 수출 위주의 중화학공업이 우세해지고, 경제성장이 국가적 이데올로기가 되면서 경제성장이 가장 우선시 되었다. 따라서 환경에 대한 관심과 환경교육에 대한 관심은 이러한 사회·경제적 변화와 모순을 초래하기 때문에 주목받지 못하였다. 경제성장의 초기에는 환경이 악화되나 성숙한 경제성장의 단계에 들어서면 환경에 대한 관심이 증가하고 환경보호 비용을 조달할 수 있기 때문에, 경제성장은 필수적(Beckerman, 1992)이라는 견해도 있다.

그러나 이 시기의 경제성장은 환경을 저해하면서 이루어졌고, 환경교육에 대해서도 많은 관심을 기울일 수 없는 성장위주의 국가적 이데올로기로 자리 잡았다. 다만 인구의 급증을 해결할 수 있는 방법으로 인구환경교육이 주목을 받았으며, 개발로 인한 훼손에 대한 우려의 목소리가 높아지고 있었다. 또한 당시 산업별 공해방지설비 투자 현황을 보면 1980년대는 매우 미미하게 이루어졌다는 점을 알 수 있다. 당시 산업공단에서 배출된 환경오염 물질들이 어떻게 관리되었는지를 단적으로 알 수 있는 것이 공단 폐수 종말 처리 시설 현황이다. 공단 폐수 종말 처리 시설은 1986년 이전까지 거의 이루어지지 않았다.

1980년대 중반까지 수도권과 동남권 임해 지역의 중화학공업단지의 산업 활동을 연계시키기 위해 외국으로부터 차관을 들여다 도로, 철도, 항만, 공항 다목적댐 등 사회기반시설을 건설했다. 그러나 임해 지역에 조성된 이들 대규모 중화학 공단은 제한된 공간에 자원과 에너지를 과다집중시킴으로써, 산업폐기물의 배출에 따른 피해도 특정한 지역에 집중되는 결과를 초래했다. 이들 생산시설은 대규모 공해방지시설을 필요로 하는 중화학공업이었음에도 불구하고, 기업들은 설비투자와 상품생산에 급급하여 최소한의 안전장치를 갖춘 공해방지시설을 설비하는 데 그쳤다. 그 결과 대규모 중화학공단들에서 배출되는 산업공해는 양적, 질적으로 급속하게 확대 축적되었고 전국적으로 확산되었다. 밤낮으로 가동되는 생산 공정은 그 주변 지역에 이산화탄소와 폐수 등 공해물질을 방출함으로써, 지역주민의 농업생산과 해양생태계 상당한 피해를 입혔다. 중화학공업을 추진한 후 지난 30

년 동안 석탄소비량은 약 6배, 석유와 전기소비량은 약 55배 증가하였으며, 4대강의 수질은 1급수에서 3급수 이하로 떨어졌다.

이 시기 사회는 민주화에 대한 열망이 가득하였고, 경제는 안정적인 성장을 계속하고 있었다. 국가의 안정적인 경제성장으로 국가와 국민은 개발이 주는 혜택과 복지수준의 향상이 환경의 질을 향상할 것이라고 기대하게 되었다. 이와 같은 결과로 교육과정 전반에 환경교육 활동이 이루어지도록 하는 선언적인 규정을 담을 수 있었고, 이 시기 환경교육이 학교에 도입될 수 있는 토대가 마련되었다.

(나) 급격한 도시화와 공업화에 따른 '환경문제화'된 경제 활동

1977년과 1978년 사이에는 전남 담양의 한 농민가족이 수은중독에 의한 수족마비 증세가 알려지면서 우리 사회에 큰 충격을 주었다(허장, 1998). 온산공단 주변에서는 1978년부터 수산물 피해가 나타나기 시작했으며(류석환·감연희 1998), 같은 해 울산공단의 석유화학공장에서 배출하는 아황산가스, 불화수소 등의 대기오염물질로 인해서 주변의 달동평야는 전체 벼농사 면적의 91.6%가 볍씨조차 건질 수 없었다. 1979년에는 농업 피해의 원인이 울산공단의 유독성 가스 때문이라고 공식적으로 밝혀짐으로써 54개 공장이 분담하여 배상하기에 이르렀다.

대기오염이 곧 환경오염이었던 시기에서 수질오염과 같은 환경문제도 발생하여 환경오염에 대한 경각심을 더욱 높여갔다. 같은 해에 울산공단 주위에 사는 수백 명의 어린이가 심한 가려움증에 한 달 이상 고통 받고 있었고, 울산공단의 한 공장의 여성노동자들이 6가크롬에 오염된 물을 마시고 집단으로 치료를 받게 되었다(허장, 1998). 1975년에서 1977년도 4대 강 중 금강을 제외한 나머지 하천의 BOD가 일본의 상수도 원수 3급 기준치인 6ppm을 훨씬 상회하고 있어서 하류 지역은 상수도용으로서 부적합한 오염도를 나타내고 있었다(한국환경기술개발원, 1996a). 또한 호남정유의 유조선 침몰로 광양만이 기름으로 오염되는 등 어업 피해가 속출하였다.

특히 1980년대에 비철금속공업단지인 온산공단의 환경오염 실태가 매우 심각한 수준이라는 사실이 알려지면서, 산업화로 인한 환경문제가 본격적으로 사회화되기 시작했다. 1982년부터 온산 주민 1천 명이 전신 신경통, 수족마비, 피부병 등의 괴질에 시달리기 시작하였다. 그 원인은 온산공단에서 배출한 중금속 오염폐수로 인해서 인근 어패류가 중금속에 농축되었기 때문이었다(류석환·감연희, 1998). 1985년 1월 온산공단 주변 주민 500

여 명이 이타이이타이병 증세를 나타냈던 온산공해병이 언론에 크게 보도됨으로써 사회
문제화되었다. 1985년 울산온산공단 환경오염 주민 이주 대책 사업이 공고되고, 1986년부
터 석유화학단지, 여천지구, 매암지구, 용연지구 주변의 4,866가구와 온산공단 주변의
2,601가구에 대한 철거 이주가 시작되었다.

반월공단은 1986년에야 하수종말처리장을 완공하여 오수관과 빗물관을 구분하여 내보
내게 되었다(유승무, 1994). 결국 86년 이전까지 953개 업체는 폐수를 무단 방류한 것이다.
86년도에 설치한 안산시 하수종말처리장의 처리능력 또한 부족하여 50% 이상의 하수가
1차 처리되지 않은 상태로 방류되었다.

1980년대에 들어서면서 주요 하천 댐의 저수지에 부영양화가 심하게 나타나기 시작했
다. 1986~1988년 소양, 팔당, 아산, 삽교 댐의 부영양화가 심각했으며 전국의 주요 호소
특히 상수원보호구역으로 지정된 7개 호소 대부분이 1980년부터 이미 중영양 상태가 되
었다(환경기술개발원, 1996). 또한 1980년대 들어서면서 산업폐수의 방류량이 늘어나면서
하천오염의 주요 원인이 되기 시작했다.

제조업 중심의 수출주도형 경제 구조는 여전히 대기 오염의 심화를 가져왔다. 당시의
환경 오염도를 알아보기 위해 서울, 부산, 울산의 아황산가스 평균오염도를 살펴보면 <표
14>와 같다. 서울은 도쿄('76년 기준, 0.027ppm)에 비하여 3배 정도 높았으며, 이는 당시
대기오염의 심각성을 잘 드러내 주고 있다(한국공해문제연구소, 1983).

⟨표 14⟩ 1970년대의 아황산가스 평균 오염도

	1975	1976	1977	1978	1979
서울	0.049	0.083	0.083	0.084	0.093
부산	0.034	0.034	0.047	0.048	0.048
울산		0.20	0.018	0.028	0.035

자료: 환경부, 2009a.

1980년대 대기에 배출되는 오염물질 중 대표적인 오염물질은 아황산가스(SO_2), 이산화
질소(NO_2), 탄화수소(HC), 일산화탄소(CO), 부유분진(TSP)과 대기 중에서 자외선의 영향
을 받아 생성되는 2차 오염물질인 옥시단트(O_3) 등이며, 1980년대의 대기환경기준은 <표
15>와 같다. 이 시기의 대기오염도는 본격적인 측정이 이루어진 이후의 시기들과 비교하
여 볼 때 가장 높은 수치를 나타내고 있다.

〈표 15〉 1980년대 대기 오염도

	기준	1980	1981	1982	1983	1984	1985	1986
아황산가스	0.05ppm	0.094	0.086	0.057	0.066	0.056	0.056	0.062
부유분진	150 $\mu g/m^3$	-	-	-	183	210	216	183
이산화질소	0.05 ppm	-	0.056	0.056	0.057	0.029	0.034	0.033
일산화탄소	8ppm	-	-	-	-	3.2	2.7	3.0

자료: 통계청, 1996.
-표시는 측정기 미설치.

아황산가스는 1980년 이후 그 수치가 점점 낮아지는 것을 확인할 수 있는데, 이는 환경청의 발족과 더불어 저유황유 공급 및 도시가스, 액화천연가스 LNG 등 청정연료 공급확대 등 지속적인 대기오염 저감대책의 실시 때문이라고 할 수 있다. 이산화질소 역시 질이 낮은 연료에서 질이 높은 연료로 대체한 것과 관련이 있고, 효율적 에너지로의 전환의 결과라고 볼 수 있다. 또한 대기환경 기준에 제시된 6가지 대기오염물질 중 4가지 아황산가스는 주로 발전, 난방에 의해서 배출되었다. 전국의 주요도시 중 서울의 아황산가스 오염도가 가장 심한 것으로 나타났는데(황우원, 2003), 1990년에 와서는 대구, 울산, 인천 등이 배출농도가 가장 높은 지역으로 변모되었다.

1983년 부유분진은 〈표 16〉에서와 같이 183mg/m^3이었다. 부유분진도는 측정을 시작한 이후로 80년대 후반으로 갈수록 전반적으로 떨어지고 있는 추세이나, 80년대 후반 대구, 울산, 인천 지역 등으로 중화학 공업과 같은 에너지 다소비산업의 입지가 확대되면서 분진 농도가 더욱 높게 나타나고 있다. 이것은 도시화에 따르는 도시지역 공업단지의 오염물 때문으로 해석된다. 다른 나라의 주요 도시와 부유분진 오염도 비교(1983년 기준)를 〈표 16〉에서 보면 서울시 부유분진 오염농도가 매우 높음을 알 수 있다.

〈표 16〉 1983년 부유분진 오염도 비교

	LA	런던	나고야	서울
부유분진($\mu g/m^3$)	71	22	40	183

자료: 환경처, 1987.

국가가 각종 공단의 건설 및 특정한 기술혁신의 지원과 장려에 나섬에 따라 산업공해, 즉 위해를 방지하기 위한 감독과 규제도 자연스럽게 정치적 결정에 맡겨졌다. 따라서 1970년대에는 법적인 측면에서 물리적 위해인 산업공해의 제거에 국한되었으며 1980년대에는 산업과 원자력 발전의 위험물질 발생이 공단에 집중됨에 따라 산업공해의 관리에만 치중하였다. 그러나 위험에 대해 민감해진 일반 시민은 정부의 기술적인 안전관리정책에 대해 만족해하기보다는 불안해하며, 오히려 정부의 일방적인 결정에 대해 강한 분노와 저항을 드러내었다. 그리고 전체 사회에 구속적인 정치적 결정과정에의 일반 시민의 참여요구도 커졌다.

나. 환경교육 형성기로 구분 짓다

환경교육 형성기에는 환경교육이 학문적으로 체계를 갖추는 시기로 볼 수 있다. 환경교육의 정의 및 개념, 방법론에 대한 논의가 시작된 시기이며, 환경교육에 대한 다학문적인 접근[10]이 나타났으며, 환경교육에 대한 연구 논문집, 단행본, 보고서 등이 연구되고 출판되어 학문적 연구 성과를 도출하였다. 따라서 제3차 교육과정 및 제4차 교육과정을 중심으로 학교 환경교육이 형성되고 실시되었으므로 이 시기를 '학교 환경교육의 형성기'라고 할 수 있다.

---

10) 교수·학습에 대한 통합적인 접근은 다학문적(Multidisciplinary) 접근, 간학문적(Interdisciplinary) 접근, 그리고 탈학문적(Transdisciplinary) 접근의 세 가지로 구분할 수 있다. 이 중에서 다학문적 접근은 각 교과목들 간의 연결고리를 형성하는 접근법이고, 간학문적 접근은 교과목들 간의 경계를 흐리게 하는 접근법이며, 탈학문적 접근은 교과목들 간의 경계를 없애는 접근법을 말한다.

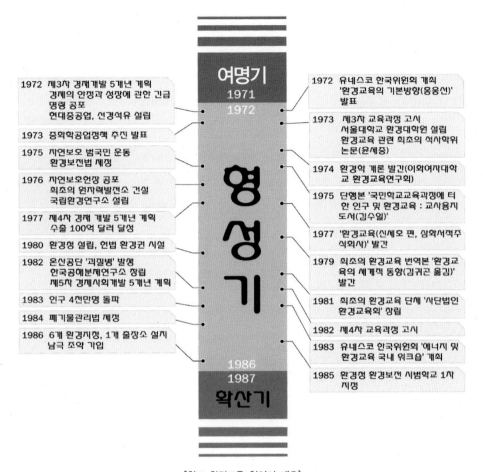

	여명기	
1972 제3차 경제개발 5개년 계획 경제의 안정과 성장에 관한 긴급 명령 공포 현대중공업, 선경석유 설립	1971 1972	1972 유네스코 한국위원회 개최 '환경교육의 기본방향(옹웅선)' 발표
1973 중화학공업정책 추진 발표		1973 제3차 교육과정 고시 서울대학교 환경대학원 설립 환경교육 관련 최초의 석사학위 논문(윤세중)
1975 자연보오 범국민 운동 환경보전법 제정		
1976 자연보오헌장 공포 최초의 원자력발전소 건설 국립환경연구소 설립	형성기	1974 환경학 개론 발간(이화여자대학 교 환경교육연구회)
		1975 단행본 '국민학교교육과정에 터 한 인구 및 환경교육 : 교사용지 도서(김수일)'
1977 제4차 경제 개발 5개년 계획 수출 100억 달러 달성		
1980 환경청 설립, 헌법 환경권 시설		1977 '환경교육(신세오 편, 삼화서적주 식회사)' 발간
1982 온산공단 '괴질병' 발생 한국공해분제연구소 창립 제5차 경제사회개발 5개년 계획		1979 최초의 환경교육 번역본 '환경교 육의 세계적 동양(김귀곤 옮김)' 발간
1983 인구 4천만명 돌파		1981 최초의 환경교육 단체 '사단법인 환경교육회' 창립
1984 폐기물관리법 제정		1982 제4차 교육과정 고시
1986 6개 환경지청, 1개 출장소 설치 남극 조약 가입	1986 1987 확산기	1983 유네스코 한국위원회 '에너지 및 환경교육 국내 워크숍' 개최
		1985 환경청 환경보전 시범학교 1차 지정

[학교 환경교육 형성기 개요]

위의 그림은 '형성기'에 일어났던 사회적·경제적 사건 및 환경교육과 관련된 내용을 개요화한 것이다. 당시 사회적·경제적으로 '문제화된 인식과 대응'은 학교 환경교육에 커다란 영향을 끼쳤다. 이 시기에 학교 환경교육의 맹아들이 결실을 형성하게 되었으며 학교 환경교육이 시행되었다.

1970년대에는 환경교육의 발전 과정에 큰 이정표 역할을 할 수 있는 국제적인 노력이 활발히 전개되었다. 세계적 조직을 갖춘 민간 환경 단체가 조직·출범하여 적극적인 활동을 전개함으로써 세계 수준에서 환경교육 풍토가 조성되었다. 지구 환경에 대한 위기의식과 환경문제에 대한 국제적인 대응이 시작되었고. 환경문제가 국제사회의 주요 의제로 본격적으로 등장하게 되었다.

유네스코(United Nations Educational, Scientific and Cultural Organization: UNESCO)가 환

경교육 전담기구로 선정되었으며 스톡홀름 회의의 권고에 따라 1973
년에 환경 전문기관인 '유엔환경계획(United Nations Environmental
Programme: UNEP)' 설립, 1975년에는 유네스코(UNESCO)'와
UNEP에 의해 '국제 환경교육 프로그램(International Environmental
Education Programme: IEEP)'이 설립되었다. IEEP는 국제적인
환경교육의 연구경향, 환경교육의 개발연구, 유엔의 환경교육
소식지인 『Connect』[11])지를 출판하는 등 다양한 측면에서 환경
교육이 발전할 수 있는 기틀을 마련하였다(환경부, 2009b).
1970년대에 들어서는 한국을 포함하여 전 세계적으로 환경, 그
리고 환경교육에 대한 관심이 더욱 높아졌다.

[유엔환경 계획]

[국제 환경교육 프로그램]

1972년에 열린 스톡홀름 회의는 우리나라에도 많은 영향을
끼쳐 본격적으로 환경교육의 필요성이 대두되었다. 1972년 매일경제에 실린 기사를 보면
스톡홀름회의 이후에 환경교육을 본격적으로 학교에서 실시하자는 주장이 제기되었음을
알 수 있다.

1975년에 구 유고슬라비아의 베오그라드에서 개최된 '베오그라드 국제 환경교육 회의'
는 65개국의 교육계 지도자들이 참석하여 환경교육의 경향과 시각을 검토하고, 기본 지침
으로써 '베오그라드 헌장'을 채택하였다. '베
오그라드 헌장'은 환경교육의 철학적 바탕, 평
가, 환경 관련 행동 강령의 최종목표, 인간-
환경과의 관계 등을 밝히고 있다.

1977년 구 소련의 트빌리시에서 UNESCO-
UNEP 주관으로 개최된 트빌리시의 '환경교
육에 관한 정부 간 회의'는 환경교육의 개념,
영역, 역할을 분명히 하고, 국가 수준과 국제
수준에서 적용할 수 있는 환경교육의 지침

[〈1972. 6. 10. 매일경제〉 환경문제를 학과로]

---

11) 1996년부터는 유네스코의 '국제 과학 기술 환경교육 소식지'로 전환되어 2006년까지 발행되었다. 유네스코 홈페이
지http://http://www.unesco.org/en/science-and-technology/publication/에서 1997년~2006년 동안 발행된
소식지를 찾아볼 수 있다.

The Belgrade Charter
A Global Framework for Environmental Education

Adopted unanimously at the close of the 10-day workshop at Belgrade was a statement, subject to modification by subsequent regional meetings, of the framework and guiding principles for global environmental education, which became known as the Belgrade Charter.

It follows:

Environmental Situation

Our generation has witnessed unprecedented economic growth and technological progress which, while bringing benefits to many people, have also caused severe social and environmental consequences. Inequality between the poor and the rich among nations and within nations is growing; and there is evidence of increasing deterioration of the physical environment in some forms on a world-wide scale. This condition, although primarily caused by a relatively small number of nations, affects all of humanity.

The recent United Nations Declaration for a New International Economic Order calls for a new concept of development — one which takes into account the satisfaction of the needs and wants of every citizen of the earth, of the pluralism of societies and of the balance and harmony between humanity and the environment. What is being called for is the eradication of the basic causes of poverty, hunger, illiteracy, pollution, exploitation and domination. The previous pattern of dealing with these crucial problems on a fragmentary basis is no longer workable.

[베오그라드 헌장]

을 제공하였다. 이 '트빌리시 회의'는 환경교육의 기본 지침과 구체적 이행을 위한 41개의 권고를 채택함으로써 환경교육의 국제적인 공동 노력의 방향을 설정한 데에 커다란 의의가 있다.

이 시기 한국의 환경교육은 세계적인 환경교육의 흐름에 맞춰 일대 전환기를 맞이한다. 1972년에 발표되었던 '유엔인간환경선언', 1975년 '베오그라드 헌장', 1977년 '환경교육에 관한 정부 간 회의'는 환경문제의 근본적 예방과 해결을 위한 교육적 접근을 강조하면서 한국의 환경교육에 영향을 주었다. 실제로 제6차 교육과정 중학교 환경과의 교육목적을 설정하는 과정을 보면, 유네스코에서 제시한 베오그라드 헌장을 기본적 토대로 목적을 상세화하고 있으며, 제6차 교육과정 고등학교 환경과목인 '환경과학'의 교육 목적 또한 유네스코에서 제시한 인식, 지식, 태도, 기능 참여를 교과에서 달성해야 할 목적으로 보고 있다(조성화·최돈형, 2008). 이러한 경향은 제7차 교육과정에서도 중학교 '환경'과 교육 목표를 지식, 인식, 기능, 태도, 가치, 참여로 제시하고, 고등학교 환경 과목인 '생태와 환경'의 교육 목적을 제시함에 있어서도 베오그라드 헌장과 트빌리시 선언을 토대로 하고 있는 것이 그 증거이다.12)

다음의 자료들은 베오그라드 국제환경교육회의가 우리나라의 환경교육에 영향을 미치고 있음을 보여주는 자료들이다.

한 예로서 경향신문은 환경오염과 환경파괴는 현대가 당면한 가장 큰 문제 중의 하나인데, 이에 대한 우리나라 사람들의 인식은 높지 않다며 환경문제, 생활의 질, 인간의 행복에 대한 전국민적인 문제의식과 공감대의 형성 없이는 환경파괴를 예방할 수 없다고 말하고 있다. 또한 사전예방을 못하여 환경이 파괴될 경우 그것을 복원하는 데

[〈1982. 9. 4. 경향 신문〉
시급한 환경교육의 체계화]

는 막대한 돈과 시간이 필요하다며, 환경교육의 필요성을 강조하고 있다. 이에 베오그라드헌장은 환경교육의 구체적인 목표로서 환경문제에 대한 관심과 지식·태도·기능 평가 능력 및 참가 등 6개항을 제시하고 있는 것은 국민의 인식 제고와 그것을 위한 환경교육이 얼마나 중요한 것임을 말해주며, 이런 점에서 문교부가 환경교육을 본격적으로 실시키로 했다는 것이 의미 있는 일이라고 하고 있다.

1980년 '세계보전전략(World Conservation Strategy)'에서는 환경 쟁점에 대한 이해와 분석을 중심에 두었다. 생태 작용의 유지, 지속 가능한 자연 자원 이용, 그리고 종 다양성 보존의 세 가지 핵심을 중심으로 환경 쟁점에 대한 이해와 분석에 대한 중요한 장을 열었다. 이를 토대로 지속가능발전의 개념에 대한 국제적 공감대가 최초로 형성되었다. 1980년 '유럽

---

12) 고교 과목명은 제6차 교육과정에서 '환경과학', 제7차에서는 '생태와 환경'으로 설정되는데, 환경교육의 목적과 관련한 것으로 보인다. 제6차 시기에는 환경교육의 원인과 해결 방법을 아는 지식적 측면을 강조한 반면, 제7차 교육과정에서는 체험환경교육 및 환경감수성 측면을 강조하였다.

환경교육 워크숍'이 개최되었으며, 독일에서는 환경교육을 필수과목으로 지도하도록 권장하였다. '환경교육연구에 관한 국가 위원회(National Commission on Environmental Education Research)'가 창설되었고, '호주환경교육협회(The Australian Association for Environmental Education)'가 설립되었다. 1982년 제10회 UNEP 관리이사회특별회의(나이로비)에서 환경교육이 강조되었으며, 1982년 스톡홀름에서 '유엔인간환경회의 +10 협약'의 체결은 환경에 대한 관심을 환기시켰다. 1983년 'Project WILD(WREEC, AFI)'가 시작되었으며, 1984년 『호주환경교육저널 (Australian Journal of Environmental Education, AJEE)』창간호가 발간되었다. 또한 1984년 미국의 기상 위성 님부스로 지구 오존층에서 '홀'이 확인되어 오존층 보호를 위한 비엔나 협약이 체결되었다. 1986년 소비에트 연방 체르노빌 핵발전소의 4개 중 한 개 원자로가 폭발하면서 세계인들에게 원자력에 대한 강한 경각심을 가져왔다.

세계의 환경오염 및 환경문제는 한국의 언론 매체를 통해서 전달되어 환경오염 및 환경문제에 대한 국민의 우려를 낳게 하였다. 이러한 원인으로 환경문제를 해결하기 위한 차원에서 환경교육의 필요성이 사회 전반적으로 제기되었고, 환경관리의 기술적 측면이 강조되었다.

우리나라의 환경교육에 관한 체계적인 연구는 1970년대 처음으로 한국교육개발원에 의해서 시작되었다. 당시는 세계적으로 환경교육에 대한 관심이 고조되기 시작한 시기였고, 미국에서 공부하고 온 한국교육개발원의 교육학자들이 우리나라에 환경교육을 소개하면서 선도적 역할을 했다(최돈형 외, 1991).

이 시기는 환경교육에 대한 체계적인 연구가 진행되었고 이를 뒷받침할 수 있는 토대가 마련되고 있었다. 이 시기 주요 연구는 다음과 같다.

1974년 『환경학개론: 인간 · 환경 · 교육』(이화여자대학교 환경교육연구회, 1974)이 발간되었는데 공해에 대한 기술공학적 접근을 비롯하여 'Chapter Ⅹ. 환경과 교육'에서 환경교육의 목적과 내용 및 방법을 다루고 있다.

1975년 『국민학교 교육과정에 터한 인구 및 환경교육』(김수일, 1975)은 단행본으로서 환경교육이라는 제목으로 출판된 첫 번째 저서로 인구교육에 보다 치중되어 있기는 하나, 포괄적인 의미에서 환경교육에 대한 내용과 관점이 포함되어 있다.

1973년 1월 25일에 서울대학교 행정대학원에 설치되어 있던 도시 및 지역계획학과와

▲『梨大環境教育研究會編「環境學概論」(익문社·二八一면·一、五〇〇원) =産業化와 都市化로 가중되는 環境公害의 실태를 설명하고 그것을 規制 또는 극복하기위한 노력을 소개.

環境大學院新設
서울大學校에

국무회의는 19일하오「환경대학원」의 신설을 골자로하는 서울대학교설치령중 개정방안을 의결했다. 이개정령에 의하면 국토보존및 미화에 관한 연구와 그인재의 양성훈련을 위하여 서울대학교에 환경대학원을 설치하도록 했다.

環境學概論
—人間·環境·敎育—

梨花女子大學校
環境敎育硏究會 編

敎育科學社

[〈1973. 1. 20. 매일경제〉 서울대 환경대학원 신설] [〈1974. 8. 28. 동아일보〉 환경학개론 소개] ['환경학개론' 표지]

['환경학개론' 목차]

조경학과를 신설하여 서울대학교에 환경대학원(초대 원장 노융희)이 설치되었고, '환경론서설'이라는 필수 과목이 개설·운영되었다. 1974년 동 대학원 주최로 「인간과 환경에 관한 세미나」가 개최되었다. 「인간과 환경에 관한 세미나」는 공해추방을 위한 종합적인 환경과학문제의 체계화를 시급하게 느낀 서울대학교 환경대학원에서 공해로 인한 피해를 고려한 복지개념을 도입하고 능률보다 인간중심의 도시계획을 세우기 위해 열렸다. 이 당시는 환경문제를 대상으로 한 환경과학은 비단 과학자뿐 아니라 인구학, 사회학, 도시 계획학, 지리학 등 여러 학문이 모인 종합과학적인 학문으로 발전하고 있는 것이 세계적 추세였다. 그래서 1974년 3월 8일 오전 10시 아카데미 하우스에서 열린 「인간과 환경에 관한 세미나」(서울대학교 환경대학원 도시 및 지역계획 연구소 주최)는 우리나라에서 처음으로 공해문제를 환경문제로 파악하는 여러 분야의 전문가들이 모여 정책과학적인 접근을 시도한 모임이었다. 생물, 경제, 문화 등 여러 측면에서 환경문제에 대한 접근방법과 과제를 제기한 주제 강연을 소개했다. 또한 1974년 6월에 서울대학교 환경대학원의 전문학술지 「환경논총」 창간호를 발행하였다. 다음 그림은 환경논총의 표지와 목차이다.

1974년 『새교육』 2월호에 권태준은 '현대사회에 적응하는 교육'에서 '환경교육'이라는 글을 기고했다. '우주에 있는 생태계는 서로 상호작용을 하고 있다. 인간도 우주에 존재하는 생태계 일부로서 다양한 생태계에 관심을 가져야 한다. 또한 인류가 생활하기 위해 지표를 점거한 주거양식, 즉 취락공간에 대한 우리의 관심은, 한 걸음 더 나아감으로써 인간과 자연환경과의 관계를 생각하는 차원에까지 미쳐야 한다'라고 주장하였다.

[환경논총]   [환경논총 목차]

[1974년 2월호 새교육 표지]   [새교육에 실린 '환경교육']

　　1975년 '한국에서의 국가발전과 인간환경에 관한 회의'(보문집)에 '환경교육의 목표와 실천지침'을 수록하였다. 서울대학교 환경대학원은 국내 최초의 독립환경전문 교육기관으로서 국내의 환경학 발전 및 보급에 중추적 지도 역할을 해왔다고 할 수 있다. 같은 해 '이화여자대학교 환경교육연구회'에서 환경교육 저널인 『환경교육』을 발간하여 환경교육을 학문적으로 체계화하는 데 큰 역할을 하였다. 이 시리즈엔 '인간과 환경', '생태학이란 무엇인가?', '자연을 보호하자', '물을 보호하자', '환경교육' 등으로 각각 하나의 학술지로 발행되었고, 그중 '환경교육'이란 것은 제8호로 한 권의 학술지이다. 책의 구성은 환경교육의 개념, 환경교육 모형의 예(초, 중등, 대학에서 환경교육), 환경교육의 방법으로 구성되어 있다.

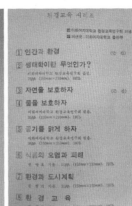

[환경교육 시리즈 제8호 환경교육]　　['제8호－환경교육' 목차]　　['제8호－환경교육' 판권]　　[환경교육 시리즈 목록]

　　그리고 1978년도에 국립환경연구원이 신설됨에 따라 그동안 국립보건원에서 간헐적으로 실시해 오던 환경교육 훈련 업무를 인계받았다.

　　또한『초등학교 교육과정에 나타난 환경교육 내용 분석』(윤세중, 1973),『환경교육을 위한 교육과정 개발에 관한 기초 연구』(김수일, 1977),『환경교육의 실제와 지도방향』(박상현, 1979),『환경교육 모형 단원 개발에 관한 연구』(윤세중, 1979) 등 다양한 연구가 수행되어 환경교육에 관한 교육자의 인식 제고와 환경교육의 전파에 앞장섰다.

　　그리고 이후의 환경교육에 커다란 영향을 끼친 단행본『환경교육: 환경교육의 방향 정립을 위한 세미나 보고서』(신세호, 1977)에서는 환경의 구조와 원리, 환경과 인간생활, 환경의 보전과 개발, 환경교육 등으로 구성되어 있으며 환경의 보전과 정화의 책무, 환경교육의 개념과 방향 및 환경문제를 학교 교육에 반영하기 위한 방안 등이 체계적으로 제시되어 있어 이후의 환경교육의 밑거름이 되는 중요한 자료가 되었다. 또한 이 시기에 발간된『환경교육 연구 협의회 보고서』(유네스코한국위원회, 1979)에서는「경제개발과 환경문제」(김안제),「환경보존에 관한 국민의 여론」(정홍익) 등을 다루고 있다.

　　또한『환경교육을 위한 교육과정 개발에 관한 기초연구』(김수일 외, 1977)에서는 '환경교육은 환경에

[환경교육의 방향정립을 위한 세미나 보고서]

대한 인식과 태도를 변화시켜 환경문제 해결에 대처하려는 교육적 활동'으로 정의하고 있다.

이 시기 주요 문헌들을 정리하면 다음과 같다.

- 『환경학개론: 인간 · 환경 · 교육』(이화여자대학교 환경교육연구회, 1974)
- 『국민학교 교육과정에 터한 인구 및 환경교육』(김수일, 1975)
- 『한국에서의 국가발전과 인간환경에 관한 회의(보문집)-'환경교육의 목표와 실천지침'』(서울대학교, 1975)
- 『환경교육제 1호~8호)』(이화여자대학교 환경교육연구회, 1975)
- 『초등학교 교육과정에 나타난 환경교육 내용 분석』(윤세중, 1973)
- 『환경교육을 위한 교육과정 개발에 관한 기초 연구』(김수일, 1977)
- 『환경교육의 실제와 지도방향』(박상현, 1979)
- 『환경교육 모형 단원 개발에 관한 연구』(윤세중, 1979)
- 『환경교육: 환경교육의 방향 정립을 위한 세미나 보고서』(신세호, 1977)
- 『환경교육을 위한 교육과정 개발에 관한 기초연구』(김수일 외, 1977)

이 시기에 환경교육은 타 학문과의 통합적 시도 즉, 다학문적 접근으로 이루어진 것을 살펴 볼 수 있다. 그러나 이 시기에 통합적 접근은 환경교육적 차원에서 타학문을 적극적으로 통합하는 것이 아니라, 환경교육의 통합적인 특성을 드러내는 차원이라고 할 수 있다. 환경교육이 환경오염과 환경문제를 치유하는 차원으로 인식되었기 때문에, 인문과학보다는 자연과학, 특히 과학(자연)과목에서 환경교육을 하나의 영역으로 간주하는 연구들이 많았다. 다음은 이러한 연구의 주요 논문들이다.

- 『교양과학을 위한 환경화학교육에 관하여』(윤세중, 1975)
- 『환경과학 교육과정 개발: 대학교양과학의 환경교육』(윤세중 · 곽종흠, 1977),
- 『환경교육에서의 자연환경교육의 사명』(이병훈, 1978),
- 『환경교육에서 본 환경문제와 환경교육』(이재만, 1978),
- 『환경과학 교육과정 개발을 위한 기초연구: 중등학교 학생의 환경에 대한 태도 조사』(이병훈 외, 1978)

- 『환경교육과 자연과의 지도방향에 대한 고찰』(김명환, 1979)

- 『지리과 교육과정과 환경교육』(김일기, 1979)

- 『환경교육의 새로운 사조와 환경교육』(신순임, 1979)

> 교양과학은 사회적 특징 속에 파고들 수 있고 인류사회에 더욱 관심을 갖게 하도록 보다 넓은 시야의 견지에서 구성되어야 한다. 따라서 자연과학의 여러 분야 사이의 장벽을 허물고 사회과학과 인문과학 간의 장벽을 허물어 그리하여 자연이 아닌 인간에 의해서 구축된 칸막이 지식과 전통적으로 형성된 장벽을 허물고 뛰어넘어서 이룩한 통합과학이어야 한다. 그렇게 함으로써 환경교육을 포함하여 성숙한 환경교육을 이룰 수가 있을 것이다(윤세중, 1975).

그밖에 환경교육을 더욱 심화시키기 위한 다양한 활동들이 이루어졌는데, 1980년에는 최초의 환경교육 번역본 『환경교육의 세계적 동향』(UNESCO 편, 김귀곤 역, 1980)이 발간되었고, 제4차 교육과정이 시작된 1년 후인 1982년 '환경부 환경정책실 환경교육과'에서는 '체계적인 환경교육 실시를 위한 정책 건의'를 올렸다. 이러한 건의를 수용한 환경청은 같은 해에 '효과적 환경교육실천을 위한 정책'을 연구하였다. 이 연구에는 학교 안에서 할

[환경교육의 세계적 동향]

수 있는 혹은 해야 하는 환경교육의 기본방향 및 교육 내용과 교육 방법에 대해 서술되어 있으며, 학교이외의 사회환경교육에 대해서도 언급하고 있어 학교 안과 밖 모두에서 환경교육이 중요함을 강조하였다. 이에 발맞추어 1982년 당시 대통령이었던 전두환 대통령은 대국민 국정연설 도중 환경교육의 중요성을 언급하며 환경교육의 중요성을 다시금 환기시켰다.

이러한 환경교육의 체계적인 실시를 위한 건의와 연구를 밑바탕으로 1983년에는 환경청이 주관하는 '환경교육에 대한 심포지움'이 6월 17일 오전 9시부터 국립환경연구소(현 국립환경 연구원) 대회의실에서 환경청(현 환경부) 주최로 개최되었다. 이 심포지움에서는 당시 우리나라에서 환경교육이 짊어지고 가야 하는 과제, 기본 방향에 대해 논의하였다. 그리고 체계적이지 못하고 분리된 상태로 진행 중이었던 당시 학교에서의 환경교육에 대한 단점이 도마에 올랐고, 환경에 관한 사회교육과 전문교육의 중요성과 실천방향을 잡는 것이 큰 주제로 떠올랐다.

이날 심포지엄에서는 환경교육의 과제와 기본방향(권태준 · 서울대 환경대학원장), 학교에서의 환경교육(정완호 · 문교부장학편수실 연구관), 환경에 관한 사회교육의 중요성과 실천방향(박준희 · 이화여대 사대 교수), 환경에 관한 전문교육과 전문인양성(신현덕 · 경희대 산업대 교수) 등 4가지 주제를 놓고 토론이 벌어졌다.

우리나라에서 처음으로 환경교육과 관련하여 진흥법의 제정이나 기본계획의 수립에 대해 논의한 것은 언제인지 확실하지 않다. 그러나 문헌상으로 확인할 수 있는 것은 1983년 국립환경연구소(현 국립환경과학원)에서 열린 「환경교육에 관한 심포지엄」에서 권태준 교수의 발제에 대해 서울대 조경학과 김귀곤 교수가 제안한 내용에서 찾아볼 수 있다.

> 학교라든가 정부, 연구기관, 관련 민간단체의 상호연계성을 고려해서 조직을 체계화하고 기능을 활성화할 수 있는 종합조정체계가 갖추어져 가지고, 여기에서 환경교육의 이념이라든가 국가 환경정책의 수립이라든가 또는 소관별 환경기본계획이라든가 또는 예측되는 환경 전문 인력의 확보를 위한 종합적인 인력수급계획이라든가 또는 중 · 장기 환경교육계획 수립이라든가 이러한 종합적이고 체계적으로 이루어져야 되지 않겠는가 생각해 봅니다. 그러한 점에서 외국의 예를 잠깐 보게 되면 영국에서는 1965년에 환경교육 위원회가 수립되고 국립환경교육협의회가 조직되어 있습니다. 미국에서는 각 기관의 교육목적으로 종합해서 자료를 편찬해 내고 있는데, 교육에 관한 연방 청간 협의회(Federal Inter-Agency Committee on Education)라 해서 그러한 기관이 마련되어 있습니다. 물론 미국은 환경교육법이 1970년에 제정이 되어서 국가적인 환경교육에 뒷받침해 주고 있습니다. 특히 미국의 환경교육법이 가져다 준 또 하나의 효과라고 하는 것은 환경 기본계획을 수립할 수 있도록 했다고 하는 것입니다(환경부, 1983).

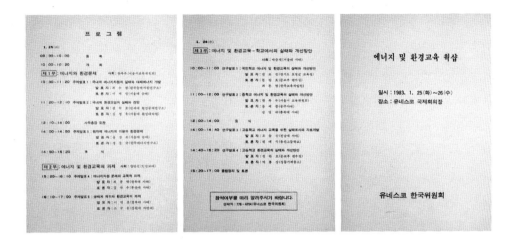

[에너지 및 환경교육 워샵]

김귀곤 교수는 외국의 사례를 인용하면서 환경교육법과 환경교육종합계획에 대해 제
안하였는데 이는 환경교육이 도입되기 시작하던 당시로는 매우 혁신적이고 진보적이라고
할 수 있다. 1977년에 유네스코에서 발간한 「Trends in Environmental Education」이라는 책
을 1980년에 「환경교육의 세계적 동향」이라는 책으로 번역·출판하면서 환경교육에 관한
심도 있는 경험을 가질 수 있었기 때문으로 추측된다.

1983년 유네스코한국위원회 주최 「에너지 및 환경교육 워크숍」이 열렸다. 유네스코한국위
원회(당시 사무총장 박봉식)는 국내의 환경교육동향을 검토하고 에너지 및 환경교육의 통합
과정을 개발하기 위한 에너지 환경교육 워크숍을 1월 25일, 26일 국제회의장에서 열었다.

에너지와 환경문제를 주제로 한 제1부에서는 「국내외 에너지자원의 실태와 대체에너지
개발」(최수현·한국동력자원연구소), 「국내외 환경오염의 실태와 전망」(권숙표 교수·연
세대), 「원자력에너지의 이용과 환경문제」(홍상희 교수·서울대)가 발표되고 에너지 및
환경교육 과제의 제2부에서는 「에너지자원문제의 교육적과제」(최종락 교수·경북대), 「생
태계파괴와 환경교육의 과제」(이병훈 교수·전북대)가 발표되었다. 제3부에서는 「국민학
교와 중학교 에너지 및 환경교육의 실태와 개선방안」에 대해서 최돈형(한국교육개발원)
등 이 교육 현안에 대한 다양한 논의를 진행하였다.

이러한 각계각층의 사회적 요구에 부응하여 1985년 문교부에서는 '환경과 인간사회'라
는 교과목 개발을 위한 조사연구를 시작하였다. 이 연구는 선진국에서의 환경교육을 예시

로 들며 한국에서의 환경교육의 문제점과 이를 극복하기 위해 '환경과 인간사회'라는 교과목을 개발하기 위한 조사연구를 시작한 것이다. 이 연구를 통해 문교부는 선진국에서의 환경교육과 당시 우리나라의 환경교육을 비교하며 우리나라에도 '환경과 인간사회'라는 독립된 환경교과가 필요하다는 점을 확산시켰다.

이렇게 사회 내·외적으로 우리나라에서도 체계적이고 전문적인 환경교육이 필요하다는 목소리가 높아지자, 이러한 노력과 주장이 힘을 얻게 되고 계속된 많은 준비 끝에 1992년 제6차 교육과정에서 환경교과가 독립된 교과로서의 지위를 갖게 되는 발판이 마련되었다. 이를 바탕으로 환경은 전문적이고 체계적인 학교 교과로 자리 잡을 수 있게 되었다.

환경교육 형성기의 한국 사회는 전반적으로 경제에 치중되어 있어서 환경에 관심을 가지지 못했으며, 환경교육은 이전 시기와 마찬가지로 논의의 중심에 둘 수 없었다. 환경교육 역시 이러한 사회·경제적 상황을 반영한 가치에서 자유로울 수 없었다. 그러나 지속적인 성장주도형 경제가 점차 안정화되고, 경제적 외부 효과와 내재적 환경교육의 학문적 발달로 환경교육의 개념정립에 대한 논의가 시작되었고, 환경교육이 점차 학교 교육에 안착하게 되었다.

(1) 학교 환경교육이 시작되다

이 시기를 학교 환경교육의 실질적인 출발점으로 보는 이유는 앞서 논의한 바와 같이, 환경교육 내용을 여러 과목에 거쳐 초등학교 1학년부터 고등학교에 이르기까지 연계하여 가르치고 있다는 점이다. 제3차 교육과정이 심도 있는 환경교육적 인식을 담고 있거나, 체계적인 교육 형태는 아니라는 한계점을 가지고 있으나, 환경교육에서 다루어야 할 주제나 영역의 기본 개념을 다루고 있으며, 공해교육을 중심으로 환경교육의 형태를 형성하고 있음은 틀림없는 사실이다.

1973년 2월 15일에 개정 고시된 제3차 교육과정의 국민학교 교육과정에 환경교육 내용의 포함 여부를 알아보기 위해 총론편의 일반 목표와 교과별 교육과정 내용을 조사한 결과, 환경교육과 관련된 교육과정 개편의 일반 목표로 다음과 같은 항목을 들 수 있다(홍웅선, 1974).

- **자아실현**
  지적 호기심과 탐구적 태도를 가지게 된다.
  합리적으로 사고하고, 창의적으로 문제를 해결하게 한다.
  자연과 사회를 올바르게 이해하게 한다.
- **국가발전**
  국토 및 자연자원의 보존과 개발을 위하여 힘쓰게 한다.
- **민주적 가치의 강조**
  합리적인 집단 사고를 통하여 의사를 결정하는 능력을 기른다.

국민학교 교육과정에서 '국토 및 자연자원의 보존과 개발을 위하여 힘쓰게 한다'라고 하여 자연자원의 보존을 목표로 하고 있음을 알 수 있다. 윤세중(1973)은 국민학교 교육과 정에서 환경교육의 내용을 분석하였다.

국민학교 자연 과목에서는 환경교육의 기본 개념을 다루는 내용(6학년 교과서 '생태계' 라는 단원 속에 먹이 연쇄, 물질의 순환, 자연의 평형과 오염 및 자연의 보존)이 수록되어 있으며, 생태계의 변화와 상호 작용이 가장 많이 다루어졌다. 사회 과목에서는 환경교육 내용으로 간주되는 내용(4학년 교과서에 국토보전과 개발이라는 단원 속에 우리나라의 자연재해와 공해, 국토보전의 필요성, 자연재해방지 대책, 공해방지 대책)이 수록되어 있 다. 그러나 공해문제에 대해서는 일반적인 기술에 그쳤을 뿐 대기오염, 소음공해, 수질오 염, 농약오염 등이 구체적으로 밝혀져 있지 않다.

제3차 교육과정 총론에 따르면 초등 사회교과의 각 학년 목표는 <표 17>과 같다.

〈표 17〉 제3차 교육과정 총론에서 사회교과의 학년별 목표(1973. 02. 14.)

3학년	인간이 그 기본적 필요를 충족시키기 위하여 자연에 적응하는 한편, 이를 잘 이용하고 있음을 알게 하며 자연환경 활용의 필요성을 인식하게 한다.
4학년	우리나라의 자연환경과 이의 활용으로 전개되는 국민 생활의 모습을 개괄적으로 파악하게 하고, 국토에 대한 애 정을 길러 국토의 보전, 활용에 힘쓰려는 태도를 가지게 한다.
5학년	인간이 자연환경 속에서 그의 생활을 발전시키기 위하여 창조 활용하고 있는 여러 가지 경제 기능에 대하여 이해 하게 하고, 현대 경제 사회 속에서의 현명한 생활 방법을 인식하게 한다.

<표 17>에서도 살펴볼 수 있듯이 환경교육은 인간이 환경 안에 존재하지만 환경을 배 워야 하는 이유는 환경을 이용하는 데 필요한 자원의 활용을 위해서 라고 제시되어 있다. 이 시기 이후 사회교과에서는 환경문제와 환경보존에 관심을 기울이면서 환경교육의 필 요성에 대해 목소리를 높이게 된다. 이와 관련된 신문 기사는 다음과 같다.

지구는 심각한 환경위기를 맞고 있다. 우리나라 환경의 미래상은 어떻게 될까? 16일 명

[〈1973. 10. 16. 경향신문〉 생활환경의 미래상]

지대 학술강연에서 노융희 박사(서울대 환경대학원 원장)는 '「로마」클럽은 환경오염의 경향은 기하급수적으로 늘고 있고 오염성장곡선의 상한을 알지 못해 생태학적 과정에서 인간의 제어조치에 대한 과소평가로 결과를 모르는 사이에 상한선에 도달할 가능성이 있고 오염은 전 지구적이라고 경고하고 있다. 지적했듯이 오염을 자정할 수 있는 지구능력의 한계를 알지 못하는 만큼 오염물질 반출은 신중히 다루어져야 한다. 오염인자와 생태시스템 사이에는 오랜 시차가 있는 만큼 환경오염의 위험성은 크다. 현재 조금씩 일어나는 환경오염상태에 의한 피해가 현재의 우리에게 돌아오지 않는다고 해서 없어지는 것이 아니고 먼 훗날 우리 자손들의 생활환경에서 나타날 가능성이 충분히 있다.'라고 경고하였다.

1973년 8월 개편된 중학교 교육과정에서 환경교육의 내용은 2학년 과학(생물)영역에서 환경오염이 인류생활에 미치는 영향과 요인을 밝히고 환경을 보존해야 한다는 내용을 다루었으며, 사회 과목에서는 1학년의 경우 산업 및 인구 취락과 교역의 발전에 대한 이해와 자연재해 및 공해대책과 국토의 균형 있는 발전과 개발에 따르는 당면과제에 대한 고찰을 다루었다. 3학년에서는 인류사회의 여러 문제라는 단원 속에 세계적으로 문제 되고 있는 환경, 인구, 농촌, 도시 등을 학습하게 하여 국민의 복지 지향과 인류의 번영을 위해서는 어떠한 노력이 있어야 하겠는가에 대해 고찰하였다. 따라서 전 학년 교과 과정을 통하여 환경문제를 다루고 있으나, 공해문제는 과학에서 공기 오염 및 물의 오염이란 내용을 소단원으로 다루고 있으며, 그 외의 소음공해, 약품공해, 방사능공해 등의 공해에 대하여는 내용을 밝히고 있지 않으며, 공해문제는 일부 교과에만 치중되어 있었다.

1975년도부터 적용하고 있는 중학교 과학 2학년 교과서에 '생물과 환경' 및 '자연과 인생'이란 두 단원을 선정하여 환경교육과 관련된 내용을 정리한 결과는 <표 18>과 같다.

〈표 18〉 중학 과학 2학년 교과서의 환경 관련 내용(1975)

단원	내용	주요 실험 및 연구
생물과 환경	환경과 생물의 반응	식물의 빛에 대한 반응 개구리의 평형감각 무릎의 반사
	생물과 환경	숲속과 바깥의 환경 조건 생물 상호간의 관계 식물의 경쟁 식물 군집의 변화
	생태계	어항속의 생태계
자연과 인생	환경오염	오염물의 여러 가지 특성 연구 오염된 물의 산소량 측정
	인구문제	인구 증가 실험
	자연의 보존	자연의 보존

자료: 윤세중, 1975.

1974년 12월 31일 개편된 인문계 고등학교 교육과정 생물 과목에서는 '생물과 환경'이란 단원 속에 생태계 평형을 파괴하는 환경오염 및 그 대책과 자연의 보존을 주된 내용으로 다루고 있다. 중학교 과학에서의 환경교육과 대학 교양과학에서의 환경화학교육을 연결해 줄 수 있는 고교화학에서의 환경교육 자료를 제시하였는데 <표 19>와 같다.

〈표 19〉 고교 화학 교과서의 환경 관련 내용(1975)

단원	내용	실험관 관찰
물질의 생태와 구조	혼합물과 순수한 물질	눈의 용해 용해된 눈의 여과 지역별로 실시 관찰-공기 오염도
화학의 기초법칙	질량불변의 법칙 에너지 불변의 법칙	화학변화에 수반하는 질량관계
화학 반응	산과 염기 산화와 환원 반응속도와 화학평형	콘크리트와 묽은 황산과의 반응 빗물의 산성도 측정 철의 부식 평형의 이동 실험
비금속과 그의 화합물	물의 사용과 제사용 탄소, 질소, 유황의 산화물 기체의 용해도, 인산염	물이 하고 있는 일들을 관찰협의 대기 속에 있는 기체(탄소, 질소, 황산 등)가 우리 생활에 미치는 영향 조사 협의
금속과 그의 화합물	알칼리로 금속 전이 원소 광산과 야금	광산 주변의 토양침식과 그 주변에 흐르는 냇물의 관찰 협의
유기화합물과 생물체	석유 유기할로겐, 화합물과 유기인산염	안티녹크제와 납중독 살충제의 사용과 이들이 다른 생물에 미치는 영향 관찰 비료의 사용과 다른 생물과의 관계 관찰
고분자 물질	효소와 단백질 ,플라스틱	합성수지 제품과 생활주변의 관찰

자료: 윤세중, 1975.

제3차 교육과정에서 환경교육의 주요 관심은 환경문제 해결에 기여하기 위한 접근 방식이었다. 환경교육에서 다루어져야 한다고 판단되는 내용을 개념 구조 중심으로 추출하여, 환경의 개념과 환경문제 및 환경보호를 위한 주요 영역 간의 관계를 구조도로 나타내면 다음과 같다(한국교육개발원, 1977).

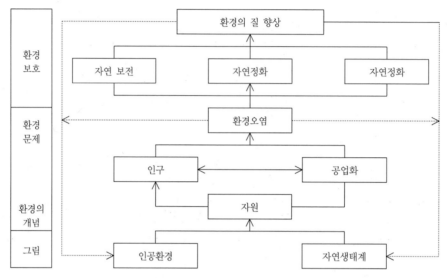

[학교 환경교육 영역간의 구조도]

제3차 교육과정의 내용을 환경교육 영역과 관련지어 각 과목을 조사하여 <표 20>과 같은 결과를 얻었다. 10가지 환경교육 영역이 과학과 보다는 사회과에 고르게 분포되어 있었으며 자연 보존에 대한 내용이 전 학년에 걸쳐 고르게 다루어지고 있다고 할 수 있다. 이에 비해, 공업화와 환경보전은 그 중요성이 매우 약하다고 할 수 있다.

〈표 20〉 제3차 교육과정의 환경교육 영역과 유관교과 분석표

과목	학년	자연 생태계	인공 환경	인구	공업화	자원	환경 오염	자연 보존	환경 보전	자연 정화	환경질 향상
도덕	1·2							○		○	
	3·4							○		○	
	5·6							○		○	
	7							○		○	
	8										
	9										
	고						○	○		○	

구분	학년								
사회	1		○						○
	2								○
	3		○			○			○
	4			○		○	○	○	○
	5			○		○	○	○	○
	6		○	○	○	○	○		
	7		○	○		○		○	○
	8								
	9		○	○		○	○	○	○
	고		○	○	○	○	○	○	○
과학	1	○							
	2	○							
	3	○							
	4	○							
	5	○							
	6	○				○	○	○	○
	7								
	8	○		○		○	○		○
	9								
	고	○		○		○	○	○	○
가정	4		○					○	
	5		○					○	
	6		○					○	
	7								
	8		○						
	9			○					
	고		○	○					

자료: 한국교육개발원, 1977.

※ 학년란에는 1~6학년은 초등학교, 7~9학년은 중학교, 고는 고등학교를 의미함.

1982년 고시된 제4차 교육과정은 제3차 교육과정보다 환경교육이 보다 강화되었다. 1981년에 고시된 제4차 교육과정 총론편(교육 목표와 편제)의 운영 지침은 '…… 환경교육 등은 교육 활동 전반에 걸쳐 이루어지도록 ……'이라는 선언적인 규정을 하고 있으며, 각론에서는 관련 교과의 목표와 내용에 대한 환경교육 관련 내용을 제시하였다. 이때 사회과에서는 '공해', 자연과에서는 '환경오염' 등 구체적인 환경 용어들이 교육과정에 등장하게 된다.

특히 제3차 교육과정과 비교해보면 <표 21>과 같이 더 많은 교과에서 환경교육의 내용을 다루고 있음을 알 수 있다(환경청, 1983). 국어와 미술, 음악에서도 자연 보존을 중심으로 분산적인 접근이 이루어지고 있음을 알 수 있다. 자원은 자연 보존과 더불어 많이 다루고 있는 분야로 경제성장을 축으로 여겼던 당시의 사회·경제적 상황과 맞물려 있다고 할 수 있다.

[〈1982. 9. 3. 경향신문〉 각급 교과서에 환경교육 삽입]

위 신문에서는 정부가 자연환경에 대한 관심을 어릴 때부터 갖게 함으로써 환경문맹을 없애고 모든 국민이 자연환경과 인간환경을 조화롭게 통합하는 슬기를 갖추도록 국민학교 때부터 환경교육을 체계적으로 실시한다고 되어 있다. 문교부는 자연환경이 파괴되어감에도 불구하고 현행교육과정에는 도덕, 국어, 사회, 자연 과목 등에 이 문제가 단편적으로 들어 있어 실효를 거두지 못하고 있다고 판단하여 환경교육을 체계적으로 실시하기로 했다고 밝혔다.

이에 따라 문교부는 국민학교, 중·고교 교과서에 환경부분을 독립된 단원으로 넣기로 하고 국민학교는 자연과목, 중학교는 과학, 고등학교는 생물 1교과서에 이를 삽입하기로 했다. 또한 초등학교 1학년 사회교과에서 자연환경, 2학년 사회교과에서 우리 고장의 자연생활에 대한 내용이 포함되어 있으며, 3학년 및 4학년에서도 자연 이용과 국토개발에 대한 내용이 포함되었다. 도덕과의 경우, 3학년에 동식물을 사랑한다와 같은 단원이 있으며, 자신과 다른 사람의 건강 및 자연정화에 관심을 갖게 하는 내용도 포함되어 있다. 특히 환경부분의 독립된 단원을 자세히 살펴보면 자연과에서는 6학년의 경우 환경오염과 자연 보존 단원에서 환경교육에 대한 구체적인 내용이 포함되어 있으며, 중학교 사회과의 경우에도 1학년에 환경 및 자원의 보존과 이용, 과학과 3학년에 자연보존을 다루면서 생태계의 평형, 환경오염, 자연과 자원의 보존 등에 대한 내용을 다루고 있었다. 그리고 고등학교 생물과에서는 '생물과 환경' 단원에서 개체군과 군집, 생태계, 환경오염, 자연보존과 관련된 내용이 관련성 있게 정리되어 있어 제4차 교육과정에서 환경교육과 관련된 내용이 이전 교육과정에 비해 많이 반영되었다고 할 수 있으며, 학습자들은 환경오염 및 자연보전에 대해서도 관심을 갖게 되었다.

〈표 21〉 제4차 교육과정의 환경교육영역과 유관교과 분석표

		자연생태계	인공환경	인구	공업화	자원	환경오염	자연보존	환경보전	자연정화	환경질향상
도덕	3·4							○	○		
	9				○	○		○	○		○
국어	1									○	
	2							○			
	3							○			
	4								○		
	5						○	○			
	6					○			○		
	7							○			
	8					○					
	9							○			
사회	3		○				○	○			
	4						○				
	5						○	○			
	7				○		○		○		
	8										
	9						○	○	○	○	
	고1		○	○	○	○	○		○		○
	고2		○	○	○	○	○		○		○
과학	2							○			
	3	○						○			
	4	○						○			
	5	○						○			○
	6						○	○			○
	9	○		○		○	○	○	○		○
	고1	○		○		○	○	○	○		○
음악	1			○				○			
	2							○			
	3							○			

미술	1							○			
	2							○			
	4							○			
	5							○			
	6							○			
실과	6					○		○			
	7					○	○		○		
	8										
	농업					○		○			
	수산업					○		○			
	고산업기술				○	○	○		○		
	농업					○		○			
	공업						○		○		
	수산업					○	○	○	○		○

자료: 환경청, 1983.

또한 1985년 환경청이 '환경보전시범학교'를 시행하면서 학교 환경교육 확산에 이바지하는 계기가 되었다. 환경보전시범학교의 목적은 환경교육을 통하여 학생들에게 환경을 소중히 하는 마음을 심어주고, 생활 속에서 환경보전을 실천하도록 유도함으로써 현재의 환경문제를 해결하고 미래의 환경문제를 예방할 수 있는 능력을 갖추도록 하는 데 있다(이선경 외, 2006b; 최은지, 2006). 아울러 환경보전 시범학교 운영을 통하여 학교가 가정과 지역사회의 환경보전 활동에 대한 촉매 역할을 담당하도록 함으로써 학교의 울타리를 넘어 가정, 지역사회로 환경보전 의식이 전파되도록 하는 데 있다.

환경보전시범학교의 선정은 환경부의 요청으로 교육부, 시도교육청이 관여하고, 운영에 대한 지원과 관리는 환경부가 담당하고 있으며, 시범학교 운영에 관한 포상은 시도 교육청이 담당하는 등 운영체계가 이원화되어 있다. 연차별 환경보전시범학교 지정 현황을 보면 <표 22>와 같다.

<표 22> 연차별 환경보전시범학교 지정 현황

(단위: 교)

구분	1차 (85~86)	2차 (87~88)	3차 (89~90)	4차 (91~92)	5차 (93~94)	6차 (95~96)	7차 (97~98)	8차 (99~00)	9차 (01~02)	10차 (03~04)	11차 (05~06)	12차 (07~08)	13차 (09~10)	14차 (11~12)
유치원	–	–	–	–	2	2	2	5	6	8	13	5		
초등 학교	4	4	4	4	3	3	5	8	8	8	13	15	5	4
중학교	4	4	4	4	3	3	5	8	7	6	3	8	2	2
고등 학교	–	–	–	–	–	–	3	5	5	4	3	4	9	9
계	8	8	8	8	8	8	15	26	26	26	32	32	16	15

(2) 환경교육의 화두, 인구환경교육

1963년 보건국 모자보건과에 가족계획계가 설치되면서 본격적인 가족계획사업이 시작되었고, 1976년에 종합적인 인구정책을 실시하기 위해 각종 사회지원정책이 발표되었다. 사회적 쟁점이 되었던 인구문제는 '인구환경교육'으로 학교 환경교육 형성기에 중요한 패러다임을 형성한다. 그러나 도시 집중화에 대한 집중적 탐색은 보이지 않으며, 단지 사회 교과서에 인구가 도시로 집중되어 주택난, 교통난 등의 문제가 발생되어졌다고 서술되어 있다. 이는 공업화와 경제성장을 위해 당연한 결과로 이해하기 때문인 것으로 해석된다.

세계적인 환경교육의 흐름에서 환경 · 인구 · 발전 교육의 패러다임은 1992년 'UN환경개발회의'를 기점으로 형성되었다. 그러나 우리나라의 인구환경교육은 그보다 20년 정도 앞서 있다고 할 수 있다. 물론 문제를 바라보는 관점은 다르겠으나, 우리나라 환경교육의 특수성으로 주목할 만하다.

우리나라의 인구교육은 일찍이 경제개발의 필요성에 의하여 제기되었다. 1960~1970년 대에는 소득수준이 매우 낮았기 때문에 과잉인구를 해소하는 것이 국가적으로 절실한 과제였고 이러한 국가적 필요에 부응하여 인구교육에 대한 연구도 상당히 활발하였다. 그러나 1980~1990년대에는 소득수준의 향상과 인구 증가율의 감퇴에 따라 인구조정에 대한 국가적 필요성이 약화함으로써 인구교육에 대한 관심도 소강상태를 보였다. 최근에는 출산율 하락에 의한 인구부족이 사회적 쟁점으로 등장하면서 인구교육에 대한 필요성이 다시 제기되고 있는 아이러니를 보이고 있다. 다음은 1960년대부터 현재까지 총인구 증가율을 나타낸 것으로, 인구 증가가 점점 감소 추세에 이르는 것을 보여주고 있다.

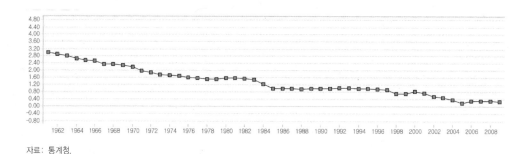

자료: 통계청.

[총인구 증가율(1962~2009)]

우리나라의 인구교육에 대한 연구는 1970년대 초에 교육대학, 사범대학, 일부 연구소에서 활발히 전개되었으며 대부분은 정부의 인구 억제 정책에 의한 것이었다. 다음은 당시 인구교육의 목표를 기술한 것이다.

> 인구교육은 첫째, 인구 및 가족 규모가 개인과 국민 생활 더 나아가 국가발전에 미치는 영향을 학생으로 하여금 깨닫게 한다. 둘째, 학생이 성인이 되었을 때 그들 자신의 가족을 합리적으로 구성할 수 있도록 한다. 셋째, 인구규모와 자연환경과의 균형 있는 사회생활을 유지할 수 있도록 한다는 것이다(최희선, 1974).

중앙연구소가 제시한 세 번째 목표는 환경과 인간 간의 관계를 통하여 적정인구의 필요성을 제시하였다는 점에서 인구환경교육이 갖는 목적을 살펴볼 수 있다. 국가적 필요에 의하여 개인으로 하여금 출산율의 억제와 증대를 요구해왔고 교육은 인구에 대한 부정적인 사고를 갖게 하였다. 이는 합계출산율이 급격히 감소한 것에서 알 수 있듯이, 개인의 의사결정 과정에 직간접적인 형태로 국가의 교육적 의도가 영향을 미쳤다는 것을 확인할 수 있다.

인구교육과 환경교육을 분리 및 종합하여 볼 때 인구교육의 태동 과정은 1950년대 초에는 가정경제의 부유함만이 1960년대는 가족계획 사업만이, 1970년대에 들어와서는 '인구교육'만이 인구급증을 장기적 안목에서 순화시킬 것으로 기대했다. 그런데 1970년대 중반에 들어와서 '인구 및 환경교육'으로 서서히 전환되었다.

인구 증가로 기인한 사회적 환경적 영향과 가정생활, 생식과정 및 건강생활을 통하여 인조환경과 자연환경의 평형 유지를 가하는 교육적 활동으로의 인구 및 환경교육은 70년대 후반 한국교육개발원의 '인구교육부'를 중심으로 진행되었다. 이와 같은 연구로는

1977년『인구교육을 위한 초등학교 및 중등학교 교육과정 구안에 관한 연구』(김수일, 1977)를 비롯하여『인구성장과 환경관리(김수일, 1976)』,『환경교육을 위한 교육과정에 관한 기초조사(김수일 외, 1977)』등이 있다. 이 시기의 인구 및 환경교육은 환경관리 차원에서 인구성장의 억제를 위한 인구의식의 합리화가 주 내용이었다.

> 인구 증가의 사회 문화적인 요인을 알게 함으로써 출산증대의 민속적인 개념을 합리적으로 사고하고 판별할 수 있는 능력을 기른다. 또한 적정 규모의 국가 증대는 알맞은 자녀 규모에 의하여 이루어짐을 알게 함으로써 자녀계획을 위한 태도를 기른다. 그리고 미래인구의 적정선 유지와 생태환경의 보전 및 개발은 생활의 질 향상에 필요함을 알게 한다(김수일 외, 1975).

1974년 12월 31일 개편된 인문계 고등학교의 교육과정에서는 사회 과목에서 환경교육의 내용으로 '자원과 환경문제'라는 단원 속에 '인구의 증가는 자원의 감소를 확대하고 소비의 증대는 환경의 파괴를 초래함으로써 자연생태계의 평형이 상실되어 환경문제가 발생 된다'는 내용을 담고 있다. 또한 앞의 <제3차 교육과정의 환경교육 영역과 유관교과 분석표>와 <제4차 교육과정의 환경교육영역과 유관교과 분석표>에서 알 수 있듯이 초등학교에서부터 고등학교에 걸쳐 사회, 도덕, 가정, 음악과 같은 교과에서 인구문제에 대해서 교육하고 있었다.

다음은 인구교육에 관한 초등학교 6학년 1학기 사회교과서 4단원 '우리의 나아갈 길'에 제시된 내용과 5학년 1학기 사회교과서 3단원 '인구와 공해'에 제시된 내용이다.

> 우리는 해마다 상당한 양의 식량을 외국에서 수입해 오지 않으면 안 되는 어려운 문제를 안고 있다. 여기에는 여러 가지 원인이 있겠으나, 가장 큰 원인은 식량의 증산에 앞질러 가는 인구의 증가이다. 이 문제의 해결 없이는 우리의 경제적인 발전은 기대하기 어려울 것이다. 이 문제 해결을 위하여 정부가 부르짖고 있는 가족계획 사업에 적극적으로 협조하여 급격한 인구 증가를 억제하고 … (중략) … (문교부, 1974)
> 한 나라의 실림에도 일정한 국토에서 제한된 자원을 가지고 인구기 늘기만 하면 그 나라의 경제 사정은 점점 어려워지는 것은 당연하다 … (중략) … 아무리 산업이 발전하여도 이렇게 인구가 불어나면 국민의 생활은 조금도 나아지지 않을 것이므로, 나라에서는 인구 증가를 억제하기 위해 가족계획 사업으로 '딸 아들 구별 말고 둘만 낳아 잘 기르기 운동'을 벌이고 있다(문교부, 1974).

이렇게 인구 억제를 위한 정책 및 교육이 경제성장에서 경제 분배를 위하거나, 혹은 환경오염 및 환경 부담을 덜어주기 위한 좋은 해결책은 아니다. 이 당시 인구 억제는 세계적 모순을 후진국의 인구 증가에서 찾으려는 선진국의 왜곡된 사유에서 찾을 수 있다. 로마클럽의 『성장의 한계』13)는 이러한 사유를 가장 잘 드러낸다고 할 수 있다.

1980년대에 접어들면서, 인구문제는 인구의 증가뿐만 아니라 그 인구 구조의 문제가 제기된다. 즉 도시로 집중된 도·농 인구분포 문제와 남아선호사상 등으로 인한 인구 구성비의 불균형이 그것이다.

대도시 지역은 여러 기능이 밀집하면서 인구 증가를 유발해 주택, 교통, 상하수도 등의 각종 시설 난과 환경오염이 가속화되고 있으며, 농촌 지역은 청·장년층의 전출로 인하여 노동력이 부족하고 경지 이용률이 낮아졌다. 특히 공업단지를 중심으로 발달한 도시의 대기오염 수치는 매우 심각한 상태를 나타내었다.

농촌지역의 인구 과소 및 고령화 현상으로 농업의 구조조정이 야기되었다. 국민경제에서 농업이 차지하는 비중은 급속히 저하되었으며, 식량안보, 농촌지역사회의 유지 발전, 국토 및 환경보전, 문화의 계승, 교육의 장 등 농촌의 다원적 가치가 위기에 처하게 되었다. 당시 농가는 노동력의 부재와 높은 생산성을 이유로 과도한 화학비료 및 농약을 사용하였으며 이로 인해 토양을 오염시키기도 하였다.

따라서 환경교육 역시 이러한 상황을 감안하여 인구 집중화로 따른 문제를 제기하였고 대도시 환경오염의 원인을 이러한 데서 찾을 수밖에 없었다. 또한 상대적으로 공해가 심각하지 않았던 농촌지역에서도 토양 오염현상과 숲 개발 같은 것이 문제로 제기되었다.

정부의 인구증가억제 정책 추진에 대한 강력한 의지로 1980년대에 합계출산율은 목표연도인 1988년보다 4년이나 빠른 1983년에 2.1명을 달성하게 되었다. 그러나 당시 개인적, 사회적으로 팽배해 있던 남아선호사상과 1980년대 초 도입되기 시작한 초음파검사에 의한 태아의 성 감별, 선택적 인공임신중절로 출생 성비는 심각한 수준으로 왜곡되었다(유계숙, 2007). 1980년 출생 여아 100명당 남아 수인 출생성비는 103.9명이었으나, 1985년 109.5명으로 급증하였다. 따라서 환경교육은 이러한 인구구성의 불균형에 대한 우려를 표방하였다. 남녀성비의 불균형을 극복하기 위해서 가치관의 변화를 유도하였으며, '잘 키운 딸 하나, 열 아들 안 부럽다.' 등과 같은 계몽에 나서기도 하였다.

전반적으로 인구성장은 환경에 미치는 영향이 일관성이 없으며 매우 제한적이다. 실제

---

13) 현재의 성장 추세가 계속 변하지 않는 한 앞으로 100년 안에 성장의 한계에 도달할 것이라고 보았다. 즉 유한한 환경에서 계속 인구증가·공업화·환경오염·식량감소·자원고갈이 일어난다면 성장은 한계에 이른다는 것이다. 보고서가 발간된 뒤 비록 지구의 미래와 기술의 기여도를 지나치게 비관적으로 보고 있다는 비판을 받기도 했지만, 1970년대 이후 환경오염에 대한 세계적인 관심을 증폭시키는 데 결정적인 역할을 한 것으로 평가받는다.

로 저개발국의 환경파괴는 그 지역의 인구성장 때문이라기보다는 선진국의 인구를 위한 것일 때가 잦으며 인구가 오히려 줄고 있는 선진국의 환경오염률은 인구성장률을 능가하는 경우가 많다. 이것은 인구성장률이 생산 증가나 소비 증가율과 반드시 비례하지는 않기 때문이다. 하지만 오늘날 우리가 직면하고 있고 가까운 장래에 직면할지도 모르는 환경위기의 직접적 원인은 인구성장이라기보다는 생산과 소비의 확대이다. 생산과 소비의 증가는 필연적으로 생태계로부터 철회와 첨가를 증가시키고 엔트로피를 촉진

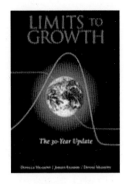

[성장의 한계]

하기 때문이다. 특히 저개발국은 환경오염 자원고갈의 문제를 출산율 감소만으로 해결하려는 것은 매우 잘못된 사유이다(Humphrey & Buttel, 1995).

이러한 이유에서 환경생물학자 커머너(Commoner)와 그의 동료는 인구 증가가 환경악화의 원인이라는 신맬더스 학파를 비판한다. 그들은 1946~1968년 기간 동안 미국에서의 인구 증가와 오염 수준의 증가 간의 관계를 분석한 끝에 오염의 증가는 인구의 증가나 풍요의 증가만으로 설명될 수 없고 대신 오염발생의 으뜸 요인으로 기술 변동에 따른 단위 생산 당 증가하는 환경적 영향임을 밝히고 있다.

예를 들어 같은 기간에 일인당 생산 증가가 높은 품목은 유기화학물질, 에너지총량, 시멘트, 알루미늄, 수은, 석유와 석유제품 등인데, 이런 것은 환경오염의 주요 원인이 되는 물질들이다. 비록 인구가 안정되어 있고 소비수준도 안정되어 있다 하더라도 단위 생산 당 환경적 영향이 증가한다면 즉 환경오염을 증가시키는 기술을 사용하는 생산과정을 이용해서 생산이 이루어진다면 환경문제는 더 심각해지리라는 것이다(Commoner et al, 1983).

2002년 세계에서 가장 낮은 수준에 이르는 출산율로 인해 한국 경제는 생산 가능 인구의 감소와 이들의 경제적 부담의 증가를 들면서 성장 잠재력을 저하시키고 경제의 저성장을 가져오는 것을 우려하고 있다. 현재 교육현장에서는 정부정책에 의하여 저출산 고령화 사회를 대비하는 교육 프로그램이 강조되고 있다.

(3) 오염에 대처, 오염방지환경교육

환경오염, 특히 대기오염이 다른 환경오염 문제보다 부각되었으나, 사회·경제적 여건이 환경교육을 강력하게 지지해주지는 못하였다. 경제개발계획과 같은 경제 규모의 확장을 우선시했던 당시 사회·경제적 배경은 '부강'을 위해 경제외적인 것은 희생 당할 수밖에 없다는 인식이 팽배하였기 때문이다.

그러나 환경오염 문제 해결을 위한 지역 환경 단체들의 노력과 인식, 1980년 헌법 제35조 1항에서 '환경오염으로 인한 위해를 예방하고'라고 명시하고, 제5차 경제사회발전계획의 환경보전부문계획 정책목표를 경제성장과 환경보전의 조화에 두는 등, 여명기에 시작되었던 공해교육은 형성기에 접어들어 좀 더 확대되었으며, 여명기보다 물 오염, 토양오염, 산림훼손, 소음, 농약과 같은 다양한 환경오염 문제를 다루어 환경문제 해결에 대처하는 교육으로서 형성되고 있었다.

> 환경교육에서는 궁극적으로 학생들의 행동이 현재 문제시되고 있거나 미래에 예상되는 환경에 관련된 여러 가지 사태 즉 환경문제에 충분하게 효율적으로 적응할 수 없다고 보고서 이들의 행동의 변화를 목표로 한다. 이러한 행동의 변화는 구체적으로 환경에 대한 인식과 태도의 변화를 뜻한다. 따라서 본 연구에서는 이와 같은 관점을 기초로 하여 환경교육을 다음과 같이 정의한다. 환경교육은 환경에 대한 인식과 태도를 변화시켜 환경문제 해결에 대처하려는 교육적 활동이다(김수일 외, 1977).

심각해지는 환경오염으로 인한 사회위기를 벗어나기 위한 소극적인 해결 방법의 하나로 환경교육을 고려하기 시작하였다. 특히 개발로 인해 손상이 많이 된 숲이나 생태계보다는 공해가 사회 문제로 부각되면서, 공해교육이 환경교육의 중요 접근방법이 되었다. 다음은 초등학교 5학년 1학기 사회교과서 3단원 '인구와 공해문제'에 제시된 공해교육에 관한 내용이다.

> 경제 발전을 위하여 공장이 많이 건설되는 것은 반가운 일이다. 그러나 공장에서 내뿜는 연기, 기계 소리, 흘려보내는 약품이 섞인 물 등은 우리 인간의 건강은 물론 생명에까지 위험을 주게 된다. 이것은 병균보다 더 무서운 것인데, 이런 것들 때문에 입는 해를 공해라고 한다. 공장지역은 물론, 도시에서 길을 메우는 차량이 내뿜은 매연가스, 시끄러운 소리, 먼지, 각 가정에서 버리는 쓰레기와 오물 등의 공해는 모두 우리의 건강을 해치고 생명을 노린다. 나라에서는 경제 개발에 노력하는 한편, 국민을 이 공해에서 보호하려고 애쓰고 있다(문교부, 1974).

이 시기 급속한 경제성장의 상징이 되었던 공장 굴뚝의 매연, 가정용 난방 및 자동차의 증가로 인해 대기 오염은 매우 심각하였고, 공해와 관련하여 환경 분쟁도 발생하기 시작하게 되었다.

1972년 리우회의에서 환경 정화를 위한 공해방지교육, 정보의 교환 등을 위해 각국 정부 및 국제기구 간에 협조할 것을 협의했는데 특히 한국정부는 환경교육을 고교 레벨의 정규학과에 편입시키겠다는 방침을 표명하였다(해군본부, 1972).

> 환경오염은 흔히 공해라고 부른다. 그러면 공해란 무엇인가? 각종사업과 활동이라는 인간의 생활 활동으로 말미암아 광범위에 걸친 대기오염, 수질오염, 소음, 진동, 지반의 침하, 악취 등의 발생으로 말미암아 인간의 건강 또는 생활환경에 피해를 가져오는 현상을 말한다. 뿐만 아니라 이 같은 현상이 직접 또는 간접으로 영향을 주어 인간의 정신 또는 정서 생활마저 불건강하게 만드는 현상까지 포함해서 이야기하기도 한다(박준희, 1974).

이 시기 환경오염과 관련된 환경교육 연구로는 『환경오염에 대처하는 환경교육: 대도시 교육의 진단』(노융희, 1978), 『환경오염에 대처하는 환경교육』(하대선, 1978) 등이 있다.

지구가 증가하는 환경오염을 수용하고 재생할 수 있는 능력은 유한하다는 주장이 메도우(Meadows) 등(1972)에 의해 처음 제기되었을 때만 해도 이를 심각하게 받아들인 사람은 많지 않았다. 그러나 중화학 공업으로의 전환과 고도의 경제성장으로 인한 환경오염은 매우 심각한 상태에 이르게 되었다. 그러나 환경오염에 대한 문제 제기 자체도 경제개발의 논리에 밀려 경제 발전을 저해하는 반체제 운동으로 낙인찍혀 억압받는 경우가 많았다(구도완, 1996). 박정희 정부는 급속한 경제성장을 국정의 제1목표로 설정했기 때문에, 공해문제를 거론하는 것 자체를 반정부적이고 반체제적인 활동으로 간주했다. 1973년 부산 수산대학교의 교수가 발표한 해양 오염 자료를 정부가 문제 삼아 그 대학 학장을 파면시킨 사건이 일어나기도 하였다.

사회 과목에서는 환경교육 내용으로 간주하는 내용(4학년 교과서에 국토보전과 개발이라는 단원 속에 우리나라의 자연재해와 공해, 국토보전의 필요성, 자연재해방지 대책, 공해방지 대책)이 수록되어 있다. 그러나 공해문제에 대해서는 일반적인 기술에 그쳤을 뿐 대기오염, 소음공해, 수질오염, 농약 오염 등이 구체적으로 밝혀져 있지 않다.

단편적인 환경 요소를 주로 다루었던 여명기의 자연 보전 교육은, 형성기를 맞이하여 좀 더 포괄적이고 통합적인 환경보전교육으로 점차 발전되어 갔다. 1977년 공해방지법이 폐지되고 '환경보전법'이 제정되었으며, 1982년 환경보전의 필요성을 국민의 70% 이상이 인식하고 있었으며, 환경청은 환경보전계획을 수립하여 시행하게 되었고 시민 환경 단체들도 '환경보전범국민운동'을 펼쳐나갔다. 따라서 이러한 '환경보전' 개념이 점차 명료해지면서 1985년 시작된 환경보전시범학교 운영은 '환경보전교육' 강화의 한 측면으로 이해된다.

자연 보전, 자연 보존, 자연 보호가 혼재되어 사용되고 있으며 각각의 용어를 정의한 연구를 찾아볼 수 없었다. 다만, '미래세대에 대한 염려'는 지속가능발전(Sustainable Development)의 의미와 맥을 같이 한다고 할 수 있다.

그러나 환경에 대한 인식은 아직 부족했다. 자연 보호에 집착하면 적극적으로 경제개발을 이룩할 수 없게 된다는 우려의 목소리도 컸다. 또한 환경교육에 대한 내용을 지도하면서도 생활의 질을 향상시키기 위한 과학 기술의 발달에 계속적인 관심을 기울여야 한다고 하였다.

> 환경교육의 실제를 보면 아무래도 자연을 보존하는 면에 기울어질 가능성이 많이 있음은 두말할 것도 없는 일이다. 이 점은 환경교육이 이른바 보존교육 또는 보호교육의 특성이 농후하다는 것이 시인되고 있는 것으로 알 수가 있다. 그러나 환경문제가 중요하다고 해서 그와 같이 소극적인 측면에만 집착할 수는 없다. 보호에만 집착하면 개발을 적극적으로 이룩할 수 없기 때문이다. 그러므로 환경은 필요에 따라 계속 개발하여 보다 살기 좋은 조건을 마련하면서 되도록 파괴를 적게 하거나 파괴되더라도 인간생활을 위해서 도움이 되도록 재구성하는 일이 필요한 것은 말할 나위도 없는 일이기 때문이다(박준희, 1974).

> 1978년 1월 18일 '자연보호는 애국운동'이라는 박정희 대통령의 연두기자회견을 듣고 가장 감명을 준 것은 자연보호는 곧 애국운동이라고 힘주어 말한 점이다. 또한 야생동물 보호에 관심을 보인 점이다. 지난번 강원도에 눈이 많이 내려 들새들이 풀씨를 따 먹을 수 없게 되자, 홍천에서는 공무원이 솔선해서 눈 위에 가마니를 깔고 먹이를 주었다는 미화를 지적했다. 미국의 국제두루미재단 이사인 조지 아치볼드 박사는 작년 말 우리나라에 와서 현재 휴전선에 오는 따오기의 생태를 연구하면서 조류보호의 필요성과 방법을 제시했다(김헌규, 1978).

초등학교 환경교육 교육과정에 관한 연구(홍웅선, 1974)에서, 자연자원보전교육은 미국에서 강조된 바 있다. 자연자원보전교육의 주요 관심 대상은 산림, 야생동물, 수자원 및 토양과 같은 자연자원으로써 그것들을 오래 보존할 방도를 생각하게 하려는 것이 주된 내용이다. 다음 글에는 현 세대와 미래세대의 자연자원 이용에 대한 이해가 잘 드러나 있다.

> 우리는 이 신비로운 자연을 오염과 파괴로부터 보호하여 우리 조상이 물려준 국토를 소
> 중히 하고 깨끗하게 보존함과 아울러 조국을 사랑하듯 알뜰하게 가꾸어 아름다운 국토를
> 후손들에게 길이 물려 줄 책임과 의무가 있는 것이다(하대선, 1978).

1973년 2월 13일에 개편된 국민학교 교육과정에서는 도덕, 국어, 미술에서 자연에 대한 애호심을 북돋우는 내용이 포함되어 있으며, 실과에서는 자연자원의 중요성을 강조한 항목이 있다. 1974년에 개편된 중등학교 교육과정에서는 도덕에서 자연 보호를, 실업가정에서는 식품과 위생문제, 작물과 환경 조림보호에 대해서, 미술에서는 주변 환경의 애호심을 다루고 있다.

1974년 개편된 고등학교 인문지리에서는 '환경보전'이란 단원에 자연재해 및 공해 사회개발과 생물환경의 정비(整備), 환경의 보전대책, 환경에 대한 인간의 대응, 환경보전과 인간생활 등의 내용이 다루어져 있고, 그 외에 국토지리, 미술, 실업에서는 자연환경에 대하여 일반적인 서술에 그치고 있을 따름이다.

다음은 제4차 교육과정 초등학교 6학년 사회의 '국민경제와 우리 생활' 단원의 내용과 실과의 '나무 가꾸기와 환경보호' 단원에 제시되어 있는 환경보전교육과 관련된 내용이다.

> 공기나 물이 더러워지는 것을 막고 자연을 보호하여, 누구나 깨끗하고 아름다운 환경 속
> 에서 살 수 있도록 노력하게 될 것이다 … (중략) … 농사를 잘 지으려면 우선 땅을 잘 보
> 전해야 한다. 그런데 땅을 잘 보전하려면 산에 숲을 우거지게 해야 하고, 논밭에 두엄을
> 많이 주어 땅 힘을 늘려야 한다. 산에 나무가 우거지면 어떤 이익이 있는지 알아보자. 물
> 의 근원을 보호하여 가뭄을 막을 수 있다. 경치가 아름다워지고, 공기가 맑아진다. 산짐승
> 과 산새들이 많아지면, 또 내와 강에 물고기가 많이 꾀게 된다(문교부, 1983).

> 나무를 심는 것 못지않게 중요한 것은 수풀을 잘 가꾸고 보호하는 일이다. 수풀을 보호하
> 기 위하여 다음과 같은 일에 힘쓰도록 하자. 나무를 함부로 베지 말고, 땅에 깔린 낙엽도
> 긁어내지 않는다. 산불이 나지 않게 조심한다. 해충의 천적인 산새들을 보호한다(문교부,
> 1983).

(4) 환경보전과 환경관리적 접근이 중요해지다

1977년 제정된 환경보전법의 목적은 '자연환경 및 생활환경을 적정하게 관리 보전'하

는 데에 있다. 즉, 환경을 '자원'으로 여기고 자원의 합리적인 이용을 위해 환경을 관리하고, 환경의 관리는 자원을 지속적으로 사용할 수 있도록 보전하는 것이 필요하다로 해석된다. 사회교과서 5학년 2학기 2단원 '산업의 발달'에 이러한 자원적 의미의 환경이 나타나 있다.

> 우리의 조상도 산, 들, 강, 바다를 이용하여 농사짓기, 짐승 기르기, 고기잡이, 그리고 물건 만들기를 하여 왔으며, 또 그것을 발전시켜 왔다. 자연을 보호하고 자원을 잘 이용하는 것은 인간 생활의 발전을 위하여 매우 중요하다는 것은 옛날이나 지금이나 다름이 없다. 우리는 이 자원을 한편으로는 가꾸고, 한편으로는 지혜롭게 이용함으로써 오늘날과 같이 발달된 사회를 이룩하고 편리한 생활을 하게 되었다(문교부, 1983).

1977년 제정된 환경보전법은 환경기준의 설정, 환경영향평가 시행, 사업자에 대한 오염방지 비용 부담과 같이 환경 관리적 측면을 매우 강화하고 있다.

이러한 환경교육 형성기의 환경 관리적 접근은 여명기에 있었던 환경 위생적 접근과 환경 정화적 접근을 바탕으로 기술공학의 발달을 바탕으로 환경문제를 대처하고 환경을 보전할 수 있다는 생각에 기반을 둔다. '환경의 자원화'는 환경 관리적 접근의 형태로 이 시기에 매우 초기적인 형태를 형성하다가, 확산기 및 전환기에 이르러 환경과 사회, 환경과 경제와 같은 핵심 패러다임을 형성하게 된다.

1974년 『환경학개론: 인간·환경·교육』(이화여자대학교 환경교육연구회, 1974)이 발간되었는데, 공해에 대한 환경 관리적 접근을 비롯하여 'Chapter X. 환경과 교육'에서 환경교육의 목적과 내용 및 방법을 다루고 있다. 이는 환경교육을 다룬 첫 번째 단행본이라 할 수 있다. 다음은 환경학개론에서 제시한 환경교육의 정의이다.

> 환경교육이란 인간의 자연환경과 인공적인 환경을 함께 다루는 통합과정으로서 학교 및 지역사회의 총체적이고 물리적인 모든 자원을 이용하여 교육실험실로 옮겨 실제적이고 경험을 본위로 하는 학습을 의미한다(이화여자대학교 환경교육연구회, 1974).

이러한 경향의 환경교육은 중학교와 고등학교 과학 교과서를 중심으로 다루어졌는데, 중학 과학 2학년의 내용과 고교 화학 교과서의 내용을 분석한 결과에 의하면, 오염된 물의 산소량 측정, 빗물의 산성도 측정, 안티녹크제와 납중독, 비료 사용과 합성수지 제품이 미치는 영향과 같은 내용에서 초기적이기는 하지만, 기술공학적 중심의 환경 관리적 접근을 확인할 수 있다.

국민학교[14])에서도 마찬가지인데, 국민학교 6학년 2학기 자연 1단원 '환경오염과 자연 보존'에서 환경문제를 해결하기 위한 기술공학적 측면의 내용을 살펴볼 수 있다.

농작물에 발생하는 병충해를 막기 위하여 여러 가지 농약을 뿌린다. 농약은 병충해를 막 아 식량 증산에 도움을 주기도 하지만, 이로운 벌레나 사람에게 해를 끼치기도 한다. 잡아 먹는 동물을 잡아먹히는 동물에 대하여 천적이라고 한다. 천적을 이용하여 해충을 구제하 는 예를 들어 보자. 농작물에 뿌린 농약의 일부는 흙이나 물속에 오랫동안 남아 있다. 흙 이나 물속에 남아 있는 농약은 모두 소비자에게 이동된다. 이와 같이 먹이 연쇄에 의하여 위 단계의 소비자로 올라갈수록 농약의 성분은 농축된다.

우리가 사용하는 석유나 석탄에는 황이 들어 있어, 황이 탈 때 나오는 기체는 생물에게 여러 가지 피해를 준다. 그러므로 정유 공장에는 원유에서 황을 제거하기 위한 장치를 하 고 있다. 공기의 오염을 줄이려는 방법에 대하여 이야기하여 보자. 도시의 하수처럼 오염 물질이 많아서 자연적으로 물이 맑아지지 않게 되면, 인공적으로 공기를 통하여 물을 정 화해야 한다.

또한 환경교육 영역 간의 구조도에서 인공 환경과 자연생태계를 곧 자원이라는 상위 개념으로 범주화하고 있으며, 제3차 교육과정과 제4차 교육과정에서 환경을 자원으로 인 식하고 이를 잘 이용하기 위한 관리적 차원의 내용들이 포함되어 있다.

경제협력개발기구(Organization for Economic Cooperation and Development: OECD)에서는 1972년 환경관리의 국제적 조정을 위한 하나의 지도 원리로서 '오염자부담원칙'을 마련 하고 이를 채택하도록 권고했으며, 1972년 7월 '윌리암스 위원회'에서도 환경관리의 국제 적 조정의 필요성을 강조한 바 있다. 우리나라에서도 환경오염의 해결을 중심으로 한 환 경관리에 대한 다양한 연구가 쏟아져 나왔고, 환경오염을 해결하기 위해 환경을 관리해야 한다는 인식이 높아져 환경공학 및 환경과학 연구가 증가하기 시작하였다.

자연환경과 인간 정착 환경을 보존하기 위하여 오늘날 각국에서 실시하고 있는 환경관리 정책은 앞으로 국제무역과 국제투자에 상당한 영향을 미칠 뿐 아니라, 국제수지, 국민소 득, 고용 등에도 어느 정도 영향을 미칠 것으로 예상된다(이승모, 1983).

---

14) 1995년 광복 50주년을 앞두고 일제의 잔재를 깨끗이 청산하고 민족정기를 바로 세우기 위해 국민학교의 명칭을 초 등학교로 변경키로 했고 이듬해인 1996년 3월 1일부로 국민학교를 초등학교로 명칭을 변경했다. 따라서 본서에서는 시기에 따른 명칭을 적용하여 1996년 이전은 국민학교로 쓰기로 하였다.

사이먼(Simmon)과 콩테(Comte)는 모든 문제가 기술적으로 해결될 수 있다고 하면서 의도하지 않은 기술사용의 부작용인 환경적 피해나 자원고갈, 심지어 인간적인 문제까지도 기술발전에 의해 해결이 가능하다고 보았다.

기술발전이 환경문제에 미치는 영향도 대체로 이러한 맥락에서 논의된다. 오늘날 우리가 직면하고 있는 많은 환경문제는 기술발전의 결과다(Gray, 1989). 그러나 그러한 환경악화를 초래한 기술은 인류가 어떤 특정한 문제를 해결하고 필요나 욕구[15]를 충족시키기 위해서 발명하고 사용한 것이다. 그런 기술의 부정적 영향은 의도하거나 예측하지 못했던 것이며 대개는 널리 사용된 후에야 발견된다. 환경문제에 관해서도 기술의 발전은 그것의 원인임과 동시에 해결책이기 때문에 기술발전의 패러독스를 구성한다.

따라서 환경관리주의가 의미하는 것(김태경, 2005)은 첫째, 환경제가 희소성이 인정될 수 있는 여지를 확보하게 된다는 것과 둘째, 인간의 경제개발과정이 없었다면 여전히 생태중심적 삶이었을 것이기에 근대 경제학에서는 환경문제의 원인을 인간의 과도한 경제개발에 두는 것을 인정하는 것이었으며 셋째, 근대 이후의 경제개발과정은 인간과 과학기술의 합작품이므로 그 결과의 치유도 과학기술과 경제적인 유인책이 유일한 해결책임을 인정하는 것이었다. 이것이 환경관리주의의 토대이다.

우리나라에서 환경문제는 초창기에 보건위생학적 시각에서 접근한 관계로 위생공학과 또는 보건학과에서부터 다루기 시작하였다. 우리나라 최초의 환경공학과를 설립한 동아대학교는 1966년 문교부로부터 위생공학과로 인가받았으며, 1980년에 환경공학과로 명칭이 변경되었다. 그 후 보건학적인 접근보다는 환경공학적인 학과들로 발전하였고, 고급인력을 배출하기 위해 영남대, 한양대, 홍익대, 서울대 등에 환경대학원이 신설되었다. 그 후 환경(과학)대학원과 대학에 환경 관련 학과가 계속 늘어났다(이무춘 외, 2000). 강원, 경희, 동국, 동아, 건국, 서울시립, 전북, 조선, 아주, 인하 대학 등에는 학부과정에 환경(관련)학과가 생기고, 환경이란 관형사가 붙은 교과목도 많이 늘어났다. 구체적으로 강원대학교 자연과학대학의 환경학과, 경희대학교 산업대학의 환경보호학과, 건국대, 서울시립대, 전북대, 조선대, 인하대, 아주대, 동아대 등 7개 대학의 공과대학에 환경공학과 그리고 동국대학교 경주분교에 환경조경학과가 각각 설치되어 1983년 당시 총 10개 학과에 458

---

15) 환경교육에서는 필요(needs)와 욕구(wants)는 구분되어 사용한다. 필요는 생활 유지를 위해 기본적으로 요구되는 최소한의 것, 즉 옷, 작은 집, 먹을 음식 등을 의미한다. 한편 욕구는 생활 유지를 위해서가 아니라 원하는 것, 즉 예쁜 옷, 큰 자가용, 많은 장식품 등을 의미한다.

명의 학생이 재학하기에 이르렀다(노융희, 1983).

교육의 내용이 환경오염을 해결하기 위한 기술적인 접근으로서 공학을 가르치는 데만 주력하다 보니, 환경공학 기술자들의 양적인 팽창만 가져왔고 환경문제 해결의 근본 문제에 대한 접근은 부족했다.

〈환경사 column〉

1982년 온산공단 공해 피해

온산병은 1980년대 초 울산광역시 울주군 온산지역에서 발생한 최초의 공해병으로 농작물과 양식어장 피해로 시작되어 사람들에게까지 영향을 준 공해병이다.

온산공단은 1974년 구리·아연·알루미늄 등 비철금속공업 기지로 지정된 후 1980년대 들어 화학·제지·자동차부품 등 다양한 업종의 공장들이 입주해 종합단지로 탈바꿈하였다. 그러나 공업단지 개발을 위한 종합계획도 세우지 않고 개별공장들이 공장을 세우는 바람에, 전체 1만 4천여 명의 주민 가운데 1,800여 명만이 이주를 하고 나머지 1만 2천여 명은 공단에 포위되거나 고립된 채 살 수밖에 없었다. 그러던 중 주민의 허리와 팔다리 등 전신이 쑤시고 아픈 증세가 나타나기 시작하였다. 2년 뒤인 1985년에는 이 지역 주민 1천여 명이 전신마비 증상을 보이자, 한국공해문제연구소가 '이타이이타이병의 초기 증세와 비슷한 병'이라고 발표하면서 언론의 집중적인 조명을 받았다. 발표 이후 환경청, 지역 주민 사이에 공해병 논쟁이 일어났다. 같은 해 12월 온산지역 주민은 11개 공해배출 업체를 대상으로 손해배상 청구소송을 제기해 인체 피해 위자료, 농작물 피해보상금 지급 판결을 받음으로써 한국에서는 처음으로 공해피해에 대한 법원의 구체적인 인정을 받기도 하였다. 이후 정부 당국도 공해피해를 인정하고 주민의 집단이주를 결정, 공단에 둘러싸여 있던 1만여 명의 주민을 공단에서 2㎞ 떨어진 산간 분지로 이주시켰지만 2011년 현재까지도 온산공단 주변은 대기오염이 심각하고 벤젠 등의 발암물질이 기준치를 초과하고 있다.

이 사건은 우리나라 최초로 환경오염에 따른 주민이주사업이 시행된 사례이며, 국내에 환경오염에 따라 인간에게 신체·정신적으로 영향을 준 사건이다. 또한 당시 환경오염 문제에 대한 언론 등 국민적 관심이 높음을 시사하고 있으며, 환경청, 국립환경연구소 및 환경 단체의 활발한 연구 및 결과에 대한 논의도 환경사적인 의의가 있다고 생각된다.

온산병이 사회 문제화되면서 1985년에 공고된 '환경오염지역 주민이주사업'은 온산공단 주변의 가구를 철거 이주시켰는데 이 사업은 사실 공단 주변의 주민을 이주시킨 후 이전적지에 신규공장의 입주를 적극적으로 추진함으로써, 온산지역의 총량적인 환경악화를 가중시켜왔다.

다음은 이를 확인해 주는 신문기사 내용이다.

[〈1985. 7. 8. 동아일보〉 온산공단 주민피해 공해물질 누적 때문]　　[〈1984. 6. 9. 동아일보〉 바다도 땅도 오염 온산공단 일대 "못살겠다"]

3. 학교 환경교육 확산기(1987~1996)

학교 환경교육 확산기가 시작되는 1987년에는 6월 항쟁과 6·29선언이 있었으며, 제6차 경제사회발전계획이 발표되었고, 노태우 대통령이 직선제에 의해서 선출되었다. 1992년 문민정부에 의해 경제성장이 지속적으로 유도되었지만, '사회의 균형 잡힌 발전'을 고려해야 한다는 사회적 요구가 높아져 갔다. 환경오염이 심각하기는 했으나, 이전 시기보다 환경오염 수치가 높았던 것은 아니다. 그보다는 환경문제에 대한 시민들의 인식이 매우 높아졌음을 알 수 있다. 이는 민주화의 열망과 기대가 어느 정도 결실을 맺었던 사회 전반적인 분위기 조성에 의한 것이었으며, 이러한 분위기를 토대로 많은 사회 환경 단체들이 양산될 수 있는 기반이 되었다.

이 시기에는 삶의 질에 대한 논의가 화두가 되어 환경교육에 대한 국민의 관심과 인식이 더욱 높아져 학교 환경교육이 발전을 가속화할 수 있었다.

따라서 환경교육의 확산기인 1987년부터 1996년까지 당시 사회적·경제적 배경을 중심으로 환경교육이 발전해나가는 전개 과정을 살펴보고자 한다.

가. 환경교육 확산기를 바라보다

확산기에 학교 환경교육은 형성기에 성립된 환경교육의 영역들을 체계화하여 학교 환경교육을 강화하였다. 몇 차례 있었던 수돗물 파동은 지역의 문제가 아니라 전국적인 관심의 대상이 되었고, 사회 구성원들은 형성기에 보였던 '환경문제 관리적 차원'의 관점의 한계를 깨달으면서 점차 '환경문제의 예방적 차원'으로 이행되어갔다. 환경의 '이용'적 측면에서 문제 자체를 예방하기 위한 패러다임으로 변모한 것이다.

따라서 환경교육은 환경문제를 예방하기 위한 방법에 관심을 두었으며, 이러한 관심이 실증주의[16]적 패러다임을 형성하는 토대가 되었다.

(1) 환경교육의 확산기의 사회적 배경

고도화된 산업구조 및 환경오염 저감을 위한 노력으로 이전 시기에 비해 오염도가 낮아졌으나, 환경교육은 사회의 중요한 화두로 등장하게 되었다. 1980년 민주화 항쟁의 성

---

16) **실증주의**는 직접적으로 관찰되고 묘사되며 측정할 수 있는 것에 관심을 둔다는 점에서 정량적 접근이라고 할 수 있으나 관찰을 기초로 하여 인간행동에 관한 일반화와 인간 행동을 체계화하려는 시도는 불완전하다는 비판을 받는다. **해석주의**는 실증주의에 대한 비판에서 출발하고 있으며 인간경험의 주관적 세계를 이해하고자 하며, 인간 내부로 들어가 그 속을 이해하기 위한 노력이다. 이러한 특성으로 해석학적 접근은 정성적 접근의 특징을 가진다. **사회비판주의**는 개인이나 집단이 사회에서 분리될 수 없음을 지적하고 있다. 즉 개인이나 집단이 사회적 맥락에서 분리되어서는 안 된다는 주장을 하고 있다.

공은 '사회 문제화'된 환경문제의 표출로 이어졌고, 이러한 사회적 분위기로 학교 환경교육이 더욱 체계화되고 강화되었다.

(가) '사회 문제화'된 환경문제에 대한 사회구성원들의 인식

1987년 민주화 이후 정치적 소통의 대상은 노동문제, 빈곤문제, 교육문제, 청소년문제, 환경문제 등 다양한 사회 문제들로 확대되었다. 도시민들은 인근 공단의 공장폐수 배출에 의한 상수원 오염, 공장의 유독가스나 분진, 항공기의 소음 등 생활환경의 악화로 인한 건강상 피해를 들어 보상과 대책을 요구했다. 영산강보존운동(1983), 동두천지역상수원오염에 대한 주민보상운동(1985), 서울구로공단주변지역 시민들의 보상운동(1987), 상봉동연탄공장부근주민들의 보상운동(1988) 등은 도시민들의 환경인식이 반공해 단체들의 인식지평을 넘어서지 못한 채 국지적으로 발생하는 공해에 국한되어 있음을 보여준다.

이후 원진레이온 이황화탄소 중독증(1988), 수독물중금속 오염파동(1989), 수돗물 발암물질(THM) 파동(1990), 두산전자 낙동강 페놀유출사건(1991), 울산듀퐁 이산화티타늄 공장건설반대(1989~1995), 군산TDI 공장 건설 반대(1990) 등 다양한 오염사고와 피해로 촉발된 주민운동은 최소한 시민이 공해를 자신의 문제로 인식하도록 만들었다. 즉, 다른 사회운동들과 적극적으로 연대하여 명시적으로 반공해운동을 통한 사회변혁운동을 추구했다.

1987년 10월에는 '반공해운동협의회'가 '공해추방운동청년협의회'라는 이름으로 재창립되었다. 이 시기에 환경운동 조직은 비약적으로 성장했다. 전문 환경운동 조직의 경우 '공해반대시민운동협의회'와 '공해추방운동청년협의회'가 통합하여 1988년 9월에 '공해추방운동연합'이 결성되었고, 1989년에는 1979년에 만들어진 '공해연구회' 회원들을 중심으로 '환경과공해연구회'가 창립되었다. 또한 '한국공해문제연구소'는 '한국반핵반공해평화운동연구소'로 바뀌고, 한국 최초로 생태주의 운동 조직인 '한 살림 모임'이 결성되었다.

1988년에 6개, 1989년에 11개, 1990년에 8개, 1991년에 19개에 이르는 등 환경운동단체들이 새로이 설립되었다. 1989년 '전국원자력발전소추방운동본부'가 결성되어 원자력발전소 건설반대 백만인 서명운

[상봉동 연탄공장 주변지역 시민들의 보상운동]

동을 전개하였고 1989년부터 무더기 허가가 나기 시작한 골프장 건설 계획을 중단시키는 활동을 지역주민과 연계하여 전개하기도 하였다.

1990년대 들어서면서 민중 중심의 환경운동이 다양한 시민의 참여를 강조하는 생활실천운동으로 변모하면서 환경운동의 대중화가 모색되었다. '경제정의실천시민연합', '서울 YMCA'와 같은 기존의 사회운동 조직들이 환경운동을 전개하기 시작했다. 실제로 조직적이고 공개적인 환경운동은 이때부터 시작되었다고 할 수 있다. 이 시기는 전문 환경운동 조직이 새로 조직되었을 뿐만 아니라, 피해자 운동이 양적으로 팽창하였고 질적으로도 피해보상뿐만 아니라 피해 예방운동이라는 새로운 특징들이 나타났다. '공해'라는 용어도 '환경'이라는 용어로 바뀌기 시작했다(구도완, 1996). 환경처는 1990년 8월 환경보전과 관계하여 '환경보전협회' 등 환경처에 등록된 민간단체의 수를 43개, 등록되어 있지 않은 민간단체를 대략 30여 개로 보았다.

[공추련에서 발간한 잡지, 검수한 책]

[공추련 활동모습 및 시위 모습]

1991년 정부는 방사성폐기물 처분장으로 안면도를 추진하였으나, 주민의 거센 반대로 전면 백지화되었으며, 1994년 11월에 결성한 '핵 없는 사회를 위한 전국반핵운동본부'를 중심으로 하여 굴업도 방사성 폐기장 부지 선정 무효화

[시프린스호 좌초 현장]

운동이 일어났다. 굴업도 방사성 폐기장 문제는 정부가 추진하고 있는 원자력에너지 의존 정책으로부터 탈피하여, 지속 가능한 에너지 정책에 대한 국민적 합의를 이끌어내어야만 방사성 폐기장 문제를 풀 수 있다는 교훈을 남기고 일단락되었다.

쓰레기 관련 사건도 많았는데, 1994년 김포수도권매립지 부실시공과 부실관리 및 1996년 군포시 소각장 백지화와 관련하여 폐기물 문제가 사회 문제로 인식되기에 이르렀다.

또한 1995년 시프린스호 남해 기름 유출 사고는 남해안의 해양생태계 파괴와 어민피해, 그리고 유처리제의 대량살포로 인한 2차 오염에 대한 국민의 관심을 고조시켰다(동아일보, 1995. 7. 23).

1993년 이후에 전개되는 환경운동에서는 사회, 경제, 문화 모든 영역에서 환경을 배려하는 지속가능성에 영향을 미치면서 사회 각 영역에 영향을 주었다.

'경제정의실천시민연합'은 1992년 '경제정의연구소' 내에 전담부서인 '환경연구부'를 설치하고, 1992년 '경실련환경개발센터'를 사단법인으로 설립하였다. 환경 관련 단체 활동으로는 1992년 '환경사회단체협의회' 발족, '한국여성단체연합'과 '한국여성단체협의회' 및 '대한주부클럽연합회' 등 여성운동도 1990년대 이후 환경운동에 동참하였고, '환경과 생명을 위한 모임'은 국회차원에서 1993년 결성되었다. 지역의 주인으로서 지역 환경문제를 바로 알고 지역 환경을 지키겠다는 자발적인 시민운동으로 지역 환경 운동 조직이 만들어졌다. 1992년 '대구공해추방운동협의회', '자연사랑낙동강 1300리회', '김해환경보존회', '여수여청 환경을 지키는 시민의 모임', 1995년 '푸른 이어도의 사람들' 등이 그것이다.

그리고 전국적인 조직을 갖게 되는 환경운동 단체가 결성되었다. 1993년 4월 공해추방운동연합과 지역 환경단체를 통합하

[환경운동연합 전국조직창립대회]

1993년 3월 25일 서울 세종문화회관에서 열린 배달환경클럽 전국 조직 결성식. 〈경향신문〉

1994년 1월 19일 혹한의 날씨에 서울 노량진취수장 앞 한강에서 배달환경연합 소속 '녹색전사단'이 수돗물 정책에 항의하는 수중 퍼포먼스를 벌이고 있다. 〈경향신문〉

[배달환경클럽 결성식 및 소속 녹색전사단의 활동 모습]

여 전국조직인 '환경운동연합'이 발족하였다. '배달환경클럽'은 1993년 전국조직을 갖추고, 1994년 '푸른 한반도 되찾기 시민의 모임', '녹색당창당준비위'와 통합하여 '배달녹색연합'으로 재창립하였다. 한편 전국조직인 '경제정의실천시민연합', '한국YMCA 연맹'의 각 지부조직은 주요 지역 활동으로 환경운동을 전개하였다.

이에 따라 환경운동의 영역도 다양하게 확대되었다. 다양한 영역별로 연대조직이 결성되고 연대 사업이 활발해졌다. 1993년 '한국민간단체협의회' 구성이 제안되었고, 1994년 4월 30여 개 민간환경단체가 모여 '한국환경회의'가 출범하였다(김성수, 2003). 이로써 개별차원의 환경운동이 더욱 조직화, 내실화될 수 있는 기반이 마련되었다.

또한 민간단체에서의 국제연대는 1992년 리우환경회의 이후 환경문제가 지닌 국제적 협력의 필요성이 높아져 연대활동, 정보의 교환이 활발히 이루어졌다(김선미, 2009). 특히 1993년 러시아의 동해 핵폐기물에 대한 '한국 환경운동연합'과 '국제 그린피스'와의 연대 저지운동, '녹색연합' 주최의 세계습지보전을 위한 국제회의 개최, '한국환경사회단체협의회'의 지구환경협회가입 활동, 기타 유엔개발계획에 따른 각종 UN 관련 연대활동 등을 통한 국제적 혹은 범아시아 태평양 지역에서 활발한 활동을 하고 있다.

1980년대까지만 해도 '환경운동'이라는 용어보다는 '반공해운동' '공해추방운동'이 보다 일반적으로 사용되었고, 이전 시기와 마찬가지로 보상과 이주 요구의 수준에 머무는 환경운동이었다. 그러다가 1990년대에는 가장 많은 환경단체가 지역특성, 계층별 특성, 운동내용과 방식의 다양성을 가지고 창립되고 성장하였다. 또한 환경운동이 확산되는 이 시기에 다양한 이념과 가치지향을 가진 환경운동조직이 새롭게 생겨나기 시작하였다.

이 시기에 가장 주목할 것은 성숙한 국민 의식이다. 국내 환경 상황에서 살펴본 바와 같이, 환경운동단체들이 많이 생겨났으며, 단순히 환경오염 피해 사례를 신고하는 차원이 아니라, 적극적으로 문제를 해결하려는 움직임이 활발해졌다. 이러한 성숙된 의식은 '모든 국민이 건강하고 쾌적한 환경 속에서 행복하게 살 권리'라는 교육과정의 구성 방향과도 일치한다.

한국 환경교육 확산기에 환경오염의 지표들은 대체로 감소하고 있는 것으로 보인다. 그러나 환경에 대한 국민 의식 조사 및 환경교육의 필요성은 반대로 높아져 가고 있었다.

이 시기에 시행된 환경청, 대륙연구소, 공해추방연구소의 국민의식조사를 살펴보면, 환경오염에 대한 전반적인 인식이 매우 높아졌으며 환경문제를 매우 중요한 문제로 꼽고 있음을 알 수 있다. 그러나 환경보전과 경제성장은 조화되어야 한다는 의견이 응답자의 88.7%인 반면, 환경보전이 우선되어야 한다는 데에는 2.8%에 그치고 있다(환경청, 1987).

하지만 이러한 경향은 1980년대 후반에 들어서면서 환경에 대한 국민의 관심과 의식이 급증하기 시작했다. 환경피해 경험은 1980년대 전반기의 18.2%에서 3배 이상 증가하였고, 전반기의 환경 관련 보도현황이 500건을 넘지 못했던 것이 90년에 5,331건으로 10배 이상 급증하게 되었다(환경처, 1990). 이것은 환경오염으로 인한 피해와 분쟁의 영향과 더불어 환경교육의 효과로 인한 국민의식의 변화라고 할 수 있다.

1990년대에도 산업단지 배후 도시의 환경오염 피해 사례는 계속되었다. 울산공단(1996), 포항공단(1995), 여천공단(1996) 인근 주민에게 공해피해를 묻는 설문조사에서, 응답자의 96%가 환경오염의 심각성을 체감하고 있는 것으로 조사되었으며, 피해유형으로는 신체나 건강상의 피해가 77%로 가장 높았고, 식수 9%, 농작물 피해 8%, 수산물 피해 6%로 나타났다(이창걸, 1995).

〈표 23〉 확산기 대국민 환경의식 조사

연도	문제의 중요성 및 순위		문제의 심각성		환경피해 경험		경제성장과 환경보전	
	환경문제(%)	순위	매우심각	매우 심각	있다	없다	경제성장과 환경보전 조화	환경보전 우선
1987	17.1	3/9			69.1	10.9	88.7	2.8
1990	20.8	2/7	15.6	77.2	64.4	17.9		
1991		38.5	51.1	87.6				
1992			27.3	75.6			29	52
1993	79.8	1						
1996	33.1	1/6	37.5	90.6				87

자료: 환경청, 1986; 환경부, 2009.

1990년 환경의식조사에 따르면, 2000년대의 가장 심각한 문제는 환경오염이라고 답하였다. 정부의 시급한 과제로 민생 치안이 47.3%로 제일 많았고, 그다음 환경오염 방지가 41.5%로 나타났다. 또한 73.6%가 환경보전이 경제성장 능력을 높인다고 답해, 경제성장을 이유로 들어 환경 부문의 투자를 많이 하지 못한다라는 말이 설득력을 갖기에는 국민의 환경의식이 상당히 성숙되어 있었다는 것을 확인할 수 있다.

[소년한국일보 1991.11.7]

특히, 1991년에 한국교육개발원 최돈형 박사팀 조사(최돈형 외, 1992)에 의하면, 학교 환경교육의 필요성은 교사 98%, 학생 92% 모두가 필요한 것으로 인식하고 있었다. 이에 따라 환경교육을 독립 교과목으로 신설해야 한다는 의견에 교사의 65%, 학생의 68.6%가 각각 찬성하고 있었다.

또한 1992년 조사에서는 '경제성장과 환경보전의 조화'에 대한 지지율이 29%로 떨어지고, 대신 환경보전을 더 중시하는 사람이 52%로 늘어났다. 한덕웅(1993)에 따르면 환경오염이 79.8%로 최대의 사회 문제로 인식되었으며, 식수오염 60.76%, 산업폐기물과 공장폐수 60.68%, 대기오염 55.9% 등이 조속히 해결돼야 할 사회 문제로 응답하여, 환경문제가 가장 먼저 해결해야 할 항목 16개 중 상위 4개를 차지, 가장 시급히 해결돼야 할 사회 문제가 환경문제임이 확인되었다. 또한 1996년 조사에서는 경제 발전 속도보다 환경문제 개선을 우선하는 데 찬성하는 비율이 86%로 매우 높아졌다.

높아진 환경의식은 환경 분쟁 사건 변화의 추이에서도 알 수 있다.

1990년 환경보전법 폐지에 따라 분쟁조정법이 제정되고, 1991년 5월 중앙환경 분쟁조정위원회 사무국으로 직제가 공포되어 7월부터 업무가 개시되었다. <표 24>는 지방위원회가 조정한 중재합의사건 중 알선 사건 162건이 포함되어 있다. 환경 분쟁 사건은 지속적으로 늘어났는데, 이는 환경의 질이 악화된 것보다는 환경문제를 인식하는 국민 의식의 변화에서 그 원인을 찾을 수 있으며, 이를 해결하고자 하는 적극적인 국민의 행동 변화에서 기인한 것이라고 할 수 있다.

<표 24> 환경 분쟁 사건 변화 추이(1992~2008)

연도	접수현황		조정처리현황			접수현황		조정처리현황	
	중앙	지방	중앙	지방		중앙	지방	중앙	지방
1992	5	8	4	3	2001	154	50	121	46
1993	43	10	30	5	2002	440	33	263	34
1994	14	10	19	11	2003	350	141	292	57
1995	29	14	24	8	2004	195	204	223	179
1996	49	8	35	6	2005	166	260	174	210
1997	47	13	40	12	2006	202	281	165	231
1998	62	4	49	3	2007	196	236	172	215
1999	82	33	79	22	2008	301	225	209	174
2000	70	56	60	35					

자료: 환경부, 2009a.

이뿐만 아니라, 환경교육에 대한 필요성도 꾸준히 제기되었다. 전국 수준에서 시군구 교육청 교육 전문직과 초·중등 학교교사를 대상으로 한 설문에서 초·중등학교에서의 환경교육의 필요성에 대한 인식 정도를 알아본 결과 <표 25>와 같이 거의 대부분의 응답자(97.0% 이상)가 '매우 필요하다' 또는 '필요하다'고 생각하고 있는 것으로 나타났다(최돈형 외, 1992). 이것은 환경문제가 심각하다는 것의 인식을 넘어서 환경교육의 필요성을 현장 교사들이 절감하고 있다는 것을 보여주는 결과라 하겠다.

<표 25> 초·중등학교에서의 환경교육 필요성에 대한 인식도

항목	매우 필요	필요	보통	불필요	전혀 불필요
국민학교	78.7	20.1	0.8	0.2	0.2
중학교	76.8	21.9	1.2	0.0	0.1
고등학교	76.1	21.6	2.2	0.0	0.1

자료: 최돈형 외, 1992.

이 시기 국민환경인식 조사에서 알 수 있듯이, 국민의 일반적인 가치가 환경문제 해결 및 환경보전에 있었고 이러한 결과는 확산기 우리 사회에 일반화되었다고 할 수 있다. 물론 일자리, 직접적인 개발 이익 등 특정 집단의 직접적인 이해가 관계될 때에는 환경보다 경제적 이익이 우선되는 경우가 많다. 그러나 성숙된 환경의식은 이 시기 환경교육을 발전할 수 있게 한 중요 요소라 하겠다.

(나) '사회 문제화'된 환경오염 문제 - 수질 문제에도 관심

대기오염에 대한 인식뿐만 아니라 수질오염 문제에도 관심을 가지게 되었다. 이것은 '환경문제화'에 대한 인식의 지평을 넓히는 계기가 되었고, 수질오염에 대한 교육적 환기를 가져오기도 하였다. 특히 전국적으로 국민에게 '환경문제'를 인식시켰던 수돗물과 관련된 사건들이 많이 있었다. 특히 수돗물의 페놀 유출사건은 전 국민에게 커다란 충격을 주었으며 한층 수질오염에 대한 경각심을 가져다주었다.

1987년에 공단, 안산시, 수자원공사가 합동으로 우수 및 오수관 분리미비업체에 대해 실태조사를 하였는데, 632개 대상 업체 중에서 45개 업체만이 분리 배출하였고, 나머지 587개사는 폐수가 우수관으로 연결된 미분리 업체였다.

1989년 건설부가 밝힌 수돗물 중금속 오염사실과 1989년 여름 보사부와 환경청의 전국 46개 정수장을 대상으로 한 상수도 수질검사 결과가 밝혀지면서 그동안 국민이 가졌던 수돗물에 대한 불신은 봇물 터지듯 일어났다. 따라서 공단 폐수 종말 처리 시설은 <표 26>과 같이 1986년 이전까지 거의 이루어지지 않고 있다가 80년대 후반기부터 서서히 설치되기 시작했다.

〈표 26〉 연도별 오염 배출 시설 수 증가율(1982~1992) (단위: 개소)

	전체오염 배출시설 수	증가율 (%)	대기오염 배출시설 수	증가율 (%)	수질오염 배출시설 수	증가율 (%)
1982	35,873	–	15,893	–	6,526	–
1985	44,646	24.5	19,714	24.0	8,457	29.6
1990	74.406	66.7	25,943	31.6	17,375	105.5
1995	86,967	16.9	28,781	10.9	27,754	59.7
1999	113,849	30.9	34,437	19.7	53,893	94.2

자료: 한국환경기술개발원. 1996a.

1990년 감사원은 전국 7개 정수장 수돗물에서 기준치를 넘는 트라이할로메테인이라는 발암물질이 검출되었다고 발표하였는데, 서울시와 보사부는 기준치 이하라고 반박하여 국민의 수돗물 불신은 더욱 커졌다. 이 시기에 팔당호 골재 채취 문제가 부각되면서 골재 채취로 인한 상수원 오염을 우려하여 반대운동을 펼친 결과, 1991년 7월 골재 채취 전면 백지화라는 정부 발표를 이끌어냈다. 1991년 3월 14일 유출된 두산전자 구미공장의 페놀 원액이 정수장의 염소가 소독과정에서 클로로페놀로 변하면서 대구시에 공급되는 수돗물

에서 악취가 발생하였다. 4월 22일 두산전자는 2차 페놀 유출 사고를 일으킴으로써 두산전자와 정부에 대한 환경단체의 거센 항의가 일어났다. 그리고 페놀 오염으로 피해를 입은 페놀피해 임산부 모임 등이 제기한 환경 분쟁은 보상금을 지급하면서 일단락되었다.

한편 꾸준히 수질개선에도 노력하여 확산기 수질환경기준 달성률은 <표 27>과 같이 높아지는 추세에 있었다. 특히 '먹는 물'에 대한 국민의 관심과 정부기관의 행정적 지원으로 수질오염이 조금씩 개선되고 있었다.

〈표 27〉 수질환경기준 달성률(1992~1996)

항목	1992	1993	1994	1995	1996
전국	17.4	22.1	13.8	13.8	22.0
한강	19.2	26.9	11.5	19.2	32.7
낙동강	15.0	25.0	17.5	10.0	17.5
금강	13.2	15.8	15.8	15.8	21.0
영산강		8.3			
섬진강	16.7	33.3			16.7

자료: 환경부. 2009a.

이 시기는 수돗물의 페놀 유출사건 등을 겪으면서 환경문제가 사회 문제로서 보편화되고 전 국민적인 문제로 인식되기에 이른다. 환경의식의 변화에서 국민은 환경 분야에 대한 심각성이 90년대 초까지는 70%를 유지했으나, 96년에는 심각성이 90% 대를 넘어섰다. 이는 삶의 질이 향상되고 환경교육을 받을수록 환경문제 의식도 커지고 있는 것으로 나타났다.

1991년에 낙동강 페놀유출 사고가 2차례 발생하였고, 1993 수돗물 오염 논쟁이 있었으며, 1994년에는 낙동강 지역 수돗물에서 심한 악취가 발생하였다. 원인을 조사한 결과 수돗물에서 암모니아성 질소와 발암물질인 소량의 벤젠과 톨루엔 등이 발견되었다(허장, 1998). 1994년 생수시판 허용 논쟁이 가열되다가 대법원이 국내시판 불허 부당 판결이 내려지면서 맑은 물을 선택할 수 있는 행복추구권과 누구나가 누려야 하는 환경권에 대한 논의를 가져왔다.

1994년과 1996년에는 임진강 유역이 심하게 오염되어 물고기가 떼죽음을 당하는 사건이 발생했다. 1994년 시화호 물막이 공사 이후 수질오염이 크게 악화되었고, 1996년에는 오염된 시화호 물이 해양으로 무단 방류되면서 사회 문제로 확대되었다(한국환경기술개발원, 1996a). 결국 1990년대에는 환경오염이 악화되면서 만연해지는 상황으로 전개되었다고 볼 수 있다.

이러한 환경오염의 극복을 위한 방법으로 이 시기 환경운동은 새로운 시민사회를 열어 갈 시민운동의 중요한 영역으로 자리 잡았다. 즉 참여 민주주의적 요구와 생활의 질적 향상을 추구하는 시민운동들이 증대하고 있었다(김호기, 1995). 이 시기는 공단지역의 공해 피해를 중심으로 한 피해주민의 반공해운동에서 전 국민적인 관심과 전 지구적인 관심 영역인 환경운동으로 확대되는 특징을 갖는다. 모든 국민의 건강을 위협할 수 있는 수돗물 파동을 겪으면서 우리나라 국민의 환경의식은 크게 성장하고 환경문제는 국민 개개인의 주요 관심사이자 중요한 사회 문제로 부각되었다.

(다) 환경교육 형성기의 교육 전개 과정

형성기에는 제5차 교육과정(1987~1991)이 고시되고 시행되었다. 제5차 교육과정 개정의 주된 의도는, 제4차 교육과정의 문제점을 시정 보완하고 경제적 성장과 사회의 변화, 국제 경쟁력 강화 등 당시 상황을 반영하려는 것이라고 볼 수 있다. 교육과정의 적정화, 교육과정의 내실화, 그리고 교육과정의 지역화를 개정의 방침으로 정하였다. 국민학교의 경우에 1, 2학년에서도 주당 1시간 이상의 특별활동을 시행하게 했으며, 일부 교과의 경우에는 교과서뿐만 아니라 교육과정 자체를 통합시켰다. 그리고 중학교의 경우에는 기술과 가정을 통합하였고, 직업·기술 과목의 시간을 축소한 반면 수학과 과학 시간을 확충시켰다. 또한 미래를 대비하는 교육을 강조하여 경제교육, 컴퓨터 교육 등의 교육 자료가 보급되었다.

따라서 교육과정의 통합으로 인해 환경교육을 지도할 수 있는 가능성이 커졌으며, 제5차 교육과정 총론에서 국가 사회적 요구 사항 중의 하나로 환경교육이 명시되어 강조되었다. 환경교육의 내용이 각 과목에서 폭넓게 다루어지고 있어 환경교육이 학교에 안착될 수 있는 발판이 마련되었다.

1992년 제6차 교육과정이 고시되고, 1994년부터 연차적으로 일선 학교에서 시행되었다. 제6차 교육과정은 건강한 사람, 자주적인 사람, 창의적인 사람, 도덕적인 사람을 추구하고 민주시민 공동체 의식과 도덕성을 배양하고, 정보화, 국제화, 산업구조 개혁 등의 변화에 창조적으로 대응할 수 있는 능력을 기르는 것을 목적으로 하였다. 초등학교에서는 기본 생활습관과 예절교육을 강화하고, 중학교는 선택 교과제를 도입하였으며, 고등학교는 개방형 체제를 선택하였다.

따라서 제6차 교육과정의 중학교 선택과정 및 고등학교의 과목 선택권 부여로 인해 환경교육이 중학교에서는 '환경', 고등학교에서는 '환경과학'이라는 독립 교과로 지도할 수 있는 큰 변환기를 맞이하게 되었으며, 특별활동의 강화로 환경과 관련된 다양한 동아리 활동도 꾸준히 전개되었다. 국민학교에서도 마찬가지로 각 교과에 환경교육 내용이 이전 교육과정에 비해 상당수 포함되었고, 특별활동에서도 환경교육이 강화되었다.

(라) 사회 문제화된 환경적 문제에 대한 정부의 대응

제6차에 걸친 경제사회개발 5개년계획은 성공적으로 추진되었지만 환경오염은 날로 심화되었다. 정부는 환경보전을 지향하고 환경행정의 종합화, 적극화, 과학화, 일원화, 효율화를 이루고 국민의 환경에 대한 기대에 부응하기 위해 1990년 1월에 환경청을 환경처(1,216명)로 승격시키고 처의 장을 국무위원으로 하였다. 또한 환경지청을 지방 환경청으로 하는 등 기구의 확대개편과 환경관계 공무원을 대폭 증원하여, 환경정책 추진 기능을 강화시켜 보다 쾌적한 환경을 창조할 수 있는 환경행정 추진 기반을 마련하였다. 그리고 환경처에 환경교육과를 설치하여 환경교육을 강화하였다.

[〈1989. 10. 17. 경향신문〉
공보처 신설, 환경청 처승격]

[환경처 승격 당시 잠실 청사 모습]

1990년 정부는 그 해를 환경 원년으로 선포하였다. 또한 정부는 1987년 환경보전을 위한 '환경영향평가제도'를 도입하여 환경 예방적 차원에 관심을 가졌다. 또한 '환경정책기본법'과 '환경오염피해분쟁조정법'을 제정하였으며 환경보전법을 분야별 개별법으로 개편하였다. '대기환경보전법', '수질환경보전법', '소음진동규제법'으로 2원화 되어 있던 유해화학물질 관리체계를 '유해화학물질관리법'으로 일원화하여 오염분야별 전문적 관리와 규제 수단이 강화된 6개 환경 관계 법률을 1990년 8월에 공포하여 환경행정의 획기적인 전환점을 마련하였다(황우원, 2003). 1991년에는 '중앙환경분쟁조정위원회 사무국'을 신설하고, 환경 6법의 시행령 및 시행규칙 제정, '폐기물관리법', '해양오염방지법' 개정, '오수분뇨 및 축산폐수의 처리에 관한법률'을 제정하는 등 환경관리를 위한 법적 체계를 갖추었다. 1991년부터 이러한 법령이 시행에 들어감으로써 오염자부담원칙, 환경영향평가의 주민의견수렴 원칙 등이 강조되었다.

이 시기에는 환경보전과 관련된 법령들이 고시되었고,

[1992. 5. 28. 경향신문]

정부도 환경보전을 위해 이전 시기보다 적극적으로 환경을 고려하게 되었다. 그러나 경제성장은 지속적인 성장이어야 한다는 입장을 고수하고 있었기 때문에, 학교환경교육 교육과정에는 경제성장에 대한 내용은 구성되지 못하였다.

한편 정부의 환경을 위한 법령도 꾸준히 정비되었는데, 1992년 6월 5일 세계 환경의 날을 맞아 정부는 '환경보전을 위한 국가선언문'을 발표하기에 이른다. 이 선언문에는 환경보전 우선의 시각에서 국토이용 계획을 수립해야 한다고 하고 개발은 환경보전과 조화를 이루도록 힘써야 한다며 지속 가능한 개발의 입장을 밝히고 있다. 그러나 이러한 정부의 환경정책은 지난 1970년대부터 밝히고 있는 환경보전 우선이라는 원칙의 연장선에 있지만, 실제 경제성장 우선의 개발계획은 크게 변하지 않고 있다.

자연은 인간 존재의 모체이며 삶의 터전이다. 인간은 공기와 물과 흙과 같은 환경의 은혜 없이는 하루도 살 수 없다. (중략) 환경에 대한 인간의 의존성을 똑바로 인식하고 환경용량

의 범위 내에서 자제하는 것은 오늘을 사는 우리의 윤리규범이다. (중략) 지금 적절히 대처
하지 아니하면 우리의 환경은 더욱 오염되어 품위 있고 건강한 삶의 유지는 물론 지속적
인 국가발전도 어렵게 될 것임이 분명하다. (중략)(환경보전을 위한 국가 선언문, 1992).

또한 1994년에는 정부기관인 환경처가 '환경부'(1,364명)로 승격되었고, 6개 지방환경
청을 4대강 환경관리청으로 개편하였으며, 환경교육과가 '민간환경협력과'로 변경되어
학교 환경교육뿐만 아니라 사회 환경교육도 중시하면서 민간 환경단체의 지원을 돕게 되
었다. 1996년에는 정부가 '삶의 질의 세계화를 위한 대통령의 환경복지 구상-자연과 더불
어 사는 환경공동체의 건설을 위하여'라는 녹색환경의 나라 건설을 표방하여 '환경 대통
령 선언'을 발표하였다.

환경의 세기에 한 나라의 환경보전 수준은 바로 그 나라의 국가 경쟁력과 삶의 질을 평가
하는 잣대가 될 것입니다. 세계적으로 모범이 되는 '녹색환경의 나라'를 만드는 데 솔선수
범하는 '환경대통령'이 될 것을 여러분과 국민 앞에서 엄숙히 선언하는 바입니다(환경 대
통령 선언, 1994).

우리나라는 '세계 환경의 날'을 기념하여 오다가 1996년 '각종 기념일 등에 관한 규정'
에 따라 매년 6월 5일을 법정기념일로 정하고, 매년 정부 기념식을 열고 있다. 한편, 6월
한 달을 「환경의 달」로 정하여 이 기간에 환경보전 캠페인 등 각종 환경행사를 전개했다.
다음 신문 자료는 환경의 날이 1973년에 제정되어 24번째 돌을 맞는 1996년이 되어서
야 비로소 6월 5일을 법정기념일인 '환경의 날'로 공식 지정한다는 내용의 기사이다.

[〈1996. 6. 5. 경향신문〉 세계 환경의 날 법정기념일]

1990년대는 산업공단의 환경피해 사례와 함께 수질관련 환경피해의 발생으로 인해서 산업 환경규제가 더욱 체계화되었으며, 환경 행정 및 정책적 측면에서 환경교육을 지원하게 되었다. 따라서 이 시기는 환경문제에 대한 정부의 대응 체계가 어느 시기보다 강화되었다고 평가할 수 있다. 하지만 여전히 기업들의 환경오염 방지시설의 미비한 상황이 계속되어 선진국 수준에 크게 미치지는 못하였다.

이 시기 정부는 군부와 관료의 결합을 바탕으로 한 발전국가의 구조적인 특성에서(이정전, 1996) 보다 자유로워졌다. '발전국가'는 그 자체가 개발의 주체이면서 시민사회의 성장을 배체했기 때문에 환경을 중심에 두는 정책을 시행하기가 어려웠지만, 민주화에 한 발 다가섰던 이 시기에는 시민사회를 지탱하는 국민의식의 성장으로, 국가의 정책에서 환경적 선언을 가능하게 하였다. 이러한 바탕은 이 시기 독립적 접근 방식의 환경교육 도입을 가능하게 하였다.

(2) 환경교육 확산기의 경제적 배경

1987년부터 1996년까지 환경교육의 확산기에는 경제가 전반적으로 안정기에 들어서면서 경제성장뿐 아니라, 경제 분배 및 삶의 질에 관심을 가지게 되었다. 또한 사회적으로는 민주화운동으로 인해 인권과 다양성에 관심을 가지게 됨에 따라 일반 시민들도 국민은 환경에 대한 관심이 매우 높아져서 좋은 환경에서 사는 것을 당연한 권리로 생각하였다. 따라서 깨끗한 환경이 아니라 아름다운 환경을 보전하기 위한 환경보전교육이 중심이 되었으며, 지속가능발전(WCED, 1987)과 같은 새로운 패러다임은 환경을 생각하면서 경제를 성장시켜야 한다는 논의를 불러일으켰다. 그래서 경제적 접근을 통한 환경 및 환경교육에 대한 논의가 활발해지고, 소비양식과 같은 생활양식의 변화를 꾀하는 교육으로 변모하게 되었다.

제6공화국이 출범하면서 시작된 제6차 경제사회발전 5개년계획(1987~1991)은 '능률과 형평을 토대로 한 경제선진화(經濟先進化)와 국민복지의 증진'을 기본목표로 설정하고, 21세기에 선진사회에 진입하기 위한 제1단계 실천계획으로 수립되었다(유문량, 2007). 흑자 기조로의 전환에 따라 선진국의 보호주의 압력과 대내적인 소외부문의 소득보상욕구(所得補償欲求)가 더욱 커지게 되어 자율・안정・복지의 조화, 경제의 자율화와 공평성 확보, 경제의 개방화와 국제화 추진, 소외계층과 낙후부문에 중점 지원을 목표로 하였다 (김성수, 1997).

그 결과 경제성장률은 목표 7.5%를 상회하여 10%를 달성하였으며, 실업률은 2.4%로 고용 안정을 가져왔고, 저축 증대에 노력한 결과 국내저축률은 당초 예상보다 높은 36.1%에 이르렀다. 이 시기의 연간 경제 지표는 <표 28>과 같다. 특히 이 시기는 민주화의 열풍으로 노사분규가 많이 발생했기 때문에 산업 안정화 및 산업 민주화가 주요 정책과제로 등장하였다.

<표 28> 확산기 연간 경제 지표(2005년 기준)

계정항목코드별	1987	1988	1989	1990	1991	1992	1993	1994	1995	1996
국내총생산(억 달러)	1,434	1,923	2,363	2,703	3,155	3,381	3,722	4,355	5,313	5,728
일인당GNP(달러)	3,402	4,548	5,556	6,303	7,276	7,714	8,402	9,727	11,735	12,518
국내총생산(%)	12.3	11.7	6.8	9.3	9.7	5.8	6.3	8.8	8.9	7.2
수출입의대GNI비율(명목)(%)	72.6	67.1	60.7	58.2	56.2	55.5	52.6	54.4	59.3	60.1
농림어업(%)	-4.8	9.2	-0.5	-5.9	2.9	8.6	-4.5	-0.2	6.7	4
광공업(%)	18.6	12.3	3.4	9.1	9.7	4.6	4.9	10.2	10.6	6.9
제조업(%)	19.4	12.7	3.6	9.5	10	5	5	10.2	10.9	7
서비스업(%)	49.5	49.2	50.9	51.5	51.6	53.3	53.9	54.4	54.6	55.8
건설및전기가스수도사업(%)	12.5	10.7	11.5	18	11.1	10.5	13.2	14.3	8.7	11.5

자료: 한국은행, 2005.

그러나 제6차 계획이 1980년대의 불평등 분배의 시정 등과 같은 경제정의의 실천이 제대로 이행되지 못한 것은, 제6공화국 정부의 속성으로 볼 때 과거의 정책에서 새로운 개혁 정책으로 전환하는 것이 매우 어려웠던 것도 그 원인이었지만, 1988년을 전후하여 국내외의 정세가 급변하면서 한국 경제의 제반 여건이 악화된 것도 중요한 요인이 되었다. 그동안 유리한 조건으로 작용했던 3저 현상[17]도 사라졌고 대내적으로는 민주화 과정의 여파로 노사분규가 확산되고 인건비가 급상승했으며 경제주체들의 근로의욕도 감퇴되었다.

1986년 아시안 게임과 1988년 서울올림픽의 성공적인 개최, 그리고 1987년의 6월 민주화 항쟁에서 국민은 성숙된 시민 의식을 보여주었다. 특히 높은 실질경제성장률의 증가세는 더 좋은 환경에서 살고자 하는 욕구를 갖게 되었고, 환경교육은 '아름다운 자연을 보전'하는 환경보전교육을 강조하게 되었다. 따라서 이 시기의 환경교육은 안정적인 경제성장과 환경보전의 접점을 찾기 위해 노력하였다.

1987년 노동자 대투쟁과 그 뒤를 잇는 근로조건 개선투쟁은 극도로 낮은 수준에 묶여 있었던 한국 노동자의 임금수준을 지속적으로 상승시켰다. 그 결과 노동자의 생활수준은

---

17) 3저 현상이란 '저유가, 저금리, 저달러'를 의미한다. 여기에 1980년대 초부터 경제개방 속에 기업의 공격적인 투자와 경쟁·혁신 등이 지속된 점도 빼놓을 수 없는 요인이 되었다.

이전과 비교해 눈에 띌 만큼 향상되기에 이르렀다. 그중에서도 사무전문직과 대기업 노동자들의 상당수는 생활수준이 중산층과 크게 다르지 않을 정도가 되었다. 또한 1987년 이후 한국 경제는 독자적인 기술축적과 소득 재분배, 내수시장 확대 사이에 선순환 관계가 형성되면서 자립적 토대가 강화되고 있었다. 그에 따라 자본주의 체제 안에서도 문제를 해결할 수 있다는 낙관적 전망이 널리 확산되었다. 그러나 개혁정책이 추진될수록 사회적 불평등이 심화되는 기현상이 나타났으며, 민주화 세력이 정권을 담당했던 정부의 개혁이 실패로 끝난 원인의 상당 부분이 여기에 있다고 할 수 있다.

1992년부터 시작되는 제7차 경제사회개발계획(1992~1996)에서는 이전의 성장지향주의를 탈피하여 보다 내실 있는 경제 발전을 추구하기로 개발 전략을 수정하였다. 즉 1990년 이전의 우리나라 개발 방식이 양적 팽창에 치중해왔다면, 1990년대는 우리 경제의 질적 향상을 목표로 하는 고도화된 정책이 추진되었다. 제7차 경제사회개발계획은 그 기본 목표를 21세기 경제사회 선진화와 민족통일의 지향에 두었다(이호영, 1996). 이러한 기본 목표를 달성하기 위해 산업의 경쟁력 강화, 사회적인 형평의 제고와 균형발전, 국제화 및 자율화의 추진과 통일기반의 조성에 노력을 기울였다.

이러한 상황에서 김영삼 정부가 들어서면서 기존의 제7차 경제사회개발계획 대신 신경제 5개년계획(1993~1997)을 발표하였다(대한민국정부, 1993). 여기서 신경제란 지난 30년 동안 권위주의 체제 아래서 정부의 지시와 통제에 의해 이루어진 경제 운용 형태를 벗어나 정부와 민간이 모두 참여하여 함께 만들어가는 경제라는 뜻으로 규정하였다.

따라서 신경제 계획에서는 국제시장 기반의 확충을 위해서 세계화 개방화를 더욱 촉진하며 후진국에 대한 자본 협력을 강화하고 남북 경제협력을 증진하고자 하였으며 국민 생활 여건을 개선하기 위하여 주택난 완화 및 환경 개선 등의 사회복지 증진을 과제로 삼았다. 또한 문민정부는 사회간접자본의 확충, 조세의 안정, 공정거래 질서의 정착, 중소기업의 경쟁력 강화 및 농어촌 사회의 개발 등을 추진하여 성장 잠재력의 강화를 최우선 과제로 삼았다(대한민국정부, 1993).

그러나 이러한 계획에도 불구하고 신경제정책은 계획 목표 중 어느 것 하나 달성하지 못하였다. 결국 중앙집권적 관리 경제의 속성에서 벗어나지 못하고(이종원, 2002), 총외채가 급속히 늘어나 급기야 문민정부의 개혁 정책은 1997년 11월 국제통화기금(IMF) 구제금융이라는 처참한 실패로 귀결되고 말았다.

1995년 우루과이라운드의 타결은 세계무역을 전반적으로 조정하는 세계무역기구(World

Trade Organization: WTO)를 출범시켰다. 이러한 국제 경제 레짐[18]은 초국적 기업, WTO, G7(Conference of Ministers and Governors of the Group of Seven Countries), 세계적 표준화, 세계경제포럼 등 공적 및 사적 조직들의 혼합으로 자본과 권력을 집중시키는 신자유주의 세계화 질서를 지탱하는 제도나 규범으로 현재까지 작용하고 있다(최병두, 2004).

90년대 들어오면서 미국을 중심으로 한 선진국은 경쟁력을 보유하고 있는 자본 금융시장의 개방을 지속적으로 요구해왔고, 개도국은 경제개발을 위한 해외자본을 조달하기 위해 자본금융자유화 추진이 상당한 진전을 보여 왔다. 그러나 금융부문의 급속하고 과도한 개방 및 자유화는 비합리적 금융활동에 대한 감독 내지 통제수단을 갖추지 못하였고, 신흥개도국 등은 외환위기로 인한 경제 불안을 야기한 요인이 되었다. 외환위기 이후 금융기관의 부실채권 정리와 자산의 건전성 회복을 위해, 공적자금을 투입하고 기업의 워크아웃과 부실금융기관의 정리가 단행되었다.

각 산업의 공해방지를 위한 설비투자를 보면 1990년대 중반에는 제조업 분야에, 후반에는 비제조업분야에서 집중적으로 이루어졌다. 그러나 1996년에 1조 1,041억 원으로 가장 많은 공해방지 설비 투자를 하였으나, 이 규모는 전체 설비투자의 2%에 불과한 수준으로 여전히 공해방지 시설 투자를 소홀히 했던 것으로 나타났다.

그러나 기업의 환경 이미지가 점차 중요시되면서 기업은 환경 이미지 광고나 캠페인에 많은 투자를 하게 되었다. 이러한 그린 마케팅(Green Marketing)은 환경에 대한 관심이 증가함에 따라 등장한 마케팅의 한 형식이며 소비자와 사회의 환경 개선에 대한 기업의 책임 있는 관리과정과 기업이 사회적 삶의 질을 향상해야 한다는 외부적 요구를 반영한 것이다(Peattie, 1992).

또한 이 시기에 한국 산업의 해외투자가 급격히 증가하면서 한국 기업의 해외진출에 따른 현지 환경오염도 점차 국제적인 환경문제가 되었다(유길상 외, 2002). 국내 기업은 3D[19] 업종의 생산 설비를 동남아 등 해외로 이전하여 현지의 값싼 노동력과 낮은 환경규제를 활용하여 지속적으로 생산을 유지하였다. 이러한 문제는 '생태제국주의'[20](정범진

---

18) 레짐(regimes)은 인간의 행태나 인간 간의 상호관계를 일정한 방향으로 결정하는 틀을 의미하는 것으로, 단순한 권력 체제가 아니라 그 밖의 다른 영역의 관계까지 포괄하는 광범위한 용어이다. 경제 레짐은 특히 미국의 자유무역 원칙에 기반을 둔 무역 레짐의 설립을 중심에 두고 있으며, 이러한 경제 레짐의 형태를 우선으로 결정하는 것은 강대한 선진 부국이다. 무역의 필요에 얽매여 있는 제3세계 국가들은 이러한 레짐을 수용하는 것 외에는 대안이 없다고 할 수 있다(하양선 역, 2006).

19) 3D 업종이란 궂은 일(Dirty), 힘든 일(Difficult), 그리고 위태로운 일(Dangerous)을 일컫는 말이다. 특히 2000년 이후로 실업률은 매우 높아지지만, 이러한 3D 업종을 기피하는 현상을 보이고 있다.

20) 앨프리드 W. 크로스비가 쓴 '생태제국주의'는 유럽 제국주의의 성공비결, 즉 유럽인들이 아메리카, 오스트레일리아, 뉴질랜드 등 네오유럽으로 진출하면서 있었던 그 팽창과정의 성공 요인을 생태학적 측면에서 설명하였다. '신대륙을

역, 2000) 담론적 차원에서 반성을 요구하게 되었다.

경제적으로 안정기를 맞이한 한국 사회는 환경문제 해결에 적극적인 관심을 갖고 환경보전을 위해 노력한다. 따라서 삶의 질을 높이기 위한 쾌적한 환경을 위해서, 그리고 세계무역 체제의 적응을 위한 '녹색 생산'을 확장시키는 기술공학적인 문제 해결적 접근으로서의 환경교육에 영향을 미쳤다.

(가) 환경오염의 문제 해결을 위한 노력

〈표 29〉 확산기 서울시 대기 평균 오염도(1987~1996)

항목	1987	1988	1989	1990	1991	1992	1993	1994	1995	1996
아황산가스(SO_2)(ppm)	0.056	0.062	0.056	0.051	0.42	0.035	0.023	0.019	0.017	0.013
일산화탄소(CO)(ppm)	3.2	2.8	3.2	2.6	2.2	0.014	0.013	0.014	0.013	0.015
이산화질소(NO_2)(ppm)	0.033	0.033	0.027	0.030	0.33	0.031	0.032	0.032	0.032	0.033
미세먼지(PM_{10})($\mu g/m^3$)	175	179	149	150	125	100	90	75	78	72

자료: 환경부. 1995.

이 시기에는 <표 29>와 같이 대기오염도가 이전 시기보다 조금씩 감소하고 있는 것으로 나타났다. 앞의 <확산기 연간 경제 지표(2005년 기준)>와 같은 경제 구조의 변화로 제조업 및 광공업의 증가세가 둔해진 원인도 있겠으나, 대기오염에 대한 우려와 관심으로 저황유 연료 사용 및 각종 환경 정책 때문으로 파악된다. 또한 환경교육으로 인한 국민의 의식 변화도 중요한 원인이라고 할 수 있겠다.

1990년에는 '대기환경보전법'을 제정하면서 배출허용기준 예시제가 도입되어 대기오염도 저감을 위해 노력하였다. 1980년대부터 고체연료 사용의 규제, 저황유 공급, 청정연료 사용 확대, 저공해 자동차 보급 등 각종 대기오염 저감정책에 힘입어 위의 <확산기 서울시 대기 평균 오염도(1987~1996)>와 같이 1990년대 아황산가스, 총먼지, 납 등의 농도가 크게 개선되었다.

또한 수질오염도 대기오염과 마찬가지로 점차 감소 추세에 들어서게 되었다. <표 30>은 4대강의 오염도를 BOD 중심으로 기록한 것이다. 1980년대 중반까지 하천의 오염이 심

향한 유럽 제국주의의 역사는 생태계 정복의 역사'라고 주장하면서, 유럽의 제국주의는 유럽의 인간뿐만 아니라 유럽의 식물, 동물, 병균 모든 것이 동시에 신세계로 침투하여서 신세계의 생물들을 죽이고 그들이 그 빈자리를 차지하게 되는 과정으로 설명하고 있다.

했으나, 90년대 들어서면서 BOD 수치가 감소한 것을 확인할 수 있다.

〈표 30〉 4대 강 주요지점의 오염도(BOD) 추이(1984~1994)

수계명	지점명	1984	1985	1986	1987	1988	1989	1990	1991	1992	1993	1994
한강	가양	19.3	11.4	11.6	7.4	9.9	6.0	4.7	4.8	4.3	4.0	4.3
낙동강	구포	3.0	4.2	4.0	3.7	4.4	3.7	3.3	3.7	3.5	3.9	4.6
금강	부여	2.9	2.5	3.0	2.9	3.2	3.5	3.1	3.0	3.2	3.1	3.7
영산강	무안	2.9	1.9	1.9	1.8	1.4	1.2	.12	1.5	2.1	1.5	1.9

자료: 환경부, 1997.

나. 환경교육 확산기로 구분 짓다

환경의 질과 삶의 질 간의 균형을 이루려는 관심은 '환경'에 대한 보다 포괄적인 영역을 아우르면서 환경교육의 외연을 확장하였으며, 점차 경제 강국으로 발돋움하면서 '소비'의 중요성을 강조하게 되었다. 따라서 소비양식 및 생활양식과 같은 개인의 윤리적 차원에서의 경제 선택 문제에 관심을 갖게 되었으며, 이러한 관심이 환경교육에서 '건전한 소비' 즉 '녹색 소비'로 이어졌다.

따라서 이 시기는 환경교육이 교육적 영역의 기틀 위에 보다 공식적인 발판을 이루었던 매우 중요한 시기이다. 1987년 제5차 교육과정의 구성 방향에서 '모든 국민이 쾌적한 환경 속에서 행복한 삶을 누릴 수 있는 터전을 마련하기'라는 규정과 '인간을 존중하고 자연을 아끼며'라는 규정을 두어 환경교육의 의지를 천명하였고, 8대 중점사항[21]에 환경교육이 포함되어 있어, 이를 기반으로 학교 환경교육은 여러 관련 과목들에서 분산적 접근을 통한 환경교육이 가능해졌다. 환경교육은 제4차 교육과정의 총론에서 거론된 적은 있으나 그다지 주목받지 못하다가, 제5차 교육과정에서는 중점사항 중의 한 분야로 규정되면서 학교 환경교육사의 획기적인 사건이 되었다(최돈형 외, 1991). 또한 1992년 환경교과의 '독립 교과화'가 선언되면서 환경교육의 도약을 기대하게 되었다.

따라서 학교 환경교육의 외연적 확대 및 질적인 발전과 더불어 환경교육의 빠른 전파는 학교 환경교육이 안정적인 정착을 가능하게 하였고, 학교뿐 아니라 사회 곳곳에 확산되는 등 '학교 환경교육 확산기'를 맞이한다.

---

21) 운영 지침에 '국민 정신교육, 통일 안보교육, 경제교육, 안전교육, 환경교육, 진로교육, 인구교육, 성교육 등은 교육 활동 전반에 걸쳐 이루어지도록 하되, 특히 관련 교과에서 강조하도록 한다'라고 명시되어 있다.

성숙기
1986
1987

확산기

1987 제6차 경제사회발전계획
1990 환경기로 승격
    수돗물에서 트리알로메탄 검출
1991 낙동강 페놀 사건
1992 국가환경선언 채택
    몬트리올 의정서 가입
1994 환경부로 승격
    녹색연합 창립
1995 쓰레기 종량제 실시
    수출 1000억 달러
    남해안 시프린스 유출 사건
    시화호 수질오염 사회 문제화
    새만금 간척사업 본격화
    환경 NGO 급증
1996 OECD 가입

1987 제5차 교육과정 고시
1988 '사람과 환경' 발간
1989 한국환경교육학회 발족
1991 한국교육개발원에 환경교육연
    구부 설치
1992 제 6차 교육과정 고시
    환경 교과 독립
1993 환경교육과 관련된 최초의 박사
    학위 논문(이선경)
1994 환경부전공 자격연수 시작
1995 중학교 '환경' 적용 시작
    '환경과 생명을 지키는 전국교사
    모임' 출범
1996 환경관련학과 설치대학 급증
    '환경교육과' 신설
    '환경 과학' 적용 시작

1996
1997
전환기

[학교 환경교육 확산기 개요]

위의 그림은 확산기에 일어났던 사회적·경제적 사건 및 환경교육과 관련된 내용을 개요화한 것이다. 당시 사회·경제적으로 '문제화된 인식과 대응'은 학교 환경교육에 커다란 영향을 끼쳤다. 형성기에 시작되었던 학교 환경교육은 그 외연을 확대하고 질적인 발전을 이루면서 빠르게 확산되었다.

이 시기 환경교육은 사회 전반적으로 확산되었다. 학교 환경교육 역시 강화되어 제5차 교육과정에서 분산적으로 환경교육을 실시하였으며, 이후 제6차 교육과정에서는 중·고등학교에서 독립적으로 환경교육을 실시하였다. 이 시기에 부각된 'Sustainable Development'(WCED, 1987)는 이후 환경교육의 패러다임을 주도하는 중요한 개념이 되었다.

1989년 한국환경교육학회 창설은 환경교육과 관련된 다양한 연구를 집적하고 활동하게 하는 중요한 계기가 되었으며, 『환경교육』 학회지는 한국 환경교육 연구동향을 파악할 수 있는 중요한 자료가 되었다.

1987년부터 1998년까지 12년간 『환경교육』과 『한국과학교육학회지』에 발표된 188편의 환경교육에 관한 논문을 분석한 노경임 외(1998)의 연구 결과에 따르면, 연간 연구논문 발표편수는 약 16편이었으며 양적으로는 뚜렷한 증가 경향을 보이지는 않았다고 하였다. 연구방법으로는 설문조사(21.2%), 문헌연구(31.7%), 기술/소개 연구(20.3%)가 주종을 이루어 전체 연구의 73.2%를 차지하였다. 이와 비교하면 개발연구(6.8%)와 실천연구(9.5%)는 16.3%에 불과할 정도로 적은 편이었다. 이는 환경이론의 소개와 인식실태 조사에 치중한 것이라고 해석할 수 있다. 이와 같은 경향은 연구의 성격에서도 잘 나타나, 의식과 교육실태 조사가 53.3%이었고, 교사나 전문가 양성과 자료 개발은 18.9%였다. 환경내용 면에서도 폐기물(27.7%), 수질(15.2%), 대기(9.8%) 등 오염과 연계된 내용이 약 60%에 가까운 반면에 자연환경에 관한 내용은 10% 미만이었다. 구체적인 학습방안 연구나 교육 프로그램 개발, 사이버 교육, 지역의 환경문제 해결을 위한 교육 방향 등에 대한 연구의 비중은 매우 낮은 것으로 평가되었다.

환경교육 연구는 교육학적인 연구에 치중되어 있었으며 현실 문제를 해결하기 위한 연구 방향이나 실제 프로그램 개발은 많지 않아 환경교육을 실행하는 교사들과 괴리감이 있었다(제종길·이영, 2002).

한편 1987년 오존층파괴 물질에 대한 '몬트리올의정서'가 채택되었고, 1989년에는 국가 간 유해폐기물의 이동에 관한 '바젤협약'이 체결되었다. 1991년 쿠웨이트의 125만 톤 기름이 유출되어, 최악의 기름 유출 사고로 해양과 해양생태계에 대한 세계인의 경각심을 불러일으켰다.

1987년에 구소련의 모스크바에서 UNESCO-UNEP가 '세계환경발전위원회(1987)'를 개최하였는데, 이는 환경교육사에서 매우 중요한 의미를 갖는 회의가 되었다. 이 회의는 트빌리시 정부간환경교육회의(1977)에서 권고하였던 41개항의 실천 사항을 검토하고, 1990년대에 실천해야 할 환경교육 및 훈련방안을 제시하였는데, 특히 환경교육의 효율화를 위해 각국은 보다 적극적인 관심 아래 투자를 권장해야 한다고 하였다. 또한 브룬트란트(Brundtland) 보고서라 불리우는 '우리의 공동 미래(Our Common Future)'(WECD, 1987)가 발간되었는데, '미래 세대가 그들 자신의 필요를 충족시킬 능력을 훼손하지 않으면서 현재 세대의 필요를 충족시키는 발전'으로 정의되는 '지속가능발전(SD)'을 천명하였다. 1991년 미국은 '국가환경교육신장프로젝트(National Environmental Education Advancement Project)'를 개발하였고, 일본은 『환경교육지도자료(중·고교 편)』를 발간하였으며, 영국은 『Caring for the Earth(지구 보살피기)』을 발간하는 등 선진국의 환경교육에 대한 다양한 노력과 시도가 이어졌다.

[한국환경교육학회 창립총회]

1987년에 발표된 브룬트란트 보고서는 현재 환경교육의 패러다임을 압도하고 있는 '지속가능발전교육'의 핵심개념을 내포하고 있다. '지속가능개발' 혹은 '지속가능발전'을 위한 환경교육은 환경교육의 확산 속도를 가속화시켰고, 외연적인 확장도 가져왔다. 또한 국가 정책 및 법령에 영향을 주어 환경교육에 보다 유연한 대처를 하게 되었다. 이후에 제6차 및 제7차 교육과정에도 영향을 주었으며, 2007 개정 교육과정 및 2009 개정 교육과정에도 핵심 개념으로 자리 잡고 있다.

환경교육의 연구동향은 환경교육의 학제 간 연구, 환경교육의 교수학습 전략과 세계적 환경교육 연구에 있었다. 1989년 한독 환경교육 세미나가 끝난 자리인 9월 29일 한국환경교육학회가 창립되었고, 더불어 1990년 4월 17일~18일까지 양일간 한국교육개발원 제1회의실에서 '한국 환경교육의 전략과 실천방안'이라는 주제로 한국환경교육학회의 제1회 정기 학술발표대회가 열렸다. 문교부, UNESC-O Paris 본부, 환경보전협회가 이를 후원했다. 이 학술회의 내용을 담아서 최초의 환경교육전문 학회지인 『환경교육』이 창간되어 환경교육 연구발표의 장이 마련되었다. 이 시기 『환경교육』에 실려 있는 논문을 살펴보면 환경보전교육에 대한 연구는 많지 않다. 대부분 환경교육의 학제적 연구가 주를 이루며 환경교육 교수학습 전략에도 많은 관심을 기울이고 있었다.

또한 장기적인 계획으로서 학교 급별로 환경교육을 위한 독립 교과목의 설치 운영을 추진하거나, 체험적이고 정의적인 환경교육을 위해서 지역사회 활동에 참여할 수 있는 '자연 클럽' 및 '자연 학습장' 운영을 요구하거나, 환경교육의 질을 높이기 위해서 전문지식을 갖춘 전문성 있는 우수한 교사를 확보해야 한다거나 환경교육의 진흥을 위한 체계적인 방안을 탐색하고 그 기반이 되는 법적 근거가 필요하다(신세호 외, 1987)는 등의 논의가 활발히 진행되었다.

이 시기 한국환경교육학회의 창립과 학회지 발간은 환경교육에 관한 논의를 개인 수준에서 관련 집단 수준으로 확장시켰으며, 분리되어 있던 현장 교사와 교육 행정가 그리고 연구자를 연결해 주는 계기를 마련하는 계기가 되었다.

한편 1991년 초중등학교 환경교육의 개선을 위한 과제와 발전 방안이라는 주제로 한국교육개발원과 주한 영국문화원이 주체가 되어 1991년 7월 30일부터 31일 양일간에 걸쳐 한국교육개발원 제1회의실에서 한영 환경교육 세미나가 개최되었다. 학교 환경교육의 필연성과 강화방안이라는 신세호(한국교육개발원 원장)의 기조강연을 시작으로 최돈형(한국교육개발원, 환경교육연구부장) 등 국내외 환경교육 전문가들이 환경교육의 이해를 심화시키는 계기를 마련하였다.

[한·영 환경교육 세미나]

1992년 '기후변화협약'과 '생물다양성협약'이 체결되었다. 1992년 『오래된 미래(양승희 역, 2007)』의 발간과 1996년 『도둑맞은 미래(권복규 역, 1997)』는 세계적으로 환경교육에 대한 환기를 불러일으켰다. 1992년 리우지구환경선언을 한 '유엔환경개발회의(UNCED)'는 지속적인 발전 가능성의 원칙을 천명하고 '의제 21(Agenda 21)'을 발표하였다. 리우환경회의는 환경문제가 세계적으로 주목받고 있음을 보여주는 사건으로, 국내에서도 환경문제 및 환경교육에 대한 활발한 논의를 불러일으켰다.

제6차 교육과정에 의해 개정된 6학년 2학기 사회교과서에서도 다음과 같은 내용이 기술되어 있다.

> 1992년 국제 연합에서 세계 각국 대표들이 모여 환경보전을 위한 회의를 열어 지나친 경제성장보다 환경보전을 앞세우기로 결정했으며, 사람들은 다시 사람들을 포근히 감싸주는 자연의 품으로 돌아가고 싶어 하게 된다.

'의제 21'의 교육 관련 부분에서 제시된 교육의 전략을 살펴보면 환경교육과 공공인식 증진을 위한 교육의 중요성을 인식하고 전통적인 가치와 철학 그리고 다양한 삶의 형태와 비공식적인 연계망을 결합할 것을 강조하고 있다. 초·중등과 고등교육 수준의 학교 교육을 통하여 환경교육을 시행할 것을 주장하고 이해 당사자와의 대화와 조직적 배움을 제공하는 사회 환경교육을 통한 세대 간 학습 교환과 상호 의사소통 전략 및 훈련, 정보 습득을 제시하고 있다. 또한 '환경적으로 건전하고 지속 가능한 발전(Environmentally Sound and Sustainable Development: ESSD)'이라는 의미를 강조한 것으로써, 환경과 경제의 조화를 추구하는 실천 전략으로 구체화되어 발전되었다. 유엔환경개발회의는 지속적인 발전 가능성의 수단으로서 경제적 유인제도 및 시장기구의 활용을 강조하면서, 다음과 같은 세 가지 행동목표를 설정하고 있다. 첫째, 환경파괴로 인한 피해가 다른 사람이나 다른 나라 또는 미래세대에게 파급되지 않도록 하며 둘째, 자원의 희소성이 가격에 정확하게 반영되도록 함으로써 환경파괴의 방지에 기여하도록 하고 셋째, 경제적 수단과 지속가능발전을 추구하기 위한 정책에는 시장 원리가 활용되도록 한다는 것이다(김태경, 2005). 여기에서 시장의 원리를 응용하는 것이 과연 어떤 의미를 가지는가는 환경교육학적 측면에서 면밀히 음미해볼 필요성이 있다.

그러나 사토(Sato, 2006) 연구에 의하면 [세계 환경교육 흐름도]와 같이 지속가능성교육은 1997년 이후에 세계적인 주요 흐름으로 나타나며, 1992~1997년은 환경과 발전·인구교육이 주된 패러다임을 형성한다고 하였다. 인구문제는 선진국과 개도국의 환경문제와 결부되어 기아와 질병적 차원에서 중요하게 다루어졌으며, 선진국 및 개도국의 발전은 결코 양보할 수 없는 중요한 교육적 현안이 되고 있었다.

1992년 유엔환경개발회의는 세계적으로 환경 및 환경교육을 쟁점화하는 데 공헌하였다. 리우회의 결과는 한국 환경교육에서 환경과 경제의 조화를 추구하는 실천전략으로서 구체화하는데 영향을 주었고, 이 시기 환경교육의 주요 패러다임으로 성장하게 되었다. 따라서 환경교육에서 개인적인 차원의 '소비양식' 및 '생활양식'에 대한 반성을 필요로 하는 내용을 다루게 된다.

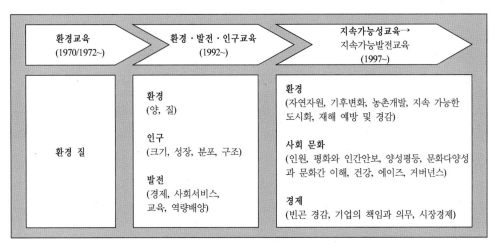

[세계 환경교육 흐름도]

환경교육 확산기에는 위에서 논의한 것 같이 이전 시기보다 사회 전반적으로 삶의 질에 보다 많은 관심을 집중하였다. 이 시기 국민은 환경에 대한 의식이 매우 높은 시기였으며, 환경을 위한 다양한 실천에 동참하였다. 학교 환경교육 역시 이러한 사회·경제적 여건을 반영하여 확산기를 맞이하였다. 제도권 내에 안착된 학교 환경교육은 다른 교과들을 통합하면서 다양한 방향으로 발전하게 되었다. 그러나 환경교육은 '지속가능성을 위한 개발'을 중심으로 환경과 경제와의 접점을 찾게 되었다.

확산기에는 이전 시기보다 사회·경제적으로 안정되어 사회·경제적 요인은 강한 영향 관계를 끼치지는 않았다. 국내 환경적 상황이 이전 시기보다 긍정적으로 변해가는 추세에 있었기 때문에 환경교육이 강화되고 확대되었다. 우리나라 학교 환경교육 확산기의 특징을 살펴보면 다음과 같다.

(1) 학교환경교육을 강화하다

1987년 고시된 제5차 초·중·고등학교 교육과정에서는 교육과정 구성의 방향에서 '모든 국민이 쾌적한 환경 속에서 행복한 삶을 누릴 수 있는 터전을 마련하기'라는 진술과 '인간을 존중하고 자연을 아끼며'라는 진술을 두어 환경교육에의 의지를 분명하게 밝혔다. 이와 같은 교육과정의 지침에 따라 초중등학교에서는 여러 교과에서 '분산적으로' 환경교육이 강화되기 시작하였다. 기초교육의 강화, 정보화 사회에 대응하는 교육의 강화, 특별활동의 강조, 특수 학급 운영 지침 명시, 교육내용의 양과 수준의 적정화, 국가 사회적 요구 사항(국민정신, 환경, 성, 경제, 컴퓨터 해양 교육 등)의 체계적인 반영 등에 두었다.

제5차 교육과정에서는 국민윤리, 한국지리, 생물 과목에서 환경 관련 내용을 보강하고 지구과학, 세계지리, 기술, 공업과목에 환경 관련 내용을 새로이 추가하였다.

초등학교의 경우 도덕 과목은 환경교육과 직·간접적으로 관련된 내용이 확대되고 보충되었다. 예를 들면 환경오염의 문제를 다루기 위한 내용이 보강되었다. 또한 사회과의 경우 환경교육은 비교적 전 영역의 전 학년에 걸쳐서 고르게 강조되었다. 과학과의 경우 자연환경이 점차 오염되어 가고 있는 점을 인식하게 하는 것뿐만 아니라 자연을 보존하는 방법을 찾아보는 것까지 다루었다.

중학교의 경우 도덕 과목에서 지역의 환경 내용을 제시하는 등 환경교육과 관련된 내용을 포괄적으로 다루어 고무적인 변화를 보여주었으며, 3학년 사회 교과에서 '국토의 이용과 환경보전'이라는 단원을 통해 환경보전을 강조하였다. 과학 교과는 지역 환경에 적용할 수 있는 학습 소재를 구체적으로 다루었다.

고등학교의 경우 초등과 중등의 경우와 마찬가지로 국민윤리과목에서 환경교육 내용의 중요한 영역들이 확대되고 포괄적으로 제시되는 등 발전된 모습을 보여주었으며, 사회과에서는 세계의 자연환경 및 세계의 인문 환경단원이 신설되고 인류의 당면문제를 다루는 등 이전보다 훨씬 강화되었다고 할 수 있다. 또한 과학과의 경우 '환경과 자연 보존'이라는 단원을 새로 신설하여 인간과 환경과의 관계, 지구의 여러 가지 자원의 유한성, 쾌적한 미래의 지구를 만들려면 어떻게 해야 하는지를 다루고 있다.

또한 특정 교과에서만 지도하는 방법을 탈피하여 전 교과로 분산시켜 지도하는 방안을 강구하였다. 환경교육의 목표인 정보 및 지식 습득, 가치 및 태도 함양, 기능 신장 등에 부합되는 환경교육의 내용과 영역을 학교 급별로 추출한 다음, 관련 교과에서 지도하도록 하였다. 예를 들어 국어나 영어 등의 교과에서 학습 소재로 적당한 것을 추출 또는 개발하거나 음악, 미술 교과 등의 내용에서도 환경교육과 관련된 노래 및 포스터 등을 수록하는 것 등이 연구되어졌다.

구체적인 방법으로는 관련 교과, 예를 들어 도덕과의 보조 교재로서 '환경보전(안)'이라는 제1종 도서를 개발 보급하거나 과학과의 보조 교재로서 '환경 과학(안)'을 제1종 도서로 개발하여 환경교육을 현장에 보다 빨리 정착할 수 있는 방법이 제시되기도 했다(신세호 외, 1987).

이러한 노력으로 한국교육개발원에서는 환경청의 지원을 받아 『사람과 환경』 초등학교 학생용 자료, 교사용 지도서, VTR 프로그램 및 해설서 등으로 구성된 1 kit(한국교육개발원, 1988), 『인간과 환경』 중학교 학생용 자료, 교사용 지도서, VTR 프로그램 및 해설서 등으로 구성된 1 kit(한국교육개발원, 1989), 『생존과 환경』 고등학교 학생용 자료와 교사용 지도서, VTR 프로그램 및 해설서 등으로 구성된 1 kit(한국교육개발원, 1990)를 개발하였다. 이 시리즈는 하나의 kit로 개발된 우리나라 최초의 학교 급별에 따른 체계적인 환경교육 자료가 되었다. 또한 초등학교 학생들에게 체계적이고 본격적인 환경교육을 시키기 위한 천연색 환경교육자료집이 1993년 처음으로 개발되었다. 한국교육개발원은 1년간 개발해 인쇄를 끝낸 『재미있는 환경탐구(3, 4학년용)』와 『보람찬 환경탐구(5, 6학년용)』라는 제목의 환경교육 자료를 발표했다. 이 책은 당시까지 개발된 환경교육자료집이 교육대상을 분명히 하고 있지 않은데다 주로 설명 위주로 되어 있는 것과는 달리 교육대상을 초등학교 학생으로 한정하고 철저한 활동 위주의 학습으로 환경의 중요성을 체득하도록 구성돼 있는 것이 특징이다.

또한 환경청은 1985년부터 환경보전시범학교를 지정운영(8개교)하고 전국 시군구별로 초등학교 1개교(239개교)를 환경보전 중점 지도학교로 지정 운영하여 환경보전 사례 개발과 시범 사례를 확산시켰다. 이를 통해 환경보전을 생활화하도록 하였고 환경보전 문예활동, 사진, 표어, 포스터, 전시회 등 다각적인 교육방법도 개발 실시되었다(환경청, 1987a).

한국환경교육학회가 주축이 되어 '학교 환경교육 강화를 위한 건의서'가 만들어지

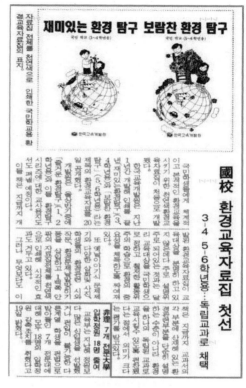

[〈1993. 1. 20 동아일보〉국교(國校) 환경교육자료집 첫선]

고(부록 1-1 수록) 환경교육의 강화방안 연구(최돈형 외, 1991) 등이 구체적으로 수행되면서 우리나라의 독립 교과로서 환경교과의 토대가 마련되었다.

1992년에 고시된 제6차 교육과정을 살펴보면, 초등학교에서는 학교 재량 시간 및 특별활동 그리고 학교 급별 특별 활동을 이용하여 환경교육을 활성화하고, 중학교와 고등학교에서는 '환경', '환경 과학' 등 환경과가 독립 과목으로 신설되었다. 환경교육이 학교 교육속에 제도화되어 '환경과'가 독립함으로써 우리나라의 환경교육사에 획기적인 전기를 마련하였다. 중학교에서 환경 과목은 선택 교과로서 한문, 컴퓨터 등과 더불어 학교장의 재량에 따라 주당 2시간을 설정하여 실시할 수 있도록 하였으며, 고등학교에서는 교양 선택 교과의 7개 과목 중의 하나로 설정되었다. 이러한 환경과의 독립은 보다 안정된 기반 위에서 실천할 수 있는 환경교육이 제도화되었다는 점에서 의의를 찾을 수 있을 것이다.

['국민학교 교사용 환경교육 연수교재' 발간]

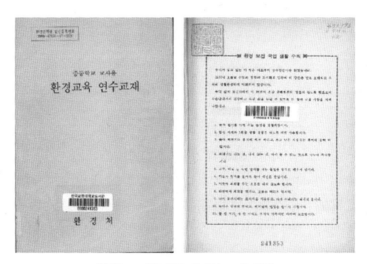

['중학교 교사용 환경교육 연수 교재' 발간]

　　이에 발맞추어 환경처에서는 환경교육의 강화에 따른 교사연수의 필요성이 제기되었고, 환경교육 관련 연수에 대한 초·중등학교 교사들의 요구에 부응하여 60시간의 일반연수와 180시간의 자격연수에 적합하도록 구성·개발되었다.

<표 31>은 제6차 교육과정에서 환경교육 관련 변화에 대한 찬성 정도를 교육직 및 교사들에게 설문한 결과를 나타내고 있다. 학교 급에 상관없이 환경교육의 강화와 독립 교과로 신설된 새로운 변화에 대해서 찬상하고 있으며, 그 효과도 <표 32>와 같이 현행 방식보다 훨씬 나아질 것으로 대부분이 생각하고 있었다.

〈표 31〉 제6차 교육과정에서 환경교육 관련 변화에 대한 찬성 정도

항목	적극 찬성	찬성	보통	반대	적극 반대
국민학교	51.0	41.3	6.0	1.3	0.3
중학교	47.8	41.2	8.4	2.2	0.4
고등학교	47.2	41.0	8.9	2.5	0.4

자료: 최돈형 외, 1992.

〈표 32〉 제6차 교육과정에서 환경교육 효과에 대한 전망

항목	훨씬 나아짐	나아짐	다름없음	다소 나빠짐	훨씬 나빠짐
국민학교	40.0	54.7	4.6	0.7	0.0
중학교	34.0	58.1	6.9	1.0	0.1
고등학교	32.2	57.2	9.3	0.9	0.4

자료: 최돈형 외, 1992.

제6차 교육과정 개정에서 환경교육은 더욱 강화되었는데, 특히 중등학교에서 환경교육이 독립 과목으로 설치·운영되었다. 이것은 학교 환경교육의 제도화·체계화·내실화를 다지는 노력이 활발히 전개되었기 때문이었다. 1994년 한국교육개발원은 제6차 교육과정에 의한 중학교 '환경' 교과용 도서를 개발하였고 1995년부터 중학교에 '환경' 교과서를 적용하였다. 제6차 교육과정에 의한 고등학교 '환경 과학' 교과서도 1996년부터 고등학교에 적용되었다. 이때부터 시작된 중·고등학교 환경교과의 과목명은 <표 33>과 같은 변천과정을 겪게 된다.

〈표 33〉 환경교과의 과목명 변화[22]

	중학교	고등학교	비고
제6차 교육과정	환경	환경과학	
제7차 교육과정	환경	생태와 환경	
2007 개정 교육과정	환경	환경	고등학교 환경 교육과정은 학교에 적용되지 못함
2009 개정 교육과정	–	환경과 녹색성장	
2011 개정 교육과정	환격과 녹색성장	–	

환경 및 환경 과학을 가르치는 교사양성을 위해서 1994년에는 환경 부전공 자격연수를 시작하였으며, 한국교육개발원 '중학교 환경교과의 교수·학습 및 평가 방법 연구'를 수행하였다. 1996년에는 교사양성 대학교에 '환경교육과'가 신설되었으며, 일반대학교 환경 관련학과 '환경과 교직과정'을 승인하였다.

[중학교 '환경' 교과서 '환경']

그러나 이러한 환경교육의 독립적 접근방식은 제도권의 안정적인 진입과 교과연구의 획기적인 사건으로 평가할 만하지만, 분산적 접근 방식의 통합적 교육 방식보다 환경교육이 축소되거나 위축될 수 있는 가능성도 제기할 수 있다. 특히 학교장의 재량에 따라 주당 2시간을 설정하여 실시하는 것이므로 선택률이 낮을 경우 학교 환경교육이 활발히 이루어지지 않을 수도 있기 때문이다.

(2) 환경문제를 예방하다

환경문제를 관리하는 차원에서 환경문제를 예방하는 차원으로 변화하였다. 환경오염에 대처하던 환경운동은 환경문제 예방을 위한 다양한 활동을 전개하였다. 또한 일반 시민 역시 환경문제 개선에 대한 높은 관심을 가지고 있었으며, 중산층의 증가로 인해 삶의 질을 강조하여 환경문제 예방에 관심을 가졌다.

이 시기 환경교육의 강조점이 환경지식 측면에서 가치관, 태도, 참여 측면으로 변화되었다. 전남일보에 실린 한국교육개발원 최돈형 부장의 말을 인용하면 환경교육은 '우리 모두가 지구의 「파수꾼」으로서의 자각을 갖기 위해 느끼고 행동하는 교육이 되도록 해야 한다'고 하였다. 이러한 교육적 목표를 달성하기 위해서 환경문제의 예방과 삶의 질 유지에 공헌할 수 있는 내용인 생활양식과 소비양식 관련 내용 중심으로 변화하였다(최돈형 외, 2007). 따라서 교육의 내용은 환경문제의 예방적 차원으로 진행되었다.

---

22) 고등학교 환경교과의 과목명은 교육과정의 변화에 따라 변화하였다. 이는 개정시기마다 국가·사회적 요구 및 환경교육과정 개정 배경과 깊은 관계를 맺는다. 각각의 시기에 따른 교과서명 개정은 본문 내용에 시기별로 설명돼 있다. 2012년 이후 과목명은 중·고등학교 모두 '환경과 녹색성장'으로 바뀔 예정이다.

이전 시기까지 환경교육은 '쓰레기 줍기 및 재활용'과 같이 환경보전에 중점을 둔 것이었다. 그러나 이는 일단 생산되고 유통된 후 소비된 다음의 처리 문제일 뿐이다. 따라서 확산기의 학교 환경교육은 환경문제를 해결하기 위한 사후적 방법에 그치지 않고, 일상생활을 변화시킴으로써 환경문제의 발생을 예방하는 차원으로 발전하게 되었다.

[전남일보, 1992-05-30]

제5차 교육과정에 의해 개정된 6학년 2학기 자연 교과서에도 환경오염을 다루는 데 있어, 각각의 환경오염을 예방하기 위해서 무엇을 해야 하는지를 목표로 하고 있다. 또한 5학년 사회교과서 1단원 '국토의 활용'에서도 환경오염을 예방하기 위한 방법들이 자세하게 기술되어 있다.

> 오염되고 있는 환경을 그대로 버려두면, 우리가 살아가는 데 더 큰 어려움을 겪게 되므로 주위의 환경이 오염되지 않도록 힘써야 한다. 가정에서는 허드렛물을 찌꺼기와 분리해서 버리고 세제의 사용을 줄이면, 강물의 오염을 줄일 수 있다 … (중략) … 한강이 오염되는 것을 막기 위해, 상류에 공장을 세우는 것을 제한하고 있다. 한강 부근에 있는 다른 도시에도 하수 처리장 시설을 갖추어 하수를 정화하여 흘려보냄으로써 깨끗한 한강을 만드는 데 함께 힘쓰고 있다(문교부, 1990).

학생들에게 소비자로서 환경에 부담을 주지 않는 상품을 선택하려는 태도 및 의사결정 능력을 육성해주려는 환경교육, 소비한 뒤에 이미 일어나 있는 환경문제를 치료하는 대중요법적인 환경교육이 아니라, 환경문제가 일어나지 않도록 하는 예방적인 치료 활동으로서의 환경교육으로 변모하고 있었다(남상준, 1994).

따라서 환경교육의 강조점은 이전 시기에서 확인하였던 자연 보호 활동과 더불어, 이미 구입한 물품을 아껴 쓰거나, 또는 친환경적인 생산품의 소비를 유도하는 등의 개인적 노력에 집중하게 되었다.

그러나 기존의 사후적인 환경관리의 교육적 패러다임에서 보다 진일보한 사전예방적인 환경교육의 패러다임적 변화는 이후 한국 환경교육의 전환기에 고시된 '오염물질총량관리제도' 및 '수질및수생태계보전에관한법률'과 같은 인식의 배경을 낳았으며, 환경교육의 진화·발전의 방향을 보여줄 좋은 예라고 하겠다.

(3) 실증주의적 패러다임 : 환경에 '관한' 교육

학교 환경교육은 환경에 '대한(about)'[23] 교육으로 실증주의적 패러다임에 치중되었으며 사회 비판적인 접근이 거의 이루어지지 않고 문제 해결을 위한 실천을 강조하고 있다.
이러한 경향은 한국교육개발원 환경교육연구부[24]의 환경교육 영역 분석틀(최돈형 외, 1992)에서도 알 수 있다. <표 34>를 보면, 자연환경, 인공환경, 인구, 산업화와 도시화, 자원, 환경오염의 하위영역 대부분이 환경에 '대한' 교육과 관련되었음을 알 수 있다.

〈표 34〉 환경교육 영역 구분

영역	하위 영역
자연환경	1) 자연환경 요소 2) 자연 생태계 3) 지리적 환경
인공환경	1) 주거와 취락 2) 교통·통신 시설 3) 휴양·오락 시설 4) 토지이용
인구	1) 인구의 성장과 구조 2) 인구의 이동과 분포 3) 인구 문제와 대책
산업화와 도시화	1) 산업의 발달 2) 산업화의 문제 3) 도시화 4) 도시화의 문제
자원	1) 자원의 개념과 종류 2) 자원 문제 3) 산업화와 자원고갈
환경오염	1) 수질오염 2) 토양오염 3) 소음·진동 4) 대기오염 5) 식품 오염 6) 악취 7) 폐기물 8) 농약 피해 9) 방사능 오염
환경보전	1) 자연환경보전 2) 인공환경보전 3) 환경보전의 생활화 4) 환경정화

---

23) 학교 환경교육에서 제6차 교육과정은 인지적 측면을 강조하는 환경에 '대한(about)' 교육에 치중되어 있었다. 'about'은 환경에 관한 교육으로, 과학적이고 실증적인 교육 접근을 강조한다. 제7차 교육과정에서는 정의적 측면을 강조하는 환경 '안(in)'에서의 교육이 보다 강조되었다. 'in' 교육에서는 야외학습과 같은 체험환경교육의 교육접근이 강조된다. 하지만 환경 '안'에서의 교육 역시 환경문제에 대한 사회비판적 접근이나 정치적 접근은 누락되어 있다. 따라서 환경을 '위한(for)' 교육에 대한 필요성이 제기되었다. 'for' 교육에서는 사회쟁점에 관심을 가지고 문제를 해결하려는 교육적 경향을 가지고 있다.

24) 한국교육개발원이 1991년 설립한 우리나라 최초의 국가 수준의 환경교육연구 전담부서로서 학교 환경교육의 필요성과 중요성 전파, 이론 정립, 교육 정책 및 교육 프로그램 개발, 한국환경교육학회 창립 주도, 교육과정 개정에서 환경과 독립 추진 등을 수행함으로써 우리나라 환경교육 발전에 크게 기여했으나 2005년 연구부가 해체되었다.

환경대책	1) 지역 수준의 환경문제와 대책 2) 국가 수준의 환경문제와 대책 3) 국제 수준의 환경문제와 대책
환경 위생	1) 자연환경과 건강 2) 인공 환경과 건강 3) 환경오염과 질병

출처: 최돈형 외, 1991.

특히 고등학교의 환경 과목명이 '환경 과학'으로 정해졌는데 제목에서 알 수 있듯이, 환경교육의 기본적인 접근 방식이 실증주의적임을 짐작하게 한다. 환경교육은 '환경을 보호해야 한다'는 당위적인 지향점을 내포해왔었다. 그러나 이 시기 환경교육은 환경문제에 대한 객관적이고 과학적인 접근에 보다 무게를 두게 되었다.

먼저 제6차 교육과정의 고등학교 '환경 과학'과의 목표를 살펴보면 다음과 같다.

인간과 환경과의 상호 관계를 총체적으로 이해하게 하고, 환경을 보전하는 데 필요한 태도와 가치관을 가지게 하여, 환경의 질을 개선할 수 있는 바람직한 환경관을 형성하게 된다.

제6차 교육과정의 경우는 환경과 환경오염에 대한 과학적 인식에 기초하여 환경문제의 해결과 환경보전을 위한 태도 육성에 바탕을 둔 쾌적한 환경의 확립과 유지를 강조하였다. 제6차 교육과정에서의 환경과 교육과정은 환경에 대한 과학적 지식과 이해, 기술 공학적 해결책을 강조하여, 전반적으로 실증주의에 기초한 교육과정으로 해석할 수 있다. 교수·학습 방법에서 일부 구성주의적 관점이 나타나고 있어서 해석 주의적 관점이 엿보이기도 하지만, 전반적으로는 환경에 '대한(about)' 교육이라는 과학적, 객관적, 실증주의적 패러다임이 전형적으로 반영된 교육과정으로 분석된다(이순철·최돈형, 2010).

제6차의 환경교육 목표를 살펴보면, 학습자의 실천을 강조하고 있다. 자기 자신은 환경문제 발생의 주체일 뿐만 아니라 환경문제 해결의 주체이며, '삶의 질'을 좌우하는 중요한 전제로서 인식하도록 한다. 즉 환경교육은 일상생활에서 실천을 강조하는 교육으로서, 환경문제의 심각성과 환경보전의 필요성을 인식할 수 있도록 도와주는 교육으로 생각할 수 있다.

그러나 환경문제와 환경보전이 결코 개인적 차원에서 해결될 수 있는 일인지에 대해서는 의문의 여지가 많다. 환경문제와 환경보전은 다양한 접근이 필요하다. 제도적 접근 혹은 사회·경제적 접근이 환경문제를 해결할 수도 있고 정치적 접근 혹은 공학적 접근이 환경을 보전하는 데 훨씬 필요할 수도 있다. 문제는 이러한 다양한 접근을 환경교육에서 적극적으로 다루지 않는다는 데 있다. 일례로 최근 국내기업들이 제철, 섬유, 석유, 화학, 고무산업 등과 같은 공해산업을 외국으로 수출하고 있으며, 전자폐기물도 중국으로 수출하고 있는 것으로 알려졌다. 그러나 이러한 현실을 내용으로 하는 환경과 교과서의 내용은 거의 찾아볼 수 없다. 또한 정부의 정책에 대해서도 침묵하고 있다.

그린라운드(Green Round)를 대비하는 것이 환경을 위한 바람직한 체제일 수도 있으나, 후진국 및 개도국들에 대한 선진국들의 생태학적 수탈과 지배구조를 견고히 하는 방식일 수도 있다. 즉 후진국 및 개도국 상품의 무역규제나 선진국들이 제시한 국제적 환경 기준치가 후진국 및 개도국 경제를 적응시키려는 압력이며, 이를 통한 선진국 경제 우위를 강화 메커니즘일 수도 있다는 것이다. 그러나 이러한 문제에 대해서도 환경교육은 소극적이다.

환경교육이 다른 영역 즉 경제, 정치, 사회, 문화 등과 밀접하게 관련이 있음에도 불구하고 환경과 경제, 환경과 정치·사회·문화를 유기적으로 다룬 교육은 거의 찾아볼 수 없으며 이는 사회 환경교육에서도 마찬가지이다.

허클(Huckle)의 주장에 따르면 환경에 '대한(about)' 교육은 환경위기에 대한 기술지향주의적 대응책이며, 환경 '으로부터(from)'의 교육은 환경문제를 해결하라는 절박한 명령만 강조하여 정치적인 문제를 도외시하기 때문에, 양자는 환경의 질적 저하현상을 유지하는 원인이 되며 바람직하지 못한 사회·정치·환경적 현상이 유지되는 것을 돕고 있다는 것이다. 반면에 환경을 '위한(for)' 교육은 쟁점을 중심으로 한 교육이며 구체적인 과제에 있어 공동체적 결정에 도달되는 과정을 스스로 경험하도록 도와주는 교육이라고 하였다.

따라서 허클(Huckle)이 제시한 환경을 '위한(for)' 교육을 위해서는 환경정치교육(Environmental Political Education)을 실시하여 환경의 정치적 결정에서 시민들이 참여토록 하여 문화적 지속가능성을 높여야 한다고 하였다(백문수, 1996).

환경과 교육과정 또한 이러한 지속가능발전교육과 관련하여 패러다임의 변화를 겪고는 있지만 아직 환경을 '위한(for)' 교육의 관점에서는 미흡한 점이 많다고 볼 수 있다.

(4) 환경교육 지평을 두드리다

환경교육의 영역이 확대되었다. 공단지역에 국한하던 환경오염현상은 대도시를 포함한 전국에 걸쳐 물, 공기, 쓰레기, 소음, 생태계 등 모든 영역에 걸쳐 일어났다. 그리고 공단 지역의 오염 사건뿐만 아니라 골프장 건설로 인한 생태계 파괴와 주민피해, 원자력발전소 건설로 인한 방사능 피해 사고, 쓰레기 처리장과 하수처리장 등 혐오시설 건설과 같이 환경문제가 일어나는 영역이 크게 확대되었다.

따라서 환경교육도 쓰레기 문제, 소음문제, 생태계와의 상호관련성, 원자력을 포함한 에너지, 산성비와 같은 환경문제들을 다루면서 하나의 환경문제가 다른 환경문제와 상호관련성이 크다는 것을 인식하게 되었다. 이러한 인식은 초등학교 6학년 2학기 자연 교과서의 '환경오염과 자연보존' 단원에 포함된 상호관련성에서 확인할 수 있다. 또한 '에너지' 단원에서 신재생 에너지 및 원자력 발전에 대한 내용과 5학년 사회교과서에서 '자율적인 시민생활' 식품위생에 대한 내용도 확인할 수 있다.

> 오염 물질은 끊임없이 이동하기 때문에, 지구의 한 부분이 오염되면 다른 곳까지 해를 입게 되므로, 공기, 물, 토양 등이 오염되지 않도록 해야 한다. 지구는 우리 모두의 생명의 터전이다. 따라서 하나뿐인 이 지구가 오염되지 않도록 잘 보존하여, 자손 대대로 행복을 누리며 살 수 있는 환경이 되도록, 다 같이 노력해야 할 것이다(문교부, 1990).

> 오래전부터 사람은 바람이나 흐르는 물, 또는 떨어지는 물의 에너지를 이용하여 왔다. 이 풍력이나 수력은 석탄이나 석유와는 달리 우리가 에너지를 사용하여도 그 자원이 줄어들지 않는다. … (중략) … 원자력 에너지 자원은 적응 양으로도 많은 에너지를 얻을 수 있다. 이 자원의 매장량도 한정되어 있을 뿐만 아니라, 폐기물을 잘못 처리하면 방사능에 의한 피해를 입게 된다(문교부, 1990).

> 식료품은 우리의 건강과 생명에 직접적인 영향을 끼치기 때문에 식료품을 만들고 파는 데에 지켜야 할 법을 만들어 놓았다. 식품 위생법으로 정해 높은 사항; 식료품을 만들 때에는 그 재료가 사람 몸에 해가 되는 것이어서는 안된다. 식품에는 몸에 해가 되는 색소를 넣어서는 안된다. 식품은 위생적인 시설을 갖추어 만들어야 한다. 식품에는 만든 날짜나 판매 기간을 표시해야 한다(문교부, 1997).

이 시기에 있었던 먹는 물에 대한 관심은 수질오염에 대한 인식을 높였다. 공해가 곧 환경오염을 대표하던 것에서 물과 관련된 환경 분쟁 사례들은 환경오염에 대한 인식의 지평을 넓히게 되었다.

1991년 환경처의 지원을 받아 한국교육개발원이 발행한 초등학교 학생용 환경교육자료 『사람과 환경』, 중학교 환경교육 자료 『인간과 환경』, 고등학교 환경교육 자료 『생존과 환경』 모두 물 문제를 제일 먼저 다루고 있다. 예를 들면 『사람과 환경』에서는 우리 주위의 환경 단원 이후에 깨끗한 물이 가장 먼저 나오고, 『인간과 환경』에는 환경의 구성과 생태계 단원 이후에 가정에서 버리는 물, 공장에서 버리는 물, 땅속을 흐르는 물, 더러워지는 바다와 같이 수질오염을 다른 환경문제보다 가장 먼저 다루고 있으며 그 양도 다른 환경문제보다 훨씬 많은 5단원에 걸쳐 다루고 있다. 『생존과 환경』역시 마찬가지인데 환경오염의 종류라는 단원에서 수질오염을 가장 먼저 다루고 있었다.

따라서 초기의 환경교육 내용은 자연환경과 환경오염 중심으로 구성되었으나 점차 환경문제의 속성을 반영하여 다학문적·간학문적·탈학문적 내용이 많이 포함되는 방향으로 변화하였다. 그리고 관련 내용의 제시에 있어서도 종래에는 개별적이며 분과적이었으나, 점차 통합적으로 재구성되는 경향으로 발전하였다.

환경윤리, 에너지, 생물종다양성, 지구적 문제 등 다양한 영역으로 점차 확대되어 전환기 사회와 경제를 아우르는 환경교육의 기반이 되었다.

1994년 4월 8일 30여 개 환경 관련 단체가 참가하여 수평적인 연대를 위한 '한국환경회의'를 결성하였다. 환경운동의 영역은 물, 공기, 쓰레기 문제뿐만 아니라 생활의 문제와 소비의 문제를 포함하는 새로운 패러다임과 삶의 방식을 모색하는 영역으로 확장되어야 한다는 공감적인 인식을 얻을 수 있었다.

환경정보에 대한 요구가 높아지면서 환경정보망이 민간환경단체에 의해 구축되고 환경교육, 녹색소비, 환경예술과 문화 등 그 영역이 확대되었다. 환경단체가 대중성을 얻을 수 있는 캠페인이나 행사로서 환경음악회, 환경사진전, 환경바자회 등을 여는 것은 이러한 변화의 한 양상을 보여준다. 또한 환경단체는 '원자력없는사회를위한전국반핵운동본부', '쓰레기문제를해결하는시민연대회' 등과 같이 주제별로 연대하는 활동을 벌여 나갔다.

환경교육 연구영역도 다양해졌다(노경임 외, 1998; 고운미·김대희, 2001). 독일, 미국, 일본, 뉴질랜드의 해외 환경교육 및 교육프로그램 사례를 폭넓게 소개하거나, 환경단체의 활동 및 일반인을 대상으로 하는 연구도 자주 등장하게 되었다. 특히, 학교환경교육에 치중되었던 초기 연구 경향과 달리 사회환경교육의 적용과 확대방안에 대한 논의도 다양해졌다. 오염과 자연 보호 방법에 치우쳤던 연구가 사회 전반적인 정책이나 문화 및 예술의 영역에도 관심을 갖게 되었으며, 21세기 환경교육이 사회에 끼치는 영향에도 관심을 갖게 되었다.

(5) 환경보전교육을 넘어서다

환경보전교육이 중심이 되었으며 점차 환경보전교육을 넘어서 경제적인 접근 방식을 지향하게 되었다. 이는 전환기 성장중심 환경교육과 그 맥이 닿아 있다.

환경문제를 경제 문제로 환원하여 해결하려는 시도는 소비양식 및 생활양식의 변화를 실천하는 교육적 의도를 낳았다.

경제적 접근 방식은 1979년 유네스코한국위원회의 환경교육 연구 협의회 보고서에서 경제와 환경교육의 관계를 기술한 연구를 시작으로, 1983년 국립환경연구소에서 실시한 환경교육에 관한 심포지엄에서도 경제적 환경교육에 대한 경제적 접근 방식이 기술되어 있다.

> 현재 환경오염의 주요한 출처가 되는 기업의 생산 활동에 오염 비용이 포함되어 있지 않기 때문에, 그 부담이 일반소비자 또는 정부의 지불로 전가될 수밖에 없다. 따라서 경제이론은 자본주의경제체제를 유지하면서 환경문제의 발생을 미연에 방지하기 위하여 오염방제에 필요한 비용을 어떻게 확보할 수 있느냐 하는 문제를 중점적으로 다룬다. 환경통계학, 환경경제학, 자원경제학, 재정계획 등이 이 분야에 속한다고 할 수 있다. 경제이론은 아직까지 환경문제와 관련하여 다분히 유동적인 상태에 있지만, 현재로서는 외부부경제론(外部不經濟論), 마이너스 공공재론 및 환경파괴론 등 세 가지 접근 방법이 있다.

이러한 논의는 확산기에 이르러서 '지속가능발전(SD)'의 개념으로 구체화되면서 경제적 접근에 대한 시각이 주목받기 시작한다.

한 국가의 경제성장은 국민의 생활을 보다 윤택하게 하고, 편리한 삶을 살 수 있도록 해준다. 하지만 어느 정도의 생활수준에 이르게 되면 더 이상의 경제적인 성장보다는 오히려 삶의 질에 대한 기대가 커지게 마련이다. 그리하여 경제적인 성장만을 추구하던 과거와는 달리 생활환경에 더 많은 관심을 갖게 되면서, 환경문제에 대한 불만과 생활의 질적 개선을 요구한다. 환경문제에 따른 이러한 요구는 '경제성장 정지론(Zero Economic Growth)'(오홍석, 1991)이라는 주장을 이끌어냈다.

이 주장은 국민총생산(Gross National Products: GNP)의 증가가 곧 국민총공해(Gross National Pollution: GNP)를 증가시키므로 경제성장을 중지시켜야 한다는 것이다. 경제성장은 환경오염을 필수적으로 수반하는 것이기 때문에, 환경오염을 막는 길은 경제성장을 중지하는 길밖에 없다는 것이다(황우원, 2003). 이러한 견해에 찬반의 의견이 대립되지만 그

만큼 환경보전에 대한 관심과 중요성이 증대되었다고 볼 수 있는 반증이기도 하다).

그러나 경제논리를 내세운 경제학자들은 경제성장이 환경을 위해서도 반드시 필요하다고 주장한다. 즉 경제성장은 인류사회에 혜택을 가져오며 복지수준을 향상시키고 환경개선에 필요한 막대한 자금을 조달한다는 것이다(이정전, 1991). 이 시기 우리나라 국민은 매우 높은 환경인식을 보이고 있지만, 행동으로 연결되지는 못했다. 왜냐하며 자본주의 사회에서는 환경을 보호하는 행위가 경제적 동기, 사적 이익추구의 동기에 반하는 경우가 많기 때문이다.

이러한 이유로 해서 제5차 교육과정을 분석해보면, 학교 환경교육이 국가의 경제개발 과정에서 야기된 환경문제 등을 적극적으로 취급하지 못하고 있음을 엿볼 수 있다(신세호 외, 1987). 4학년 실과 1단원 '합리적인 용돈쓰기' 단원에서 단순히 자원의 낭비를 줄이고 아껴 쓰기를 하는 것이라든가, 혹은 도덕 5학년 '15. 올바른 경제생활'에서 경제개발 과정에서 야기된 환경문제를 다루지 않는 한계가 드러난다. 다음은 사회 5학년 2학기 교과서 3단원 '자율적인 시민활동' 중에 알뜰시장에 대한 내용이다. 이처럼 제5차 교육과정에서는 아껴 쓰기 정도에 만족하는 교육임을 알 수 있다.

> 영수네 반 어린이들은 알뜰 시장을 열 때 지켜야 할 규칙을 다음과 같이 정하였다. 물건을 서로 맞바꾸는 방법: 깨끗하여 버리기 아까운 물건을 가지고 와서 둘이 바꾼다. 여럿이 서로 바꾼다. 돈을 내고 산다. 학급 신문이나 게시판을 통해 알린 다음 적절한 물건을 골라서 바꾼다(교육부, 1997).

지속가능발전(Sustainable Development)의 패러다임이 시작되었다. 미래 세대의 필요를 충족시키기 위한 잠재 능력을 침해하지 않는 범위 내에서 현 세대의 필요를 충족시키는 발전, 즉 '환경적으로 건전하고 지속가능발전(ESSD)은 환경교육의 지향점으로 인식되었고, 환경교육 내부에서도 지속 가능한 개발이 활발히 논의되었다. 이것은 환경과 발전에 대한 적극적인 양립을 시도한 것이다. 지속 가능한 개발은 이후에 'Development'의 개념 논쟁에서 '개발'보다는 '발전'으로 용어가 변화하지만, 이 시기의 '지속 가능한 개발(Sustainable Development)'은 지속 가능한 발전보다는 개발로써 이해되고 있는 경향이 강하였다. 환경이 정한 범위 내에서 지속적인 개발이 이루어져야 한다는 주장과, 다른 한편에서는 환경과 인간의 공존을 위해 더 이상의 개발은 막아야 한다는 주장이 제기되었다.

그러나 여기서 중요한 것은 인간의 욕구를 위한 수요를 자연이, 혹은 통제된 자연이 공급할 수 있는지는 알 수 없다는 사실이다. 그럼에도 분명한 것은 '우리 공동의 미래'에서 말하는 지속가능발전에 대한 사유는 환경은 인간을 위한 것이라는 전제에서 출발하고 있다는 것이다.

또한 '우리 공동의 미래'에서는 제3세계에서의 빈곤이 환경 파괴의 원인이라는 점을 강조하고 있다. 왜냐하면 '빈곤과 실업은 더 많은 사람으로 하여금 직접적으로 이 자원, 즉 환경에 의존하게 만들기' 때문이라고 보고 있다. 또한 '빈곤과 인구 증가의 압력은 발전 국가들로 하여금 환경친화적인 노선을 따르기 어렵게 만든다'(이홍균, 2000)라고 생각한다. 그러나 세계 인구 중에서 최상층 20%의 부유층 사람이 전체 소비의 82.7%를 소비하며, 최하층 20%의 빈곤층 사람이 전체 소비의 1.4%를 소비한다는 사실이다. 이것은 자가용 소비에서도 극명하게 드러나는데, 부유층 20%는 자가용의 87%를 소비하는 반면, 빈곤층 20%는 자가용 소비의 1%도 안 된다(UNESCO, 2005). 환경파괴의 원인이 무엇에 있는지, 환경교육이 주목해야 할 것은 무엇인지를 생각하게 하는 대목이다.

환경청(1987a)은 당시 환경보전 홍보의 목표를 다음과 같이 설정하고 있다.

> 환경보전 홍보의 장기목표는 자라나는 세대에 대한 체계적인 환경보전교육을 실시하여 2000년대 환경보전 역량을 견고히 하는데 있으며 단기목표는 환경문제에 대한 근본적 인식 전환 및 국민 각계각층에 확고한 환경보전의식을 확산 정착시킴으로써 국민 개개인이 솔선 수범하여 환경보전의 실천자 및 감시인의 역할을 수행토록 하는 데 있다(환경청, 1987).

또한 국민의 의식 전환을 목적으로 하는 환경보전 홍보는 더 나아가서 환경보전 범국민운동으로 발전하였다. 환경보전 범국민운동은 개개인의 환경에 대한 인식을 높이고 확산시키기 위하여, 캠페인이나 계몽 등의 홍보활동 전개, 환경의식의 전환을 위한 사진전시회 및 노래의 보급, 환경지식을 공급하기 위하여 민간단체를 대상으로 한 환경교육을 계속 강화함으로써, 지도층부터 환경보전의식을 제고시키고 이들로 하여금 지역주민을 환경보전에 참여하도록 하였다. 그중에서도 민간 홍보 주체로서는 환경보전협회가 그 홍보활동을 수행하였는데, 각종 캠페인과 전시회 환경보전 노래를 제정 보급하고 배출업체, 방지시설업체, 폐기물처리업체, 기타 관련 업체 등에 대한 환경교육 및 민간단체에 대한 환경교육도 꾸준히 하였다.

앞서 논한 바와 같이 학교 환경교육 확산기의 한국 사회는 이전 시기보다 사회평등과 민주화에 가치를 많이 두었다. 경제적 안정은 이제 사회 분배에 초점을 두고, 삶의 질을 위한 환경의 질을 요구하기에 이른다. 국가의 환경정책과 기조가 강화되어 어느 시기보다 환경교육이 발전할 수 있는 여건이 조성되었다고 할 수 있다. 국외적으로도 1992년 리우 환경회의는 전 지구적 차원에서 환경교육의 중요성을 천명한 사건으로 한국의 환경교육에도 긍정적인 영향을 끼쳤다. 환경교육은 학교 교육과정에 구체적인 영역으로 설정되면서 환경에 대한 인식과 가치, 참여를 교육하게 된다. 그러나 아직도 선진국 대열에 오르고 싶은 열망이 환경교육의 전면화를 주저하게 만들었다.

〈환경사 column〉

1991년 낙동강 페놀 오염 사건

1991년 3월 14일 경상북도 구미시 구포동에 있는 두산전자의 페놀[25] 원액 저장 탱크에서 페놀수지 생산라인으로 통하는 파이프가 파열되어 발생했다. 30톤의 페놀 원액이 옥계천을 거쳐 대구 상수원인 다사취수장으로 흘러듦으로써 수돗물을 오염시켰다.

페놀 원액은 14일 밤 10시경부터 다음 날 새벽 6시까지 약 8시간 동안이나 새어 나왔으나 발견하지 못했고, 수돗물에서 악취가 난다는 대구 시민의 신고를 받은 취수장 측에서는 원인을 규명하지도 않은 채 페놀 소독에 사용해서는 안 되는 염소를 다량 투입, 그 결과로 상수도 원수에 함유된 유해물질 페놀이 소독 약품인 염소와 결합하면서 클로로페놀[26]이 생성되었고, 사태를 악화시켰다. 다사취수장을 오염시킨 페놀은 계속 낙동강을 타고 흘러 밀양과

"91년 낙동강 페놀오염"
쑤세기 최대 환경사건

녹색연합 전문가 100명 조사

'낙동강 페놀오염 사건'이 지난 반 세기 동안 국내에서 발생한 최대 환경사건으로 꼽혔다.

녹색연합은 7일 "환경부처관계자 학자 등 100명의 환경전문가를 대상으로 '국내 10대 환경사건'을 조사한 결과 환경문제의 공포감을 국민의 뇌리에 각인시킨 '낙동강 페놀오염사건'이 최대 환경사건으로 선정됐다"고 밝혔다.

페놀오염사건은 '91년 3월 두산전자 구미공장에서 낙동강으로 무단방류된 페놀원액 30 t이 대구시 식수의 70%를 공급하는 다사수원지로 유입돼 대구시 수돗물에서 악취가 발생하면서 시작됐다. 사건발생 직후 시민단체들은 대책협의회를 구성, 두산제품 불매운동 등 본격적 항의활동에 들어갔으며 4월22일 같은 사고가 다시 일어나자 당시 허남훈 환경처장관이 해임되는 등 큰 파문을 일으켰다.

[〈1999. 9. 8. 동아일보〉]

---

25) 페놀(Phenol C6H5OH): 유기물질, 코크스, 가정용 가스, 페인트, 제지, 제약, 제강, 정유 등의 산업에서 원료로 사용. 인체 내에 유입 시, 단백질, 세포 원형질을 응고하여 사멸시키고, 피부 등의 점막으로 흡수되어 중추 신경계와 친화력을 갖는다. 증상으로는 자극과 함께 마비가 일어난다.

26) 클로로페놀: 농도 1ppm을 넘으면 암 또는 중추신경장애 등 신체에 치명적인 악영향을 끼치는 극약으로 분류

함안, 칠서 수원지 등에서도 잇따라 검출되어 부산, 마산을 포함한 영남 전 지역이 페놀 파동에 휩쓸리게 되었다.

낙동강 상류의 구미공단과 김천 일대에 산재한, 합성수지-의약품 제조공장 100여 곳이 페놀을 원료로 사용하고 있었다. 조사결과 두산전자 구미공장 등에서 공장 폐수를 낙동강에 쏟아버린 사실이 속속 확인됐다. 두산전자는 5개월 동안 300톤가량을 방류한 것으로 조사됐다. 수돗물 오염의 여파는 낙동강 하류인 경남, 부산에까지 번졌다.

이 사고로 대구지방 환경청 공무원 7명과 두산전자 관계자 6명 등 13명이 구속되고, 관계 공무원 11명이 징계 조치되는 등 환경사고로는 유례없는 문책인사가 뒤따랐다. 또 국회에서는 진상 조사위원회가 열렸고, 각 시민 단체는 수돗물 페놀 오염대책 시민단체 협의회를 결성하였으며, 두산 제품 불매운동이 확산되기도 하였다.

두산전자는 조업정지 처분을 받았으나, 페놀 사고가 단순한 과실일 뿐 고의성이 없었다는 이유로 20일 만에 조업 재개가 허용되었다. 그러나 4월 22일 페놀탱크 송출 파이프의 이음새 부분이 파열되어 또다시 페놀 원액 2톤이 낙동강에 유입되는 2차 사고가 일어남으로써 사태가 악화되어 국민의 항의 시위가 확대되었다. 마침내 두산그룹 회장이 물러나고, 환경처 장차관이 인책, 경질되는 결과까지 초래하였다.

이후 물의 소중함과 환경보전에 관한 국민의 관심이 증대되어, 환경범죄의 처벌에 관한 특별조치법이 제정되었다. 공장 설립 시의 환경 기준이 강화되었으며, 행정구역에 따른 시도별 수질관리의 문제점을 개선하기 위해 한강, 낙동강, 금강, 영산강 등 전국 4대강을 수계별로 관리하도록 하는 유역별 환경관리위원회를 구성하였다.

[낙동강오염 파동 규탄 집회]

4. 한국 환경교육 전환기(1997~현재)

1997년 IMF 구제금융은 한국의 사회경제에 큰 충격을 주었다. 실제로 도산하는 기업 및 실업이 쟁점화되면서, 이전 시기에 꾸준히 이루었던 경제적 성장과 안정에 심각한 위기감을 느끼게 되었다. 중산층의 붕괴와 양극화 현상이 심화되었으며, 이러한 위기 상황의 극복과 삶의 질 및 환경의 질에 대한 욕구를 어떻게 충족시킬 것인가가 중요한 쟁점이 되었다.

세계적으로 신자유주의의 경제체제가 확고해지면서 환경재가 경제계 안으로 유입되는 교토의정서의 채택은 그린라운드의 대비를 위한 노력을 경제 및 사회체제에 요구하기에 이르렀고, 교육 역시 수요자 중심으로 전환되었다. 1997년 국민의 정부를 지향하는 김대중 대통령이 당선되었고, 2002년 국민의 참여를 지향하는 노무현 대통령이 당선되었다. 특히, 2007년에 출범한 이명박 정부는 녹색성장 정책기조를 태동시켰으며, 2007 개정 교육과정, 2009 개정 교육과정이 고시되어, 이러한 정책기조가 교육의 각 영역에 표출되었다. 인터넷은 소통의 장을 확대해, 쟁점에 대한 사회구성원의 반응과 인식을 매우 빠르게 확인할 수 있게 되었다. 2008년 먹거리에 대한 관심이 시민을 광장으로 모이게 했던 사건

(미국산 쇠고기 수입 반대를 위한 촛불 시위 등)은 이러한 사회의 변화를 단적으로 드러내는 예가 되었다.

따라서 경제성장과 환경의 조화를 추구하기 위한 지향점으로 이 시기 초기의 환경교육은 제7차 교육과정 개정에 영향을 주어 기존의 환경교육과는 다른 지속가능성을 중핵으로 하는 패러다임이 주도하게 되었다. 즉, 이 시기 환경교육은 '환경'뿐만 아니라 '사회', '경제'라는 영역을 아우르는 교육적 체계를 가지고 '발전'을 지향점으로 노출하면서 환경교육의 본질에 변화를 가져오게 되었다.

경제성장의 반대편쯤에 서 있었던 환경교육이 어느덧 제7차 교육과정으로 개편되면서 '경제성장'과 '생태중심주의' 사이에 서게 되는 듯한 담론으로 등장하게 되었다. 이는 경제와 사회와 환경의 접점을 찾는 지속가능발전 개념과 경제와 환경의 접점을 찾는 녹색성장 개념으로 인해 환경교육이 기존에 품고 있었던 '생태중심주의' 사유를 아우르지 못하는 경우가 발생하였기 때문이다. '환경경제학'과 '생태경제학'의 대비가 그렇고 '환경운동'과 '생태운동'도 그러하다.

2007 개정 교육과정과 2009 개정 교육과정에서 환경교과는 '환경'과 '경제'의 문제를 더욱 극명하게 드러내면서 '발전'보다는 '성장'의 개념에 더 주목하게 되는 교육적 시기를 맞이하였다. 지속가능발전교육과 환경교육의 관계 정립이 충분히 이루어지지 않은 상태에서 녹색성장이라는 새로운 이념이 수용된 형태로 사회적 합의와 환경교육과의 융합이 제대로 이루어지지 않은 왜곡된 환경교육의 시기로 볼 수 있다.

따라서 환경교육 전환기인 1997년부터 2011년 현재까지 사회적·경제적 배경을 중심으로 환경교육이 발전하고 전환되는 전개 과정을 살펴보고자 한다.

가. 환경교육 전환기를 바라보다

이 시기 지속가능발전교육을 중심으로 하는 성장 중심 교육은 녹색성장에 이르는 패러다임을 형성하였다. 국제 협력이 강화되었고 탄소배출 저감을 위한 장기적 대안을 모색하게 되었다. 따라서 환경에 대한 실증주의적 접근은 점차 환경과의 공감을 유도하는, 즉 사회구성원들의 경험과 감성을 소중히 여기는 해석주의적 패러다임으로 전환되고 있다. 이것은 사회·경제적인 영향과 더불어 환경교육의 내재적인 학문의 발전과정에 힘입은 결과라고 할 수 있다. 또한 지구온난화와 에너지 위기의 세계적 문제가 한국 사회에 빠르게 반영되어 기후변화교육 및 에너지교육이 환경교육의 주요한 영역이 되었으며, 컴퓨터와 인터넷의 보급은 웹을 기반으로 하는 환경교육을 가능하게 만들었다.

(1) 환경교육 전환기의 사회적 배경

1997년 IMF 구제 금융으로 인해서 환경교육은 새로운 국면을 맞이한다. 자연을 보전하고 환경의 중요성을 논의하는 '환경교육'이 아니라, 지속적으로 경제가 성장할 수 있는 교육이 국가적으로 공감대를 얻으면서 지속가능발전은 핵심적인 개념으로 자리 잡는다. 또한 교토의정서 및 지구 온난화 현상은 기후변화교육의 형태로 발전하게 되며, 2008년 저탄소 녹색성장이라는 국가정책과 맞물리면서 환경교육은 새로운 모습으로 변모하게 되고 성장과 녹색의 조화를 어떻게 할 것인지는 이 시기 중요한 교육적 과제로 남게 된다.

(가) '사회 문제화'된 환경문제에 대한 사회구성원들의 인식

1997년에 시작된 IMF 구제금융으로 인한 경기 위축과 불황의 만연으로 환경에 대한 배려와 관심이 극히 위축된 게 사실이다. 따라서 환경 전반에 대한 운동은 소극적으로 진행되었다. 님비(Not In My Backyard: NIMBY) 현상, 즉 인근 지역에 소각장, 매립지, 납골당 등 혐오시설이 들어오는 것에 대한 국지적 반대운동이 거세게 일어났다. 시민은 입지의 타당성과 혐오시설의 안전성 문제를 근거 있게 비판함으로써 정부 당국의 기술개발과 시설투자를 이끌어 내었다. 그러나 1999년의 영월 동강 댐 건설 반대 운동과 2000년 후반기와 2001년 상반기의 새만금 개발 반대운동은 전 국민의 관심을 받았으며, 전국적 규모에서 상당한 영향력을 발휘하였다.

2007년 태안반도 기름 유출 사고는 전 국민의 관심과 지원을 받은 21세기 대표적인 환경적 사건이 되었다. 피해 규모도 컸지만, 국민의 인식변화를 증명하는 120만 명의 대대적인 자원봉사자 행렬은 이제까지 누적된 환경교육의 결과로 볼 수 있으며, 국민의 높아진 환경의식을 확인할 수 있는 기회가 되었다.

최근에는 환경단체가 연대해 '저탄소 녹색성장'의 신국가 발전 패러다임 하의 국가에너지기본계획(2008~2030)(안)에 대한 환경단체 공동분석 보고서를 내고, 정부의 에너지 정책에 대한 비판과 현실적인 온실가스 감축에 대한 정책적 촉구, 재생가능에너지체제 수립, Post

-2012 체제 의무감축 동참, 국회 내 기후변화대책특별위원회 구성, 기후변화 대책입법 추진, 저탄소 녹색국회 실현운동을 전개하는 등 대정부, 대국회 활동을 전개하고 있다. 이러한 운동은 과거 쟁점 대응 중심의 운동, 국내 환경 쟁점에 대한 대응 운동 등에서 나아가, 국제적 환경 기준과 세계적 문제를 의식한 변화라고 할 수 있다. 또한 환경단체들의 수적 증가와 함께 내부적으로도 운동의 전문성을 높일 수 있는 산하조직을 갖추기 시작하면서, 환경단체들의 활동은 정부와 기업에 대한 비판적인 활동과 더불어 환경적으로 건전하고 지속 가능한 미래사회 대안을 모색하는 적극적인 활동 방향으로 발전하게 되었다.

[태안반도 기름유출 사고 자원봉사자]

한편 현재 기후변화, 오일 피크와 같은 전 지구적 생태, 에너지 위기가 현실화되고, 광우병 문제, 유전자변형농산물(Genetically Modified Organisms: GMO)[27] 문제와 같은 먹거리 문제가 대두되면서 친환경적으로 농산물을 생산하고, 주거까지 해결하는 생태공동체에 대한 관심이 증가하고 있다.

[새만금 개발 반대 운동 3보 1배]

생활협동조합은 2008년 기준으로 국내 모든 친환경농산물 거래액 2조 9,330억 원 중 약 11%를 담당하고 있으며(정원석 외, 2009), 저농약 식품 외에 무농약, 무기농식품의 경우 이 비율이 훨씬 더 증가할 것으로 추측한다. 2008년도의 광우병 쇠고기 수입 문제나, 멜라민 파동 등과 같은 '먹거리' 문제의 쟁점화로 인해 조합원 수나, 거래액 모두 상당히 급증하고 있는 것으로 보인다. 이처럼 생활협동조합을 비롯한 다양한 종류의 생태공동체가 발전함에 따라, 국내외적으로 자본주의와 자본주의가 만들어낸 환경문제의 대안으로서 생태공동체운동이 힘을 얻고 있다.

1997년 국민의 환경인식 조사가 이루어졌다. <표 35>에서 1997년 통계는 IMF 구제금융

---

27) GMO(Genetically Modified Organisms): 유전자변형농산물로 생물체의 유전자 중 필요한 유전자를 인위적으로 분리·결합하여 개발자가 목적한 특성을 갖도록 한 농산물이다. 수량증대, 품질향상 등 좋은 점이 있는 반면에, 소비자·환경단체 등을 중심으로 인체 및 환경에 대한 잠재적 위해성에 대한 논란도 계속되고 있다.

이전 시기와 마찬가지로 매우 높은 환경의식을 보여주고 있다. IMF 구제금융은 이와 같은 국민의 환경의식을 굴절시키기에 충분하였다. 외환위기가 점차 회복되면서, 다시 위축되었던 환경의식이 회복되었고, 2000년 조사에서는 경제성장의 속도보다는 환경문제 개선을 우선시해야 한다고 응답한 국민의 수가 90%를 넘어섰다.

〈표 35〉 전환기 대국민 환경의식 조사

연도	문제의 중요성 및 순위		문제의 심각성(%)		경제성장과 환경(%)		
	환경문제(%)	순위	매우심각	매우심각	환경문제 개선 우선		
1997	22.7	1/7	42.2	94.2	78		
2007	30	3/48	47.4	91	경제	환경	사회
					41.9	29.4	28.6

또한 대국민 환경의식 조사를 위한 2007년 지속가능발전위원회(2007a, 2007b) 조사에 따르면 위의 표와 같이 일반인의 47.4%가 지구환경 위기가 '매우' 심각한 것으로 인식하고 있다.[28] 또한 지속가능발전 3요소 중 우선순위를 묻는 말과 우선으로 해결해야 하는 질문에 경제성장을 최우선적인 문제로 인식하고 있었다. 경제 우위적 사고는 정부뿐만 아니라 우리 사회 전체를 지배하고 있다.

정부의 우선순위 정책을 묻는 항목에 대해 일반인은 빈부격차 해소와 일자리 창출을 가장 중요한 정책이라고 응답하였다. 반면에 난개발 방지 등 국토환경보호, 환경오염에 의한 질병 예방, 대기오염 방지, 생태계 보호, 에너지 절약과 에너지 이용의 효율화, 수질오염 방지 등은 그 순위가 낮았다. 여전히 환경(보전)보다 경제(발전)를 우선하는 경제 우선의 사고가 우리 사회를 압도하고 있음을 알 수 있다.

1997년 IMF 구제금융은 환경교육에 커다란 충격을 주었다. 환경적 관심보다는 산업의 구조조정 및 실업에 대한 긴장이 더 컸던 시기라고 할 수 있다. 사회의 환경운동도 현저히 위축되었다. 그러나 외환위기가 한국 사회에 준 충격이 빠르게 극복되었고, 이미 환경의식을 지닌 국민들의 지지와 환경혁명의 세기를 맞이하면서 학교 환경교육은 강화되고 있었다.

---

28) 질문 항목에서 '조금' 심각하다고 응답한 사람(일반인은 43.6%, 공무원은 37.3%)을 포함하면 지구환경 위기 인식도는 거의 90%를 넘는다.

(나) 환경교육 전환기의 교육 전개 과정

제7차 교육과정이 고시되고 시행되었다. 제7차 교육과정은 건전한 인성과 창의성을 함양하는 기초, 기본 교육에 충실하고, 세계화, 정보화 시대에 적응할 수 있는 교육에 중점을 두고, 학생의 능력, 적성, 진로에 적합한 학습자 중심 교육을 표방하며, 교육과정 편성, 운영에 대한 지역 및 학교의 자율성 증대를 강화하였다. 또한 국민공통 기본 교육과정을 도입하고, 수준별 교육과정을 도입하였으며, 재량활동을 강화하였다.

[중학교 환경교과서]

따라서 제7차 교육과정 개정을 통해 초등학교에서는 창의적인 재량활동 시간에 환경교육을 적극적으로 할 수 있는 제도적인 근거가 마련되어 환경교육이 강화되었다. 또한 제6차 교육과정에서 독립 교과로 시행되었던 환경교과가 제7차 교육과정에서도 중학교에서는 '환경', 고등학교에서는 '생태와 환경'이라는 과목으로 계속적인 지도가 이루어졌으며, 이전 시기보다 환경교과를 선택하는 비율도 다소 높아졌다.

'2007 개정 교육과정'이 고시되고 시행되었다. '2007 개정 교육과정'은 학습의 효율성 제고, 창의적 체험활동을 통한 배려와 나눔을 실천하는 창의 인재 육성, 학생의 핵심역량 강화, 교육과정 자율화를 통한 학교의 다양화 유도를 방향으로 개정되었으며, 맞춤교육의 일환으로 '집중 이수제'를 유도하고 선택형 교육과정을 확대 실시하였다.

환경교육은 '2007 개정 교육과정'에 맞추어, 중학교 '환경', 고등학교 '환경' 교과목명의 통일을 기하였으나, 녹색성장 정책기조로 인해 고등학교의 교육과정은 2009년에 다시 개정하게 되어, 고등학교 '환경과 녹색성장'으로 변경되었다. 2011년 개정 교육과정에서 중학교 환경 교육과정 역시 '환경과 녹색성장'으로 명칭이 개정되었다. 환경교과가 창의·인성 시범 과목으로 선정됨으로써 환경교육의 강화와 확대에 기여할 수 있는 계기를 맞이하고 있다.

(다) '사회 문제화'된 환경에 대한 정부의 대응

이 시기 정부는 다양한 영역에서 환경을 위한 법령을 정비하기에 이른다. 환경보존에

[환경교육 진흥법 하위 법령 제정 토론회]

대한 사회적, 국가적 요구로 인해 이 시기 환경에 관한 법령 제정이 많아졌고 세분화되었다. 법령의 세분화는 환경보전에 대한 구체적인 의지를 담고 있으며, 사회 전반적으로 환경인식이 고조되었음을 알 수 있다.

1997년에는 '독도등도서지역의생태계보전에관한특별법', '한강수계의수질개선을위한한강수계상수원수질개선및주민지원등에관한법률', '습지를효율적으로보전관리하기위한습지보전법'이 제정되었으며, 정부 조직 개편에 의하여 '조수보호및수렵에관한법률'이 농림부에서 환경부로 이관되었다.

1999년에는 '한강수계상수원수질개선및주민지원등에관한법'이 제정되었고, 2002년 1월 낙동강, 영산강, 금강 수계의 수질을 개선하여 주민에게 맑은 물을 공급하기 위하여 상·하류 간의 공존 정신을 바탕으로 '오염물질총량관리제도' 등 기존의 오염물질의 사후처리 위주의 정책을 사전 예방 중심으로 획기적인 전환을 가져오는 '낙동강특별법', '영산강특별법', '금강특별법'이 제정되었다.

또한 2003년에는 수도권 대기환경 개선 대책의 추진을 위한 '수도권대기환경개선에관한특별법', '건설폐기물의효율적처리및재활용을위한건설폐기물의재활용촉진에관한법률', '백두대간의생태계보전을위한백두대간보호에관한법률' 등 3개법이 제정되었다. 2004년에는 '야생동식물보호법', '악취방지법', '남극활동및환경보호에관한법률', '친환경상품구매촉진에관한법률' 등이 제정되었으며, 2005년에는 '수질환경보전법'을 '수질및수생태계보전에관한법률'로 개정하여 수생태계의 관리기반을 마련하였으며, 수질오염방지 중심에서 수생태계를 포함하는 물 환경보전과 관리로 변하였다. 2006년에는 '문화유산과자연환경자산에관한국민신탁법', '가축분뇨의관리및이용에관한법률', '환경분야시험·검사등에관한법률' 등이 제정되었다.

2007년 '지속가능발전기본법', '잔류성유기오염물질관리법', '전기·전자제품및자동차의자원순환에관한법률'이 제정되었다. 2008년 '환경보건법폐기물에 관련된법률'이 제정되었고, 자원순환 촉진을 위한 제도적 기반을 강화하기 위하여 '제4차자원재활용기본계획(2008~2012)'을 수립하였으며, '에너지화종합대책과그실행계획'을 수립하였다. 그 해에 '환경보건법'을 제정하였고, '기후변화대응종합기본계획(2008~2010)'을 마련하여 국제 환경 협력을 강화하였으며 2009년에는 '한국환경공단법'이 제정되었다.

이러한 법령 중에서 환경교육의 확대와 발전을 위해 추진해오던 '환경교육진흥법'이 2008년 제정·시행되었다. 우리나라에서 처음으로 환경교육 관련해 진흥법의 제정이나 기본계획의 수립에 대해 논의한 것이 언제인지 확실하지 않으나 문헌상으로 1983년 국립환경연구소(현 국립환경과학원)에서 열린 <환경교육에 관한 심포지엄>에서 권태준 교수의 발제에 대해 토론하면서 서울대 조경학과 김귀곤 교수가 제안한 내용으로 볼 수 있다. 환경교육은 이제 개인이나 단체에 맡겨두는 상황에서 벗어나 제도적인 조치가 있어야 한다고 여겨져 법률제정의 필요성으로 지적되었다. 그 당위성은 다음과 같다.

① 1992년 정부에서 선포한 「환경보전을 위한 국가환경선언문」
- 환경교육이 학교교육에서는 물론 미래지향적인 평생교육을 통하여 이루어짐으로써 환경보전이 생활화 될 수 있도록 해야 한다"고 명시
② 2000년 6월 5일 김대중 대통령의 「새천년 국가환경비전」
- 정부는 평생환경교육 제도를 확립하고 시민단체들의 환경운동을 적극 지원하겠다"고 말한 바 있음
③ 환경정책기본법 제7조
- 국가와 지방자치단체로 하여금 "사전 예방적 오염관리"에 우선적인 노력을 기울이도록 명시하고 있으며, 이 법은 환경문제를 예방하는 근본적이고 효과적인 수단으로서 환경교육을 활성화하기 위한 법적·제도적 기반을 제공

환경교육진흥법은 환경을 파괴하거나 오염시킨 자들을 처벌하거나 어떤 행위를 하지 못하도록 금지하는 부정적인(negative) 접근이 아니라, 인류와 환경의 관계를 이해하고 환경을 보전하기 위한 결정과 실천을 유도하는 긍정적인(positive) 접근이라는 점에 큰 의의가 있다. 특히 환경교육진흥법의 주무 부처를 환경부로 제안한 것은 기존은 교육진흥법이 모두 교육인적자원부(현 교육과학기술부)를 주무로 하고 있는 것에 비해 매우 특기할 만하다. 그 이유는 본문에서 밝힌 바와 같이 환경교육이 갖고 있는 특수성 때문이다. 다음은 환경교육진흥법 주요 개발 과정이다.

- 2000.12.13   공주대 환경문제연구소·국회환경포럼이 공동으로 학교 및 사회 환경교육 활성화를 위한 심포지엄 개최
- 2001.01.   국회환경포럼에서 기후변화협약과 함께 "환경교육"을 올해의 핵심연구과제로 선정

- 2001.02.   한국환경민간단체진흥회에서 한국환경교육학회의 "(가칭)환경교육진 흥법 제정 개발 · 연구" 선정 및 지원
- 2001.03.   환경정책기본법, 환경개선특별회계법 등 환경부소관 환경법 분석
- 2001.04.06 대학교수, 연구원, 교사 등 11인으로 구성된 국회환경포럼 환경교육활 성화위원회 구성 및 1차회의
- 2001.05.25 2차 회의
- 2001.10.26 환경교육진흥법 제정을 위한 공청회 개최
- 2008.04.28 환경교육 진흥회 하위제정을 위한 토론회
- 2008.02.19 '환경보건법' 제정 등 2월 임시국회 환경부 소관 법률 13건 통과
- 2008.03.21 환경교육진흥법 제정 및 시행령 공포
- 2009.07.08 환경교육진흥법 추진에 따른 프로그램 인증제 도입 및 사회환경교육 지도사 제도 운영에 대한 설명회 및 간담회

'환경교육진흥법'은 2000년 환경교육 심포지엄에서 국회환경포럼의 정책의장과 한국 환경교육학회가 공동으로 제정하는 것을 추진하기로 한 것을 시작으로 '한국환경교육학 회'가 환경교육진흥법 제정을 위한 연구를 추진하였다(최석진, 2010). 그러나 이 법의 제 정은 환경교육을 진흥시키기 위한 법적 근거가 마련되어야 한다는 최돈형 외(1991)의 연 구[29] 등에서 계속 논의되어 왔으며 결국 결실을 맺었다고 할 수 있다. 이 법으로 인해 환 경교육은 커다란 전환점을 맞이하게 되었다. 다음은 '환경교육진흥법'의 목적과 정의이 며, 시행령은 다음과 같다(법률 제8949호, 2008. 3.21, 제정; 시행 2008. 9.22). 또한 전국적 으로 광역자치단체(시, 도) 수준에서 '환경교육진흥조례'를 제정하도록 정하였다.

제1조(목적) 이 법은 환경교육의 진흥에 필요한 사항을 정하여 환경교육을 활성화하고, 인간과 자연의 소화를 이룸으로써 국가와 지역사회의 지속 가능한 빌전에 기여함을 목적 으로 한다.
제2조(정의) 이 법에서 사용하는 용어의 정의는 다음과 같다.
1. "환경교육"이란 국가와 지역사회의 지속가능발전을 목표로 국민이 환경을 보전하고 개

---

29) 최돈형 외(1991)의 연구에서는 환경교육의 강화 방안으로서 학교환경교육의 제도화, 체계화, 내실화를 제시하고, 환 경교육의 제도화를 위해서는 무엇보다 '환경교육법'(가칭) 제정과 교육법 및 동시행령에 헌법의 '환경권'을 반영한 조 항의 신설 등이 필요함을 제안하였다. 이를 위해 미국의 '환경교육법'(1970. 10. 30 제정, 미국공법 91 − 516호) 전 문을 번역 · 소개하고, 구체적으로 '환경교육에 관련된 현행의 법 · 규정 및 대안'을 개발하였으며, 한국환경교육학회 와 공동으로 '학교 환경교육 강화를 위한 건의서'(부록Ⅰ − 1)를 교육부장관에게 보냈다.

선하는데 필요한 지식·기능·태도·가치관 등을 배양하고 이를 실천하도록 하는 교육을 말한다.

2. "학교 환경교육"이란 「유아교육법」 제2조에 따른 유치원, 「초·중등교육법」 제 2조 및 「고등교육법」 제2조에 따른 학교, 「한국과학기술원법」에 따른 한국과학기술원과 「광주과학기술원법」에 따른 광주과학기술원에서 학생을 대상으로 실시하는 환경교육을 말한다.

3. "사회 환경교육"이란 학교 환경교육을 제외한 환경교육을 말한다.

시행령의 1조, 2조, 3조는 다음과 같다.

제1조(목적) 이 영은 「환경교육진흥법」에서 위임된 사항과 그 시행에 필요한 사항을 규정함을 목적으로 한다.

제2조(환경교육종합계획의 수립 등) ① 「환경교육진흥법」(이하 "법"이라 한다) 제5조제2항제6호에서 "대통령령으로 정하는 사항"이란 다음 각 호의 사항을 말한다.

1. 학교환경교육과 사회환경교육의 협력체계 구축·운영에 관한 사항
2. 환경교육의 진흥에 필요한 국제협력 증진에 관한 사항
3. 그 밖에 환경교육의 진흥을 위하여 필요한 사항

② 법 제5조제3항 단서에서 "대통령령으로 정하는 경미한 사항"이란 다음 각 호의 사항을 말한다.

1. 법 제5조제2항제4호에 따른 환경교육자료의 개발 및 보급에 관한 사항
2. 제1항 각 호의 사항

③ 특별시장·광역시장·도지사 또는 특별자치도지사(이하 "시·도지사"라 한다)는 법 제5조제4항에 따른 지역환경교육계획(이하 "지역계획"이라 한다)을 수립할 때에는 교육감 등 관계기관의 장과 협의하여야 한다.

제3조(환경교육종합계획 추진 실적의 제출) ① 환경부장관 또는 시·도지사는 법 제6조제1항에 따라 법 제5조 제1항에 따른 환경교육종합계획(이하 "종합계획"이라 한다) 또는 지역계획을 소관 업무에 반영하도록 요청받은 기관에 종합계획 또는 지역계획의 추진 실적을 제출하도록 요청할 수 있다.

② 제1항에 따라 요청을 받은 기관의 장은 특별한 사정이 없으면 추진 실적을 제출하여야 한다.

환경교육진흥법은 환경교육자료의 개발·보급·연구 등 학교 및 사회 환경교육의 지원 근거를 마련하고, 이를 체계적으로 추진하기 위하여 환경부장관은 매 5년마다 환경교육종합계획을 수립하고, 환경부장관 소속하에 환경교육진흥·지원위원회를 설치하게 되었다.

전환기에는 '지속가능발전기본법'과 '녹색성장기본법', '환경교육진흥법'과 같이 환경교육을 직접적으로 지원하는 법률들이 제정되어 환경교육의 진흥에 이바지하였다. 특히 '환경교육진흥법'의 발효는 각급별 학교에 미치는 효과가 매우 크다고 할 수 있다. 이를 위한 다양한 프로그램이 개발되고, 각급별 학교에서는 환경교육과 관련된 실적을 보고해

야 하기 때문에, 다른 어느 시기보다 환경교육을 강화할 수 있는 여건이 마련되었다. 또한 녹색성장 정책을 표방하는 정부의 정책으로 인해, 저탄소 녹색성장은 각급별 학교에서 환경교육에 새로운 대안으로 자리 잡아가고 있다.

(라) 환경혁명의 세기

환경 정책은 현재 하나의 정부 부처의 역할이 아니라 국정 전반에 영향을 끼치고 있다. 환경적 쟁점을 위해 대통령 직속기구가 개편되거나, 국가의 정책기조로 전면에 내세워지기도 하였다. 생산과 소비활동, 교육 및 여가 활동 등 시민의 일상생활에 영향을 끼치는 대부분에 '녹색'과 '그린'이라는 말이 붙기 시작하였다. 주변 어디를 둘러봐도 환경과 관련된 캠페인 및 실천운동에 관한 메시지를 흔하게 볼 수 있으며, TV 및 영화와 같은 영상 매체에서도 '환경'이 최대의 화두로 떠오르고 있다. 또한 생활양식과 인식을 변화시켜야 한다는 주장이 공감대를 얻으면서 환경혁명의 기운이 한국 사회 곳곳에서 일어났다고 할 수 있다.

1990년대부터 공론화되기 시작한 '지속가능발전'은 1990년대 이후부터 환경정책의 목표로 제시되었지만 21세기에 접어들어서 중요한 의제로 등장했다. 2000년에는 대통령자문 지속가능발전위원회가 발족되었고, '지속가능발전기본법'이 제정되어 지속가능발전에 대한 사회적 관심과 필요성이 제도적인 성과로 이어졌다. '지속가능발전기본법'에서는 '지속가능발전'을 지속가능성에 기초하여 경제의 성장, 사회의 안정과 통합 및 환경의 보전이 균형을 이루는 발전으로 규정하고 있다(지속가능발전기본법 제2조). 여기서 '지속가능성'이란 '현재 세대의 필요를 충족시키기 위하여 미래 세대가 사용할 경제, 사회, 환경 등의 자원을 낭비하거나 여건을 저하시키지 아니하고 서로 조화와 균형을 이루는 것'으로 정의한다. 이러한 변화는 경제지상주의가 야기한 환경문제들에 대한 적절한 대처 없이는 국민소득 2만 달러로 대변되는 선진국으로의 도약과 유지가 곤란하며, 미래에도 지속적인 발전을 달성하기 어렵다는 공통된 인식에 의한 것이기는(김선희, 2004) 하지만, 환경과 경제의 통합이라는 점이 시민단체를 포함하여 언론, 학계, 경제계 등 사회 내 여러 계층에서 인지되기 시작한 것을 반영하는 것이라고 할 수 있다.

정부는 민간단체를 적극적으로 지원해야 한다는 환경단체의 요구에 따라 '한국민간환경단체진흥회'와 같은 기구를 통해 적은 규모이지만 환경단체에 대해 재정지원을 시작하였다. 정부는 1999년 '새천년 환경비전 선언'과 2005년 '국가지속가능발전 비전 선언'으로 지속가능발전 이념의 실현을 위한 국가의 정책의지를 거듭 천명한 것에 이어, 2006년에는

'국가지속가능발전전략 및 이행계획'과 77개의 국가지속가능발전지표를 확정·발표하였다(환경부, 2009b).

이 시기 국가적 정책의 주요 개념으로 지속가능발전은 환경적 위기에 대한 환경과 경제성장의 조화를 통한 해결전략의 성격을 지녔으며, 환경정책과 경제정책의 통합에 대한 기본적인 틀을 제공할 것으로 기대되었다(사득환, 2000). 이러한 기대는 환경교육에 직접적으로 반영되기 시작하였으며, 환경교육의 핵심 패러다임으로 자리 잡았고, 환경교육의 영역을 확장시켰다.

녹색성장[30]은 2008년 8월 15일 광복절 경축사를 통해 처음 국가비전으로 제시되었다. 2008년 10월에는 100대 국정과제에서 상위 20대 국정 전략으로 제시됨으로써, 구체적인 정책과제로 등장하게 되었다. 2009년 2월에는 대통령 직속의 녹색성장위원회가 대통령 주제로 첫 회의를 하고 공식적으로 출범하였으며, 같은 해 2월 25일 국무회의에서 '저탄소녹색성장기본법(정부안)'이 확정되었다.

우선 국무회의가 의결한 '저탄소녹색성장기본법'에 따르면 저탄소 녹색성장은 '경제와 환경의 조화로운 발전을 위하여 저탄소 녹색성장에 필요한 기반을 조성하고 녹색기술과 녹색산업을 새로운 성장 동력으로 활용함으로써 국민경제의 발전을 도모하며 저탄소 사회 구현을 통하여 삶의 질을 높이고 국제사회에서 책임을 다하는 성숙한 선진 일류국가로 도약하는 데 이바지하는 것을 목적'으로 하고 있다. 또한 '저탄소녹색성장기본법' 제2조 제 2호를 보면, 녹색성장이란 '에너지와 자원을 절약하고 효율적으로 사용하여 기후변화와 환경훼손을 줄이고 청정에너지와 녹색기술의 연구개발을 통하여 새로운 성장 동력을 확보하며 새로운 일자리를 창출해 나가는 등 경제와 환경이 조화를 이루는 성장'('저탄소녹색성장기본법' 제2조)으로 정의하고 있다.

새 정부 조직개편에 따라 과학기술부가 폐지되고 그 산하에 있던 기상청을 기후변화 대응체계 강화, 황사 등 기후와 대기 개선 정책의 연계성을 강화하기 위하여 환경부로 이관되었다. 이로써 환경부는 처음으로 외청을 두게 되었다.

환경부는 2009년 1월 대한상공회의소 및 녹색성장포럼과 공동으로 에너지 자립 및 저탄

---

30) 녹색성장이란 용어가 이명박 정부에서 공식적으로 등장하는 것은 2008년 7월 11일 대통령의 국회 시정연설에서이다. 물론 2008년 7월 7일자 일간지(문화일보)에서는 선진8개국(G8)확대정상회의를 앞두고 대통령이 회의에 참석해 기후변화에 대한 비전과 정부 대응방안을 표명할 것이며, '기후변화위기를 신 성장 동력의 기회로 삼아 녹색성장의 전기를 마련한다는 새 정부의 정책기조를 설명할 예정'이라는 기사가 있으나, 정부 문건을 통한 공식화는 국회 시정 연설의 전문에 '녹색성장'시대를 열어야'에서 찾을 수 있다. 이후 녹색성장은 8월 15일 광복절 경축사를 통해 국가비전으로 제시되었다.

소 경제사회의 구현, 녹색기술 및 산업의 신성장 동력화, 녹색국가 위상정립 등 3대 주요 정책목표를 설정하고, 이를 달성하기 위한 환경 분야 녹색성장 실천계획을 발표하였다.

환경부 발표에 의하면 '세계 환경시장의 규모는 2006년에 742조 원에 달하였고, 2015년에 1,100조 원에 이를 것으로 전망되며, 아시아의 환경시장은 연평균 10% 이상의 가파른 성장이 기대된다(환경부, 2008)'고 하였다. 우리나라의 경우에도 녹색산업은 2020년에 이르면 117조 원의 부가가치와 118만 개의 일자리를 창출할 것이라고 한다. 그러나 환경시장 내지는 녹색산업이 미래사회에 차지하게 될 경제적 비중과는 대조적으로 녹색기술의 수준은 선진국과 비교하였을 때 51%에 불과할 정도로 아직 높지 않은 수준이다.

따라서 녹색성장위원회는 2012년까지 선진국 대비 기술 수준을 80%까지 향상시키는 것을 목표로 삼고 IT, BT 등의 융합화를 통해 차세대 신재생 에너지, 클린 화석 에너지 및 태양광합성 등이 핵심·원천 기술 개발 강화에 박차를 가하겠다고 하였다. 특히 전략적 중요도 기술 역량 등의 요소를 고려하여 중점기술 27개 분야를 선정하고 정부 R&D 투자액에서 차지하는 비중을 2008년 1조 원(전체 R&D 예산액 11조 원)에서 2009년에는 2배 이상 확대하고, 2012년까지 전체 11조원을 투자할 계획이(한겨레신문, 2009. 5. 13.) 있다고 한다. 따라서 이러한 현재의 패러다임은 인적자본을 성장시키는 교육 분야에서 녹색산업의 이해를 필수적으로 요구하게 되었다.

(마) 빈부의 격차 심화

1997년 말 외환위기로 인해 1998년 정리해고 도입 등 노동시장 유연화와 법제화 도입은 심각한 수준에서 노동자의 생존권을 위협한 동시에 노동운동의 토대를 크게 약화시키는 기제로 작용하였다. 단적으로 1998년의 경우 1년 동안 무려 6만 8천 개의 사업체가 문을 닫았으며, 매월 10여만 명 정도의 신규 실업자가 발생하는 등 대량 실업사태가 벌어졌다. 실업률은 1996년 2.3%에서 1998년 8.0%로 치솟으면서 400만 명의 실업자가 양산되었다.

삼성금융연구소가 2005년 전국 2천 가구를 대상으로 가계금융 이용 실태를 조사한 결과, 상위 20% 계층의 자산 보유액은 평균 7억 6,986만 원, 하위 20% 계층은 평균 3,938만 원으로 나타났다. 두 집단 사이의 자산격차가 무려 19.5배에 이르렀던 것이다. 2003년 조사결과와 비교해보면 상위 20%는 4,684만 원이 늘었고, 하위 20%는 오히려 569만 원이 감소한 것으로 나타나 양극화가 심화되었음을 알 수 있다.

사회적 양극화의 심화는 1990년대 급격히 확대되었던 중산층의 붕괴로 이어졌다. 2007

년 여론조사 결과에 따르면 외환위기 직전 자신이 중산층에 속한다고 생각한 경우는 전체의 41%였다. 절반 가까이가 넉넉하지는 않지만 그런대로 먹고살 만하다고 여긴 것이다. 그러나 외환위기 이후 10년을 넘기면서 그 비율은 28%로 크게 줄었다. 그 대신 국민의 60% 정도가 지신은 서민이나 빈민에 속한다고 생각하기 시작했다. 중산층은 서민으로, 서민은 빈민으로 일제히 하향이동을 한 것이다(동아일보, 2007. 11. 12.). 국가 소비 실태조사 자료에 따르면 전체 가구의 절대 빈곤율은 1991년 전체 가구의 16.38%였으나, 1996년 3.81%까지 떨어졌다. 그러나 외환위기 이후 2000년에는 7.94%로 다시 증가되었고, 2004년에는 10% 넘는 수준으로 높아졌다(구인회, 2006)

이러한 하층 계급의 양산은 임시계약직, 일용직 등 비정규직이 급속히 확대되면서 심화되었는데, 2002년 한국의 평균 근속연수는 5.6년으로 유럽 국가들의 절반 정도밖에 되지 않으며, 1996년 이후 2005년까지 피고용자는 약 198만 명이 늘어났지만, 이 가운데 정규직은 41만 명에 불과하였다. 또한 처우를 조사해보면 2004년 남성 정규직 노동자의 평균임금이 100이라고 하면, 남성 비정규직 노동자의 평균임금은 56.3으로 같은 일을 해도 절반 정도의 임금밖에 받지 못했으며, 또한 여성 비정규직 노동자는 그보다 못한 36.9로 이중적인 착취를 받고 있음을 알 수 있다.

이러한 사회적 양극화를 심화시키는 것은 결국 신자유주의 체제 아래에서 이루어지는 '경쟁' 때문인데, 이러한 '경쟁'은 불공정한 것일 수밖에 없다. 교육도 마찬가지로 이러한 계층 간 불화를 심화시키고 있다. 한국 사회에서 교육은 기회의 균등을 보장했던 대표적 영역이었다. 그러나 갈수록 사교육의 비중이 높아지고 사교육비의 투입 정도에 의해 성적이 대두되면서 부모의 소득수준과 명문대 입학 사이의 상관관계는 이점을 여실히 보여주고 있다.

일반가정 대비 고소득층의 명문대 입학비율은 1985년 1.3배에 그쳤지만, 2000년에는 무려 16.8배로 확대되었다. 아울러 이 격차는 갈수록 벌어지고 있다. 건강보험 납부액을 바탕으로 2007년 서울대 학생들의 가구 소득 수준을 조사한 결과 소득수준 상위 10%에 해당하는 신입생은 전체의 39.8%이고 20%에 속하는 학생은 전체의 61.4%였다.

<표 36>을 보면 계층 간 사교육비 규모의 변화를 알 수 있는데 우리 국민이 투자하는 사교육비는 IMF 이후 잠시 주춤하였으나 2007 20조 400억 원에 이르는 것으로 추정되며 이러한 추정치는 교육과학부의 1년 전체 예산보다 더 많은 액수인데 사교육비로 인한 국민의 고통은 매우 클 것으로 예상된다.

계층 간 격차의 심화는 교육비 격차를 심화시키고, 이는 계층 간 교육격차로 연결될 가

능성을 가지고 있다. 2010년 1분위 소득계층의 월평균 교육비 지출은 91,465원인 반면, 5분위 소득계층의 월평균 교육비 지출은 561, 448원으로 1분위 소득계층의 6.14배이며, 학원 및 보습 교육비 지출액은 각각 43,234원과 341, 443원으로 5분위 소득계층의 지출액이 1분의 소득계층 지출액의 7.09배에 달한다(한국교육개발원, 2011).

〈표 36〉 교육비, 학원 및 보습 교육비 지출액(도시 2인 이상 가구)

(단위: 원)

		1990	1995	2000	2005	2010
전체	교육	49,653	114,872	166,181	227,126	306,868
	정규교육	24,545	47,282	71,617	79,141	111,990
	학원/보습교육	23,565	64,560	89,655	139,138	181,112
1분위	교육	23,080	55,743	59,598	90,047	91,465
	정규교육	14,321	28,031	28,889	44,974	42,777
	학원/보습교육	8,111	26,369	29,337	41,692	43,234
5분위	교육	95,334	183,607	288,478	402,888	561,448
	정규교육	41,203	69,817	113,672	121,895	198,760
	학원/보습교육	50,883	108,771	163,010	264,571	341,443

자료: 통계청, 2011.

일반적인 국민들의 교육 수준 향상의 경향을 살펴보면, 초등학교 이하의 학력을 가진 사람의 비중은 1955년에 전체 인구의 91.9%에 달했으나 꾸준히 감소하여 2000년에는 17.9%에 불과하게 되었다. 중졸, 고졸 학력을 가진 삶의 비율은 1955년에 각각 5.9%와 1.7%에 불과했지만 2000년에는 12.9%, 39.1%로서 전체 인구의 88%가 중졸 이상의 학력을 가졌으며 고졸 이상의 학력자도 70%에 이른다. 대졸자의 비율은 1955년에 1.9%에 불과했으나 2000년에는 30.7%에까지 이르게 되었다. 그러나 이러한 교육의 양적 확대 이면에서 작동하고 있는 높은 사교육 부담, 지역 간 계층 간 대학진학률의 차이, 그리고 심각한 대학 서열화 등으로 인해 전반적인 학력 수준의 향상에도 불구하고 교육의 질을 낙관하기는 어렵다. 아울러 지속적인 유학생의 증가, 특히 영어를 위한 조기유학생의 유출은 한국 교육 체제의 문제를 반영하는 것이며 지속적으로 계급 간의 불평등을 강화시키고 있다. 즉 이 모든 것은 교육이 사회적 불평등을 완화시키고 개방적인 지배구조를 유지하는 데 기여하는 것이 아니라 거꾸로 불평등을 재생산하면서 폐쇄적인 지배구조를 뒷받침하는 장치가 되고 있음을 의미하는 것이었다.

전반적인 삶의 환경이 악화하면서 가족위기가 도래하고 말았다. 사교육비의 부담과 같은 이유로 인해 1996년 1.58명에서 2005년 1.08명으로 합계출산율은 세계 최저 수준이며 가족위기를 촉진하는 이혼이 급증하여 1990년 4만 5,649건에서 2003년 16만 7,096건으로 13년 사이 거의 280% 늘었다.

한편, 외국인의 유입으로 다문화사회가 화두가 되었다. 대부분의 외국인은 빈민층을 형성하면서 사회적 양극화 현상을 가속화시켰다. <표 37>에서 보면 외국인에는 동포, 외국인 근로자가 다수를 차지하며 다음으로 결혼이민자, 외국인유학생, 난민, 영주자격자 등 순으로 나눠볼 수 있다. 현재 외국인 신분 체류자의 분포를 유형별 살펴보면 단순기능 인력과 결혼이민자가 종족적인 측면에서는 동포의 비중이 절반 정도가 된다. 그리고 국적취득자의 대부분은 결혼이민자이며 정주화를 원하지 않는 정책의 결과 이주노동자의 한국 국적 취득은 요원한 일임을 알 수 있다.

〈표 37〉 외국인의 국적 취득 현황

구분		외국인 수	등록외국인	국적취득자(누계)
총계		753,381	691,093	62,288
결혼이민자		146,508	10,2217	44,291
외국인 근로자	단순기능인력	376,940	233,065	143,875
	전문인력	27,517	727	26,790
유학생		37,440	2,660	34,780
투자자		7,244	419	6,825
재외동포(F−4)자격		32,625	32,625	0
기타국적취득자		125,107	107,110	17,997

자료: 차용호, 2009.

종족적 소수자는 해당 사회의 상태와 한계를 보여주는 하나의 척도가 될 수 있다. 국가의 성격, 민주주의의 상태, 사회계층 구조, 사회적 불평등과 배제의 구조, 인권의 실태, 정체성의 성격 등에 대한 정보를 제공하는 것이다.

한국사회는 사회·경제적 측면에서는 의료와 기술 측면에서 다소간 진전을 이루었음에도 불구하고 경제적 위험과 범죄의 증가로 인해 점차 위험한 사회가 되어버렸다. 세계경제포럼이 발표한 세계 각국의 '환경지속가능성지수(Environmental Sustainable Index : ESI)'에서 한국은 2002년 142개국 중 135위에서 2005년에는 146개국 중 122위로 최하위권을 벗어나지 못하고 있다.

사회적 양극화와 교육적 위기, 가족 위기의 해체, 다문화적 현상은 현재 한국사회의 불편한 모습을 드러내주고 있다. '삶의 질 향상'이라는 환경교육의 주요 화두를 생각한다면, 한국 사회는 다양한 분야에서 '향상되고 있지 못함'이라는 평가를 받을 수 있다. 따라서 이러한 사회 구조적인 문제는 미래 환경교육의 어떠한 방향으로 가야 하는지를 다양한 관점에서 시사해주고 있다.

(바) 인터넷을 통한 소통의 장 확대

한국인터넷진흥원(2007)에서 발표한 '2007 상반기정보화실태조사' 보고서에 따르면 우리나라의 인터넷 이용은 이제 성숙 안정기에 접어들고 있다. 2000년 이후 현재까지의 인터넷 이용률 및 이용자 수의 3,440여만 명에 이르러 전 국민 대비 (2006년은 74.8%) 75.5%가 인터넷을 이용하고 있고 이용시간도 주 평균 13.7시간에 이른다. 내용적인 측면에서도 인터넷 이용자의 80% 이상의 자료 및 정보습득(88.7%)과 함께 음악, 게임 여가활동 (86.0%)을 위해 인터넷을 이용하고 있는 것으로 나타났다.

인터넷은 중요한 소통의 공간이 되었으며, 이를 매개로 한 다양한 정보의 이용 및 나눔이 하나의 문화를 형성해가고 있음을 알 수 있다.

이것은 최근만의 일은 아니다. 2001년 아시아 국가별 인터넷 활동을 비교한 조사를 보면 한국의 인터넷 사용 노출은 98.9%로 아시아에서 가장 높게 나타났으며, 오디오와 비디오의 사용에도 78.1%로 2위를 기록한 홍콩의 42.8%의 2배 정도의 수치를 나타내고 있어, 비디오와 오디오 같은 영상물의 이용이 매우 높음을 확인할 수 있다.

최근에는 다양한 서비스를 즐기기 위한 대역폭(Bnadwidth)의 수요가 증가되어 인터넷 사용 환경이 더욱 좋아졌는데 2009년 유럽은 6.09Mbps, 북미 5.89Mbps, 오세아니아 4.67Mbps, 아시아 4.07Mbps, 남미 1.84Mbps, 그리고 아프리카 1.10Mbps로 나타났다. 국가별로 보면 다운로드 속도에서 한국은 17.83Mbps로 가장 빠르게 나타나고 있으며 일본 16.07Mbps, 스웨덴 11.55Mbps, 리투아니아 11.28Mbps, 라트비아 10.11Mbps 등의 순으로 이어지고 있다(www.speedtest.net).

이는 환경과 관련된 다양한 영상물 제작과 전파가 매우 용이해져 환경문제를 지식의 측면뿐 아니라 공감대를 형성할 수 있는 기반이 마련되었다고 할 수 있으며, 사회구성원의 인식을 집결하는데 매우 큰 공헌을 하게 된다.

특히 2008년 쇠고기 수입 재협상 문제로 불거진 촛불집회는 인터넷 문화의 영향이 매우 크게 작용한 사건이었다. 인터넷을 통한 의견의 공유는 이전과는 달리 이른바 주도세력이 없는 자발적 개인들의 모임을 이끌어내었다. 중고생들로부터 시작되어 대학생, 일반 회사원, 유모차를 끄는 젊은 주부들까지 다양한 개인들이 자발적으로 동참하여 비폭력적으로 자신들의 주장을 폈다는 점에 직접민주주의의 새로운 실험으로 평가받기도 하였다. 2개월간 연일 수백 명에서 수십만 명에 이르기까지 참가하였으며, 교육문제, 대운하 및 공기업의 민영화 등 다양한 정치권의 문제가 제기되었다.

(2) 환경교육 전환기의 경제적 배경

1997년부터 현재에 이르는 환경교육의 전환기에는 IMF 구제금융이라는 심각한 경제위기가 몰고 온 구조조정과 실업난이 환경과 교육에 대한 관심과 투자를 굴절시키기에 이르렀다. 신자유주의와 세계화, 그리고 그린라운드는 세계적 경제 질서를 재편시켰고, 지속적인 경제적 성장을 이루는 경쟁력 있는 국가가 되기 위해서 환경교육은 더 이상 환경을 보전하거나 보존하는 개인적 실천교육에서 벗어나 지속 가능한 발전을 위한 교육과 녹색성장교육으로 변형되었다.

(가) 경제적 상황

한국경제는 외환위기 직후에 진행된 긴축 정책으로 위기를 극복하는 데 실패했고, 오히려 1998년 하반기부터 진행된 전통적인 경기팽창 정책에 의해 위기 국면을 빠르게 벗어날 수 있었다. 그러나 그 과정에서 본격적으로 진행된 '구조조정'은 사회적 불안정성의 증대를 가져왔다.

기업들의 투자 역시 불확실성에 휩싸이면서 1990~1996년 연평균 설비투자 증가율은 10.7%였으나 외환위기 이후 1997~2003년에는 2.2%로 둔화되었으나 2000년대로 접어들면서 경기가 차츰 회복되고 있다. 이 시기 연간 경제 지표는 <표 38>과 같다.

〈표 38〉 전환기 연간 경제 지표(2005년 기준)

계정항목코드별	1997	1998	1999	2000	2001	2002	2003	2004	2005	2006	2007	2008	2009
국내총생산(억 달러)	5,323	3,582	4,616	5,335	5,046	5,759	6,436	7,224	8,447	9,511	10,493	9,287	
일인당GNP(달러)	11,505	7,607	9,778	11,292	10,631	12,100	13,460	15,082	17,531	19,722	21,695	19,231	
국내총생산(%)	5.8	-5.7	10.7	8.8	4	7.2	2.8	4.6	4	5.2	5.1	2.2	0.2
수출입의대GNI비율(명목)(%)	66.2	80.8	71.5	77.5	72.2	67.1	70.6	79.8	78.6	80.9	85.9	110.6	

농림어업(%)	4.2	-7.7	5.1	1.1	1.6	-2.2	-5.4	9.1	1.3	1.5	5.5	1.6	1.6
광공업(%)	5.7	-7.4	22.8	17.2	2.4	8.7	5.4	9.9	6.1	8	3.1	-1.8	-1.8
제조업(%)	5.8	-7.3	23	17.4	2.4	8.7	5.4	10	6.2	8.1	3.1	-1.8	-1.8
서비스업(%)	56.5	57.3	57.3	57.3	59	59.8	59.6	58.1	59	59.7	60	60.3	60.3
건설및전기가스수도사업(%)	10.8	0.4	9.9	13.1	7.2	7.8	3.9	6.9	7.4	4.1	5.1	5.7	5.7

자료: 한국은행, 2005.

전례 없는 지속적인 투자위축과 성장둔화는 비정규직 노동계층의 급팽창이라는 사회문제로 나타났다. 이것은 자본 집약적 중화학공업화 성장체제가 안고 있던 잠재적 문제들이 급속한 시장주의의 강화와 전통적 산업정책의 소멸과 맞물려 격렬하게 현실화된 것이라고도 볼 수 있다. 외환위기와 함께 출발했던 국민의 정부는 민주적 시장경제, 즉 민주주의와 시장경제의 병행적 발전을 경제정책의 철학으로 내세웠다. 이는 특히 생산적 복지라는 개념으로 구체화하기도 했다. 그러나 이러한 이념과 철학은 정부가 내세운 것과는 다르게 외환위기의 조기 극복을 목표로 단기적 대응에 집중하면서 노동의 배제를 가져왔을 뿐이다.

국민의 정부와 참여정부가 공유하고 있는 경제정책 측면에서의 두 가지 특징은 첫째, 성장 및 시장 담론에 포획되었다는 점이다. 성장 및 시장 효율성이 외환위기 극복과정에서 '대외적인 신인도 제고'라는 실질적인 목표에 연계되면서 다른 사회 민주주의적 가치보다 우선하였다. 둘째, 두 정부 모두 집권 초반에 노동을 포섭하는 사회복지정책의 강화를 표방하지만 점차 시장주의적 지향성에 경도되면서 집권 초의 개혁 성향이 후퇴되고 보수화되었다는 점이다(이덕재, 2006). 특히 집권 중반을 넘기면서 심화되는 경제적 위기의 대안으로서 성장 및 시장 효율성을 더욱 강조하는 경향이 나타나면서 민주정부의 운신의 폭과 기반은 더욱더 협소화되고 취약해졌다.

2005년 조세연구원 자료가 이를 뒷받침해준다. 2002년 기준 OECD 국가 대비 한국정부의 기능별 일반 예산 지출 비중에 관한 연구에서 경제, 국방, 사회보장 세 부문을 중심으로 나누어 볼 때 총재정지출 대비 경제부문의 비중은 25.5%로 18개 OECD 국가 평균에 비해 약 3배에 달했다. 반면 사회보장과 관련된 비중은 9.4%로 OECD평균 37.4%의 약 1/4에 지나지 않았다. 게다가 이를 명목 GDP 대비로 하면 1/7.3까지 떨어진다. 이것은 한국정부가 사회보장보다는 경제성장에 더 집중했음을 알 수 있게 해준다.

외환위기 이후 2000년대 한국의 경제성장률은 투자율의 현저한 약화를 동반하며 위기 이전과 비교하여 현저히 둔화되었다(한진희 외, 2008). 위기 이후 한국 경제의 성장성과에 대한 평가는 엇갈리고 있는 것으로 보인다. 위기 이전의 고성장은 정부가 재벌 및 금융기관에 제공한 암묵적 보증으로 이루어진 '과잉투자'에 의해 주도된 것이라는 견해와 위기 이후 한국 경제의 성장잠재력이 지나치게 약화되었다.

IMF 구제금융은 다양성을 추구하던 한국 사회 전반에 다시 '경제성장주의'의가 우위를 차지하게 되는데 커다란 영향을 끼쳤다. 따라서 '지속 가능한 개발' 혹은 '지속 가능한 발전'을 위한 교육은 설득력을 얻게 되고, 환경교육의 주요 패러다임이 되어 이 시기를 주도하게 된다.

세계적으로는 저금리와 과잉유동성을 바탕으로 수년간 고성장을 지속하던 세계경제가 서브프라임 사태를 계기로 조정국면으로 진입한 반면, 한국경제는 2007년에 이어 <전환기 연간 경제 지표(2005년 기준)>과 같이 세계경제성장률(4.7%)을 상회하였다. 주가상승에 따른 가계의 금융자산 증가와 임금상승으로 민간소비가 늘고 설비투자도 다소 증가하는 등 내수도 3년 연속 회복세를 지속했으나 내수회복세가 미약한 수출중심의 성장이 지속되어 경기지표와 체감경기가 괴리를 보였다.

한국의 경제 시스템은 외환위기를 거치면서 주주(금융자본 소유자)의 이익을 극대화하는 방향으로 돌아서 국내 금융자본 또한 높은 수익률에 이끌려 주주자본주의 시스템 안으로 빠르게 흘러들어갔다.

2007년부터 자본시장통합법이 시행되면서 일반은행들도 펀드 상품을 판매할 수 있게 되어 그 결과 전체 펀드 계좌 수는 2007년 11월 말 2,295만 개에 이르며, 2007년 펀드 투자의 총 평가차익은 총 44조 2,393조 원으로서 상장 제조업체 순이익 33조 9,407억 원보다 많은 액수이다.

2007년 11월까지 28.3만 개의 일자리가 늘어 2년 연속 경제활동인구 증가분인 23만 명을 상회해 양적 측면에서는 고용환경이 개선되었으나 전반적인 고용불안감 등 고용의 질적 개선은 미흡하였다. 국민소득은 2만 달러를 달성하였고 주가는 사상최고치를 기록하는 등 저축의 시대에서 투자의 시대로 바뀌는 원년이 되었다(황인성, 2007). 그러나 서브프라임 모기지 사태로 금융시장의 불안정성은 증폭되어 은행권의 자금부족과 금리가 급등하는 등 자본시장은 전반적으로 불안감에 시달렸다.

2008년 한국경제는 외부충격에 크게 시달렸다. 한때 한국경제는 미국경제와의 탈동조화를 거론할 정도로 자생력을 갖춘 것으로 평가받았으나 2008년에는 오히려 다른 국가보다 더 극심한 금융 불안을 경험했다. 특히 10월에는 제2의 외환위기설이 제기될 정도로 금융시장은 극심한 변동성을 경험했다. 주식시장도 10월 중 전월 대비 33.5%나 폭락해 공황상태에 빠졌고 2008년 경제성장률은 1.0%로 외환위기 이후 최저치 수준에 머물렀다. 민간소비는 위축되고 일자리는 줄어들고 있는 반면, 소비자 물가지수는 약간 상승세가 둔화되고 있지만 여전히 높은 수치를 기록하고 있다.

2008년 4/4분기에는 전기 대비 5.1%의 마이너스 성장을 기록한 한국경제는 2009년 초 비상경제를 선포하고 적극적인 대응에 나선 결과 2009년 1/4분기 중 +성장으로 전환됐으며 2009년 연간 +0.2% 성장을 달성하였다. 한국경제는 2009년 1/4분기에 시작된 경기회복세가 1년 남짓 지속되고 있지만, 상승 탄력은 다소 약화되고 있다. 2009년 12월 동행지수 순환변동치가 10개월 만에 처음으로 하락했고 가계 및 기업의 심리지표들도 상승 폭이 축소되고 있다.

2009년 한국의 경제성장률은 2008년 대비 0.2%로 폴란드 1.7%, 호주 1.4%에 이어 3위를 기록했다. 국가별로는 선진국인 주요 7개국(G7) 모두가 마이너스 성장을 기록하였다. 미국과 영국의 성장률이 각각 -2.4%, -5.0%를 기록했으며 프랑스 -2.2%, 독일 -5.0%, 캐나다 -2.6%, 일본 -5.0% 등이었다. 한국의 높은 경제성장률에도 불구하고 환경부의 환경인식조사에서 알 수 있듯이(지속가능발전위원회, 2007a) 우리나라 국민과 정부는 경제성장수치에 대해 지대한 관심을 가지고 있으며, 성장을 끊임없이 기대하고 있다.

(나) '환경화된' 경제문제에서 '경제화된' 환경문제를 바라다

IMF 구제금융 사태는 기업의 도산과 노동자의 정리해고로 이어지며 사회에 커다란 충격을 주었다. 따라서 결코 '경제적 성장'을 제외한 '환경'만을 논할 수 없는 상황이 되어버렸고 전환기의 사회적 배경에서 알 수 있듯이 한국 사회의 환경적 인식을 다소 뒤틀어 놓았다.

이 시기의 대기오염도는 <표 39>와 같이 전반적으로 줄어들었다. 1995년 오존주의보가 시행되면서 대기 중의 오존농도는 국민의 관심이 되었고, 개인의 오존오염 피해는 지구환경의 관심으로 이어졌다.

또한 <표 40>과 같이 수질환경기준 달성률은 이전 시기보다 좀 더 높아지고 있음을 알 수 있다. 아직 완벽한 수질에 미치지는 못하지만, 1980년대와 비교해보면 수질의 개선을 확인할 수 있다. 또한 우리나라 연안의 수질은 1990~2000년대에 걸쳐 <표 41>과 같이 대

개 COD 기준 2mg/L 정도의 수질을 유지하고 있다. 경제규모의 확대와 해상물동량의 증가, 연안지역 개발의 활성화 등에 따른 해양오염부하의 증가에 비해 비교적 양질의 해양오염도를 보이고 있지만, 일반 국민의 인식과 체감 오염도는 매우 낮은 수준으로 볼 수 있다.

한편 <표 42>에서 폐기물 발생량을 보면, 발생량이 감소하고 있는 것은 아니지만, 1인당 발생량이 이전 시기보다 많이 줄어들었음을 알 수 있다. 쓰레기 종량제의 성공과 더불어, 쓰레기 분리배출 및 재활용에 대한 교육이 꾸준히 강조되었던 결과로 해석된다. 특히, 재활용률은 2002년에서 2008년을 비교해보면 거의 50% 정도가 증가했음을 알 수 있다.

<표 39> 전환기 서울시 대기환경오염도

항목	1997	1998	1999	2000	2001	2002	2003	2004	2005	2006
아황산가스(SO_2)(ppm)	0.011	0.008	0.007	0.006	0.005	0.004	0.005	0.005	0.004	0.006
오존(O_3) (ppm)	0.016	0.017	0.016	0.017	0.015	0.013	0.013	0.014	0.014	0.018
이산화질소(NO_2)(ppm)	0.032	0.030	0.032	0.035	0.037	0.033	0.038	0.037	0.028	0.036
미세먼지(PM_{10})($\mu g/m^3$)	68.167	59.250	68.417	65.000	66.500	75.833	69.750	60.667	50.167	59.917

자료: 환경부, 2009a.

<표 40> 연도별 연안오염도 변화추이(COD)

	1985	1990	1995	2000	2005	2007
전체평균	1.8	1.6	1.7	1.3	1.2	1.2
서해	2.1	2.0	1.5	1.3	1.5	1.3
남해	1.9	1.9	1.7	1.6	1.3	1.3
동해	1.6	2.0	2.1	1.0	0.8	0.9
제주			1.3	0.8	0.8	0.4

자료: 환경부, 2009a.

<표 41> 전환기 수질환경기준 달성률

항목	1997	1998	1999	2000	2001	2002	2003	2004	2005	2006
전국	21.0	31.8	29.9	27.8	29.4	37.6	49.0	36.6	42.3	35.6
한강	28.8	38.5	36.5	38.5	42.3	53.8	57.7	53.8	53.8	42.3
낙동강	10.0	25.0	30.0	20.0	22.5	32.5	55.0	32.5	45.0	32.5
금강	31.6	55.3	36.8	34.2	26.3	31.6	44.7	34.2	44.7	36.8
영산강	8.3	16.7	8.3	8.3	25.0	25.0	41.7	16.7	16.7	25.0
섬진강				16.7	33.3	33.3	33.3	16.7	16.7	50.0

자료: 환경부.

<표 42> 전환기 폐기물 발생량(2002~2008)

		2002년	2003년	2004년	2005년	2006년	2007년	2008년
발생 및 처리(총계)		269,548	295,047	303,514	295,723	318,928	337,158	359,296
발생	생활폐기물	49,902	50,736	50,007	48,398	48,844	50,346	52,072
	- 1인당 발생량(kg/일)	1.04	1.05	1.03	0.99	0.99	1.02	1.04
	사업장 일반폐기물	99,505	98,891	105,018	112,419	101,099	114,807	130,777
	건설폐기물	120,141	145,420	148,489	134,906	168,985	172,005	176,447
처리	매립	53,641	48,405	42,817	33,497	25,433	37,554	37,784
	소각	16,785	17,316	17,217	15,950	17,209	17,957	18,709
	재활용	189,609	219,123	232,334	234,651	266,554	273,561	295,863
	해역배출	9,513	10,203	11,146	11,625	9,732	8,086	6,940

자료: 환경부.

이 시기 오염도가 줄어들고 폐기물 발생량이 적어진 이유는 다양한 환경정책 및 친환경기술, 국민의 환경의식의 함양 및 지속적인 환경교육의 영향으로 보인다. 따라서 환경오염이 나날이 심각해져서, 환경교육이 더욱더 필요해졌다고만은 할 수 없다. 그것은 사회가 지향하는 가치와 그 가치에 합의하는 국민의 의식과 더욱 관련이 깊다고 하겠다.

그러나 지구 온난화와 같은 전 지구적 이슈로 인해 한국의 경제는 이산화탄소 긴축을 위한 경제구조의 재편이 필요하게 되었다.

이명박 대통령은 G8 확대정상회의(2008)에서 국제사회의 기후변화대응 노력에 적극적인 동참 의지를 천명하였으며, 1997년에 지구 온난화 방지를 교토의정서 합의로 인해, 한국은 2013년부터 온실가스 감축 의무를 이행해야 한다.

지구 온난화의 주요 원인이 되고 있는 이산화탄소 증가는 15년(1990~2005) 사이 98.7%로 약 2배 급증하는 결과를 낳았고, 에너지부분의 이산화탄소 배출량은 세계 10위(1.7%)를 차지했다. 경제력개발기구(OECD)회원국 1인당 온실가스 배출량 증가율(90~2004년)도 69.5%로 1등이었다(국민일보, 2008, 04, 28).

따라서 기업들 역시 이산화탄소 저감을 위한 다양한 차원의 계획과 노력을 발표하고 실천하고 있다. 이러한 '저탄소화'는 기존의 경제구조를 바꾸는 획기적인 일이 될 것이다.

리우환경회의를 계기로 한국 환경운동에 새롭게 제기된 쟁점은 지구 온난화, 기후변화, 오존층 파괴, 생물종다양성 등 다양하다. 그 중 한국과 가장 직접적으로 관련된 쟁점이자 당면과제는 기후변화 문제이다. 지구 온난화로 대표되는 기후변화는 가장 심각한 전 지구적 환경 위협요인으로 인식되고 있다. 한국 사회에서 기후변화가 새로운 환경의제로 떠오른 것은 한국정부가 교토의정서에 비준함으로써 기후변화 대책을 더는 피할 수 없게 된 데 따른 것이다.

이에 따라 기후문제의 심각성과 온실가스를 줄이기 위한 환경교육 및 시민캠페인 등의 인식 제고 활동과 에너지 절약 시민운동, 대안에너지 사업을 전개하고 있다. 인식 제고 활동으로는 '환경운동연합'이 교토의정서 발효 2주년 기념 1.5C DOWN 캠페인을 전개하는가 하면, '녹색연합'은 환경교육으로 녹색시민강좌를 열고 있다. 또한 대안에너지 사업을 통해 태양에너지, 바이오매스, 식물연료 등 재생 가능한 대안적 에너지 체제 전환을 위해 시민, 지역조직과 함께 전국적 에너지운동을 진행하고 있다(김선미, 2009). 또한 신재생에너지로 대표되는 에너지교육도 꾸준히 강화되어 기후변화교육의 핵심 부분으로 강조되고 있다.

나. 환경교육 전환기로 구분 짓다

학교 환경교육은 여명기, 형성기, 확산기, 전환기와 같은 역사적 전개를 거치면서 진화·발전되었다. 전환기에 환경교육이 다소 굴절되는 듯하지만, 환경혁명의 세기를 맞이하여 내재적 발달과정과 외재적 요구에 힘입어 학교 환경교육은 계속 확대되고 강화되고 있다고 할 수 있다.

논의한 바와 같이 제7차 교육과정과 2007 개정 교육과정, 2009 개정 교육과정 및 2011 개정 교육과정을 중심으로 학교 환경교육은 새로운 전환점을 맞이하면서 발전하게 되었다. 이 시기에 환경교육은 지속가능교육, 지속가능발전교육, 기후변화교육, 녹색성장교육 등의 다양한 이름으로 변모되어 그 지향점이 달리하는 경향이 매우 뚜렷해졌다. 이러한 환경교육의 진화는 발전적인 환경교육의 모습으로서 인식하고 이를 지향해야 한다는 담론과 더불어, 사회경제의 성장 속에 환경교육이 틀을 맞춘다는 비판적인 담론이 맞서면서 다양한 논의를 불러일으켰다.

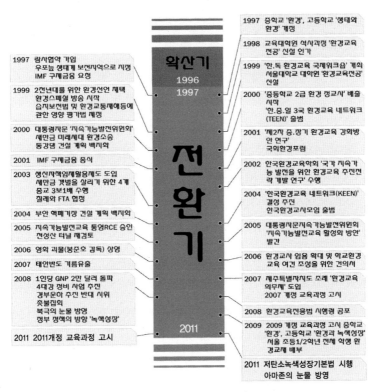

[학교 환경교육 전환기 개요]

위의 그림은 전환기에 일어났던 사회적·경제적 사건 및 환경교육과 관련된 내용을 개요화한 것이다. 이전 시기와 마찬가지로 전환기에 일어났던 사회·경제적 현상들은 학교 환경교육에 커다란 영향을 끼쳤다. 경제성장에 대한 반성 혹은 경제성장과 구별되어 발전되어왔던 환경교육은 이 시기에 사회적 배분과 경제적 성장과 괘를 같이하는 패러다임적 전환을 맞이한다.

1997년 유네스코는 그리스 테살로니키에서 '환경과 사회: 지속가능성을 위한 교육과 공공인식'이라는 주제로 국제회의를 개최하였다. 이 회의의 결과로 채택된 '테살로니키 선언'에서는 교육이 지속가능발전에 중요한 요인임을 천명하였다. 또한 리우회의 이후 5년간 이와 관련된 진전이 충분히 이루어지지 못한 것으로 진단하였고 노력을 계속 기울이도록 권고하였다(이선경 외 2005). 이를 계기로 유네스코 교육 분야 사업은 '환경·인구·발전' 교육의 형태에서 환경교육의 개념과 영역이 사회, 경제적 차원으로 적극 확대되기 시작하였다.

또한 2002년 남아프리카 공화국 요하네스버그에서 개최된 '지속가능발전 세계정상회의(WSSD)'에서 환경·경제·사회의 상호의존적인 측면들을 종합적으로 고려하는 발전의 의미로 구체화되었다. 즉 환경과 경제, 그리고 사회의 조화를 이루는 경제 발전에 주목하였다고 볼 수 있다(김찬국·최돈형, 2008). 향후 지구 전체의 지속가능발전을 위한 과제와 이행 계획을 합의하는 과정을 거치면서, 오늘날 우리가 논의하는 지속가능발전의 개념에 대한 합의가 이루어졌다. 즉 지속가능발전은 환경보호, 경제발전, 사회발전이라는 상호 의존적인 세 측면을 종합적으로 고려하는 21세기 인류의 보편적인 발전 전략을 함축하는 핵심 개념으로 대두되었다(UNESCO, 2005).

'지속가능발전' 개념이 부각되면서 '환경교육'은 '지속가능발전을 위한 교육', '지속가능성교육'으로 바뀌어야 한다는 주장이 공감대를 형성하였다. 지속가능발전 개념은 지속가능발전세계정상회의(WSSD, 2002) 등 많은 국제회의에서 세계인의 보편적인 가치로 인정을 받게 되었다. 2002년 지속가능발전세계정상회의(WSSD)는 2005부터 2014년까지 '지속가능발전교육 유엔 10년(United Nations Decade of Education for Sustainable Development)'으로 정하는 것을 유엔총회에 권고하였으며, 유엔총회는 이를 수용하여 UNESCO로 하여금 그 임무를 담당하도록 결정하였다.

지속가능발전세계정상회의에서 지속가능발전교육의 권고는 한국 환경교육의 이론적 배경을 마련해 주었다. 지속 가능한 사회를 위한 교육, 혹은 지속 가능한 개발을 위한 교육 등 다양한 논의로 이러한 개념들이 제기되었다가 이 시기 환경교육의 중심 패러다임으로서 '지속가능발전교육'이 널리 사용되게 되었다.

2007년에는 남아프리카(South Africa)의 더반(Durban)에서 제4차 세계 환경교육회의가 개최되었으며, 트빌리시 선언 30주년을 맞이하였다.

UNEP는 2009년 최근 심각해지는 환경 변화와 유엔 시스템의 변화에 발맞춰 2010년부터 2013년까지 실행할 중기 전략을 채택한 바 있다. 중기전략은 기후변화, 전쟁과 분쟁, 생태계 파괴, 환경 거버넌스, 유해물질과 폐기물, 효율적인 자원(지속 가능한 소비와 생산)의 이용이다.

또한 2009년 UN에서는 평화, 평등 그리고 인권, 성, 환경, 문화다양성 존중과 같은 가치를 포함하는 모든 사람을 위한 교육(Education for all ; EFA)이 지속가능교육의 약점을 극복하는 대안으로 논의되고 있다.

2009년 3월 독일에서 지속가능발전교육 세계회의가 개최되어 지속가능발전교육 10개년의 지난 5년을 되돌아보고 남은 5년간 필요한 행동을 추구하는 '본 선언문'이 채택되었다. 우리나라에는 2009년 6월 유네스코한국위원회(위원장 교육과학기술부 장관) 산하에 '지속가능발전교육한국위원회'를 뒤늦게 설립하였다.

[덴마크 코펜하겐 기후변화협약 당사국총회]

유레스코한국위원회와 지속가능발전교육한국위원회는 지속가능발전을 위한 개인과 집단의 역량을 강화함으로써 건강하고 지속 가능한 사회를 향한 패러다임의 변화와 공생의 문화적 기반을 형성하고, 유엔 지속가능발전교육 10년에 대비하여 국제적 요구에 능동적으로 대처하고 동북아지역 선도국가 지속가능발전 비전을 달성하는 데 필요한 시민들의 이해와 참여 중진을 목적으로 다양한 활동을 전개하고 있다. 지속가능발전교육(ESD) 콜로퀴엄 시리즈 개최, 초등학교 및 중학교 ESD 수업 모듈 개발, 초등교사 및 중등교사 지속가능발전교육(ESD) 역량개발 교원연수 실시, 유네스코지속가능발전교육 공식프로젝트 인증제 실시 등의 활동으로 학교 환경교육의 ESD 보급과 연구에 중요한 역할을 하고 있다.

2009년 덴마크 코펜하겐에서 124개국 정상, 194개 당사국과 각종 국제기구 및 비정부기구에서 3만여 명이 참석한 가운데 제15차 기후변화협약 당사국총회, 제5차 교토의정서 당사국총회 및 기후변화정상회의가 개최되었다. 발리로드맵에서 제시한 Post-2012 체제 협상 완료 시한이었으나 '지구 기온 상승률을 산업화 이전 대비 2℃ 이내로 억제한다'는 등의 핵심 쟁점에 대한 정치적 합의문인 '코펜하겐 합의문'을 도출하고 협상 시한을 1년 연장하였다. 이는 한국을 포함하여 미국, 유럽연합, 중국, 인도 등 주요 25개국이 참여한 비공식 정상급회의에서 도출된 것이다. 당초 당사국총회 결정문으로 채택하려 하였으나 베네수엘라, 수단 등의 거센 반발로 '주목(take note)한다'는 수준으로 결정되었고, 향후 협상의 정치적 가이드라인을 제공하게 되었다.

전환기는 국제적인 협력이 매우 강화된 시기이다. 환경문제는 전 지구적 문제가 되었고, 국제적인 파트너십이 필요하게 되었다. 그러나 제15차 기후변화협약은 자국의 경제적 이해관계가 얽혀 있는 문제에 대해서는 지구환경 전체를 보호하는 일이 되더라도, 쉽게 협상의 내용을 결정할 수 없다는 것을 보여주었다. 그리고 이는 환경문제와 경제성장의 양극 간의 커다란 차이를 보여주는 예가 되었다.

이 시기에 한국의 환경교육 연구 동향을 살펴보기 위하여 1997년부터 2009년까지 『환경교육』 학회지에 실린 논문을 필자가 분석한 결과는 다음과 같다.

전환기는 이전 시기와 비교하여, 환경교육 프로그램 및 모형개발의 증가가 뚜렷하였다. 또한 환경정책 및 경제, 문화와 같은 내용이 30% 정도로 자연과학에 치중되었던 이전 시기보다 매우 높은 비율을 나타내었다. 또한 기후변화 및 사이버와 관련된 환경교육 내용이 점차 다양해지는 것을 알 수 있다. 여전히 정량적 분석이 정성적 연구방법보다는 더 높은 비율을 차지하지만, 연구방법에서도 이전 시기에 비해 정성적 연구방법의 비율이 높아졌으며, 실험연구와 실태 분석 연구방법도 매우 다양해져 갔다. 또한 주로 초중등 환경교육과 관련된 내용이 다수를 이루었으며 특히 초등학생 및 초등학생을 대상으로 한 현장연구가 많아지고 있는데 이는, 초등교사의 환경교육 전공 비율이 높아지고 있기 때문으로 해석된다. 그러나 초등학교 이전의 연구는 한편 정도밖에 되지 않았으며 사회 환경교육 및 일반인을 대상으로 하는 연구도 많지 않아서 학교 환경교육에 연구가 치중되었음을 알 수 있었다. 또한 환경인식과 태도에 대한 연구가 많았고 행동과 참여에 대한 연구도 그 뒤를 이루었으나, 환경교육의 중요한 목표 영역의 하나인 환경적 기능에 대한 연구는 찾아보기 어려웠다. 특이한 점은『환경교육』학회지에서 녹색성장교육에 대한 연구논의를 거의 찾아볼 수 없다는 점이다. 이는 녹색성장교육에 대한 학문적 합의가 이루어지지 않은 상태에서 교육현장에 적용되었기 때문이며, 녹색성장에 대한 다양한 시각이 존재하기 때문으로 해석된다.

전환기 후기에서 환경교육은 녹색성장교육으로 새로운 국면을 맞이한다. 앞서 논의한 것 같이 한국의 경제성장은 국민의 체감과 다르게 다른 국가들보다 양적으로 성장했으며, 1인당 GNP가 2만 달러를 돌파하는 등 경제적인 안정을 이루었다. 그러나 미국의 금융문제로 금융 불안은 한국을 다시 경제적 측면에 지대한 관심을 갖게 하였다. 이명박 정부는 높아진 국민 의식과 세계적인 그린라운드를 감안하여 녹색성장 정책을 표방하고 환경교육 역시 이러한 사회·경제적 여건을 반영하여 녹색성장교육을 지속가능발전교육의 연장선에서 수용하게 된다. 녹색성장교육은 경제와 환경을 염두에 두면서 조화로운 접점을 찾고 있는 듯하지만, 지속적인 경제성장의 기대가 실질적인 균형점을 찾기 어렵게 만들고 있다. 국가의 '저탄소 녹색성장'의 정책기조는 이 시기를 맞이해 환경교육에 강한 영향을 끼쳤다. 따라서 학교 환경교육은 이전 시기보다 사회·경제적 성장을 전면적으로 지향하고 있다고 할 수 있다.

전환기에는 세계화, 정보화, 지방분권화라는 거대한 변화의 흐름에 대응해야 하는 환경교육의 과제를 해결하기 위해 환경교육은 체계화와 활성화에 주력하였다. 따라서 '제1차 (1997~2001) 환경교육 홍보 종합 계획 수립 연구'(최석진 외, 1997)와 '제2차(2002~2006) 중·장기 환경교육 강화방안 연구'(최돈형 외, 2001)가 이 시기에 발표되었는데, 장기적인 국가 수준의 환경교육 계획을 수립하고 이를 실행에 옮기기 위한 새로운 전략과 방법을 모색하여 한국의 환경교육 발전을 위해 지향해야 할 정책방향과 추진전략을 수립하였으며, '환경교육진흥법' 제정을 제안하였다. 특히 제2차 중장기 환경교육 강화방안은 환경교육영역을 환경교육 총괄영역, 학교 환경교육 영역, 사회 환경교육 영역 3가지로 구분하여 주요정책기조를 설정하였고, 정책과제의 상대적인 우선순위를 밝히고, 이를 체계적으로 실행하기 위한 장·단기적 전략과 절차를 구체적으로 제시하였다. 또한 핵심 정책 과제를 실행하는데 소요될 예산을 제시함으로써, 과제추진 전략의 실현 가능성을 제고하였다.

한편, 여가와 주 5일제 근무의 확대로 환경의 질에 대한 관심이 높아지는 사회적 문화적 상황의 변화와 환경단체의 네트워크화 노력 및 지속가능발전사회의 필요성이 공감대를 형성하면서 2005년 환경교육 발전 10년 계획(2006~2015)이 추진되었다. 구체적인 목표와 추진 전략은 다음과 같다(환경부, 2005).

> 구체적인 목표로는 환경친화적 행동을 실천하는 국민의 비율을 2003~2007년간의 환경교육 홍보 종합계획(환경부, 2002)에서 제시한 40% 이상 달성을 참고하였다. 이와 함께 지구 온난화를 야기하는 온실가스 배출량, 쓰레기 문제 등 국제적, 국가적, 지역적인 중요 환경문제를 10% 이상 저감할 수 있도록 환경교육을 합리적인 의사결정과 문제 해결 지양의 실천을 목표로 설정하였다.

> 첫째, 지속 가능한 발전, 지속 가능한 사회를 위한 혁신적인 환경교육의 도모
> 둘째, 환경문제 해결을 지향하는 실천적 환경교육의 정착
> 셋째, 수요자가 있는 곳이면 언제든 어디서든 가능한 유비쿼터스 환경교육의 실천
> 넷째, 거버넌스와 파트너십을 통한 참여적 환경교육 활성화

또한 2006년 (사)한국환경교육학회는 국회, 정부, 시·도교육청을 대상으로 '환경교사 임용 확대 및 학교 환경교육 여건 조성을 위한 건의서'(부록 I-2)를 발송하는 등 환경교육의 강화 및 내실화를 가져오는 데 노력을 기울였다.

> (중략) 우리나라 교육에 있어서 학교환경교육을 확산, 정착시켜 나가기 위해 환경교사 임용 확대 및 학교환경교육 여건 조성을 위한 간곡한 건의를 드리기 위해서입니다. (중략) 우리나라는 학교환경교육의 중요성을 인식하여 지난 996년부터 사범대 환경교육과 설립

을 통해 교사 양성과정을 운영하고 있으나, 전국을 통틀어 지난 5년 신규 임용된 환경교사는 57명에 불과하며, 그나마 최근 2년 동안 임용된 교사는 단 1명뿐입니다.

여러 교육관계자님, 우리나라가 지속 가능한 사회로 발전해 나가는 데 있어서 중요한 역할을 하게 되는 학교 환경교육이 제대로 정착되어 발전할 수 있도록 환경교사의 임용확대와 환경교육이 내실 있게 이루어질 수 있는 학교 분위기 형성에 적극적으로 힘써 주시기를 바랍니다. 학교 교육 관계자님의 교육에 대한 비전이 우리나라의 교육 패러다임을 바꾸고, 나라의 발전과 미래의 행복을 가져올 것이라 확신합니다.

(사)한국환경교육학회 회장 최돈형 외 회원 일동(2006. 06)

전환기에는 사회·경제적 압력이 감소하는 추세에서 다시 강화되는 첫 시기로 보인다. 확산기에서 환경적 상황, 국가의 개입 및 국외 환경교육 사건들이 대부분 환경교육에 긍정적인 영향을 끼쳤으나, 이 시기 IMF 구제금융은 전반적으로 환경교육에 대한 위축을 가져왔다. 따라서 지속가능발전교육의 패러다임적 전환을 가능하게 해주었다.

(1) 성장의 중심에 서다

지속가능발전교육에서 녹색성장교육에 이르기까지 성장 중심의 교육이 주요 패러다임이 되었다. 1987년 이후 환경교육은 더 이상 산업화의 폐해를 '치유'하는 차원에 머무는 '환경오염' 또는 '환경문제'의 수준에 머물러서는 안 되며, 환경에 대한 관점을 전면적으로 재정립하면서 인류사회 발전에 기여하는 방식 즉, 환경교육의 새로운 패러다임인 '지속 가능한 발전을 위한 교육'으로 전환되어야 한다(최돈형, 2005)는 주장이 제기되었다.

제7차 교육과정의 '환경' 및 '생태와 환경'은 이러한 관점이 반영되었으며, 환경교육진흥법에서도 환경교육을 지속가능발전을 지향하는 것으로 정의하고 있다.

국내에서는 1993년 'ESSD 달성을 위한 환경정책 심포지엄'(한국환경기술개발원, 1993)을 시작으로 학회의 세미나와 같은 연구자 집단을 중심으로 논의가 진행되었다. 그러나 공론화되지 못하다가 2002년 요하네스버그 회의를 앞두고, '국가지속가능발전을 위한 환경교육 추진전략 개발연구'(환경부, 2002)가 수행되어 지속가능교육을 위한 사회 환경교육 전략과 학교 환경교육 전략 및 지표 등이 설정되었다. 한국환경교육학회에서는 2002년 및 2005년 지속가능발전과 환경교육으로 정기학술발표 대회를 개최하였으며, 2005년 지속가능발전교육과 관련된 교사 연수를 진행하였다. 한편, 2004년 청주교육대학교와 한국

환경교육학회 주최로 '지속 가능한 사회를 위한 학교 환경교육 발전 방안'을 주제로 한 국제세미나가 개최되었다.

이 시기 지속가능발전교육에 대한 주요 연구는 다음과 같다.

- 『지속가능발전을 위한 한국민간위원회 보고서』(리우+10 한국민간위원회, 2002)
- 『지속가능발전 전략과 실행, 아카데미서적』(김귀곤 외, 2003)
- 『지속 가능한 미래와 학교 환경교육』(최돈형, 2005)
- 『지역전문센터를 통한 지속가능발전교육의 의미와 향후 과제』(성정희, 2006)
- 『유엔 지속가능발전교육 10년을 위한 국가추진 전략 개발연구』(이선경 외, 2005)
- 『지속가능발전과 기업의 역할(송인경 외 2005)』
- 『우리나라 지속가능발전교육의 현황과 활성화 방안』(이선경 외, 2006a)
- 『지속가능발전교육을 위한 중학교 국어 교과서 분석 및 개선 방안』(안영희 외, 2006)
- 『지속가능발전을 위한 교육(ESD)과 지속가능성을 위한 (경제)교육』(김태경, 2006)

2005년에 수행된 『유엔 지속가능발전교육 10년을 위한 국가추진 전략 개발연구(이선경 외, 2005)』 결과를 보면, 지속가능발전교육 발전을 위한 주요 전략으로 지속가능발전과 지식기반사회의 결합을 제시하고 있으며, 지식기반사회와 지속가능발전교육의 연계 방안 및 필요성을 제기하고 있다.

> 개인 집단적으로 지속가능한 발전과 더불어 사는 삶에 필요한 가치, 행동능력, 사람의 방식을 함께 학습하는 과정을 통해 한국의 자연 생태계 및 사회문화의 지속가능발전을 보장하고 한국 내 또는 지구촌 내 여러 구성원 사이, 현재와 미래 세대, 인간과 자연 사이의 공존과 공생을 가능하게 하는 사회를 만들고자 하는 것으로 국가 지속가능발전교육의 비전을 정의하고 있다(이선경 외, 2005).

'지속가능발전교육'은 어떤 절대적인 형태가 존재한다기보다는 경제적 · 사회적 상황에 따라 강조점이 달라지는데, 일반적으로 '현 세대의 삶과 미래 세대의 삶을 개선하고 유지하는 데 필요한 교육'으로 정의된다. 즉, 지속가능발전교육은 창조적 문제 해결 능력, 과학적 · 사회적 소양, 책임 있는 개인적 · 집단적 행동에 참여하는 열성을 지닌 학식 있고 참여적인 시민을 양성하는 평생 교육 체제를 말하는 것이다. 지속가능발전교육의 목적을 보다 자세히 살펴보면 지역·국가·지구적 수준에서 환경적·경제적·사회적 상호 의존성을 이해하고, 개인과 집단의 의사 결정이나 비판적 사고 기능을 개발하며, 지속가능성에 대한 참여 능력 신장 등이 포함된다(최돈형, 2009).

이러한 목적을 달성하기 위해 지속가능발전교육은 사회가 지속가능한 미래로 발전하는 데 필요한 지식, 자연 과학과 사회 과학 및 인문학을 이해하는 데 필요한 기초 지식을 보다 강조한다. 또한, 지속가능발전교육에서는 지구의 지속가능성을 위협하는 주요 환경적, 경제적, 사회적 쟁점을 강조하며, 국지적 및 문화적으로 현실성 있는 쟁점에 관한 정보를 수집하고 분석하며 해결하는 기능을 강조한다.

지속가능발전에서 표방하고 있는 내용이 기존의 환경교육의 내용과 많이 중첩되거나 혹은 직간접적으로 관련되는 경우가 많다. 논자에 따라서는 환경교육이 지속가능발전교육으로 변화하여야 한다는 주장도 있고, 환경교육과 지속가능발전교육은 동일시할 수 없고 환경교육의 한 부분이 지속가능발전교육이며, 이 두 개는 서로 공유되지 않는 속성을 가지고 있다고 파악하기도 한다. 한편 또 다른 견해로서는 지속가능발전교육을 환경교육보다 더 넓은 개념으로 이해하기도 한다. 즉 지속가능발전교육에서 중요한 한 부분으로 생각하는 양성평등, 빈곤 타파, 정치적 민주주의 구현 등은 환경교육의 영역과 구분하여야 한다는 관점도 있다.

지속가능발전교육은 이후부터 환경교육적 차원에서 계속적으로 논의가 되었고 녹색성장교육도 지속가능발전교육의 한 선상으로 이해되기도 하였다. 그러나 지속가능발전교육은 경제적, 사회적, 환경적 차원의 통합적 지향점을 의미하지만, 지속적인 발전적 차원에서의 담론으로 환경교육이 가지고 있는 고유의 특성이 퇴색될 수 있다.

게다가 절대적인 형태가 아니라 경제적·사회적 상황에 따라 강조점이 달라질 수 있기 때문에 수용될 여지는 높지만, 너무 가변적이어서 환경교육의 본질을 실현하기에는 부족한 것으로 평가된다.

그러나 지속가능발전교육은 환경교육이 지향해야 하는 방향으로 학계의 공감대를 얻으면서 전환기에도 지속적인 주요 패러다임으로 유지된다. '환경교육진흥법'의 제1조에서도 이러한 경향을 확인할 수 있는데, 이 법의 목적이 국가와 지역사회의 지속가능발전에 기여한다고 명시되어 있으며, 제2조 환경교육의 정의에서도 환경교육이 지속가능발전을 목표로 하고 있음을 분명히 밝히고 있다.

그러나 지속가능성을 위한 교육에 대한 반성도 제기되었다. 기존의 환경교육 패러다임에서 개발과 양립할 수 없는 환경에 대한 반동(反動)으로 지속가능발전교육을 비판하였다.

> 지속가능발전의 이념이 인간과 자연과의 조화를 표방한다고는 하지만 그것은 어디까지나 인간의 입장에서 본 인간과 자연의 조화를 의미하지 자연의 한 부분으로서의 인간과 자연의 조화를 의미하지는 않는다. 이와 같이 인간 중심의 가치관, 인간중심의 자연관을 공유한다는 점에서 지속가능발전의 이념과 시장의 원리는 기본적으로 뿌리를 같이 한다고 볼 수 있다(김태경, 2006).

> ESD를 비롯한 일련의 선진국 중심의 환경교육 프로그램이 마치 환경교육의 <표준안>처럼 받아들임으로써 '우리 사회의 기본 지평에 맞는 환경교육 구조가 무엇이어야 하는가?'에 대한 근본적인 고민 없이 선진국 중심의 환경교육 추세에 부응하려는 추세의 영향인 것으로 보인다(김태경 외, 2005).

2007 개정 교육과정에서는 중학교 '환경'과 분리된 관점을 하나로 일원화하고 과목 명칭의 외형적 연계를 유지한다는 측면을 고려하여, 고등학교 선택 과목 '생태와 환경'의 과목명을 '환경'으로 변경하였다. 하지만 시행을 목전에 두고 지속가능발전의 현실적 실천 방안으로 새롭게 부각이 되고 있는 녹색성장 개념을 2009 교육과정에 반영할 필요가 제기되면서 교과목명이 '환경과 녹색성장'으로 다시 변경되는 과정을 거쳤다.

저탄소 녹색성장 혹은 녹색성장은 새로운 사회적 패러다임으로 자리 잡고 있다. '녹색'의 세기를 주도하는 녹색성장은 아래로부터의 '녹색'에 대한 혁명적 움직임과 위로부터의 '성장' 정책이 맞닿아 있다. 이러한 녹색성장의 등장과 개념은 정부 관련 보고서에 잘 나타나 있다.

> 우리나라에서 추구하는 녹색성장은 비단 경제적인 측면뿐만 아니라 사회·문화적인 측면에서의 변화를 포괄하고 있기도 하다. 즉, 우리나라의 녹색성장은 탄소세 등 각종 세제, 탄소발자국, 친환경 제품의 생산 및 소비, 친환경 경영, 생태마을, 생태학교, 친환경적 생활 방식 등 사회 문화적인 정책 전반을 망라하는 큰 비전으로 제시되고 있다. 단순히 경제 발전만을 위한 것이 아니라 생활의 녹색 혁명을 이루고 삶의 질을 개선하기 위한 정책 지향을 집약한 것이 바로 녹색 성장이라고 볼 수 있을 것이다(녹색성장위원회, 2009).

즉 녹색성장은 환경적, 사회적, 경제적으로 통합적인 지속가능발전을 추구함으로써 모든 사람의 삶의 질 향상을 추구하는 것을 목적으로 하고 있다.

한국개발연구원(KDI)도 한 보고서를 통해서[31] 녹색성장의 의미를 '기후변화에 대한 국

---

31) 한진희·김재훈(2008). 국가 성장 전략으로서의 녹색성장: 개념·프레임워·이슈. 녹색성장 국가 성장 전략의 모색 회의 발표 자료.

제적 노력에 효율적이고 공정한 방식으로 동참하면서 선진국과의 1인당 소득 격차를 지속적으로 축소하는 성장'이라고 밝히고 있다.

녹색성장은 기존의 경제성장이 지니고 있던 낮은 효율성의 과도한 에너지 사용이라는 문제점을 극복함으로써, 기후변화에 대처하면서 환경과 친화성을 갖는 성장을 가능하게 할 것이라는 관점과 연결된다. 이러한 녹색성장은 경제와 환경뿐만 아니라 사회와 문화를 포괄하는 삶의 질을 위한 것이라고 주장한다.

그러나 현재 녹색성장은 상대적으로 환경의 산업적인 이용에 중점을 두고 있지만 환경이 지니고 있는 가치는 산업적으로 이용할 수 없는 분야도 충분히 존재한다. 환경가치에는 단순히 존재하는 것만으로 만족을 주는 비사용가치도 있다(이정전, 1996). 환경이 그 자체로가 아니라 산업적 가치로만 인식되는 한, 녹색성장은 경제성장 정책의 변형으로 존재할 가능성이 크다.

또한 녹색성장은 초보적 실행 단계에 머물고 있던 지속가능발전의 개념이 한국적 상황에 맞추어 실천적으로 구현된 것이라고 볼 수 있다. 외형적으로 볼 때 녹색성장은 환경과 경제의 통합을 내세우고 있다는 점에서 지속가능한 발전의 목표에 잘 부합하는 것으로 보인다. 하지만 경제 중심적 사고가 여전히 지배적이라는 우려(전상인, 2009)에서부터, 기존의 경제성장 중심 정책의 다른 이름에 불과하다는 주장(조명래, 2009)까지 다양한 비판도 제기되고 있다.

현재 녹색성장이 지속가능성의 강화를 목표로 표명하고 있지만, 환경문제에 구체적인 언급과 관심이 상대적으로 매우 부족하다. 녹색성장에서는 기술과 산업에 대한 강조에 비해 환경적 가치를 통합하는 것에 대한 논의는 거의 없으며, 이를 실현하기 위한 구체적인 수단이나 전략도 전혀 제시되지 않고 있다. 또한 녹색성장이 시스템적 전환에 대한 장기적 비전이나 전략이 전혀 제시되지 않고 있다. 이것은 녹색성장이 지속적으로 발전 가능한 사회를 대외적으로 지향하고 있지만, 실제로는 기술적, 산업적 변화만을 염두에 두고 있기 때문이다.

그러나 녹색성장이 하향적으로 주어진 비전이라는 점에서 사회적 정당성에 대한 논란의 가능성(길종백·정병걸, 2009)과 우려, 비판의 목소리가 높지만 환경의 중요성을 전면에 내세운 파격적인 정책이며 환경교육의 새로운 비전이라는 의견도 있다. 학교 환경교육은 녹색성장교육으로 급속하게 변형되어 가고 있다. '환경과 녹색성장'은 2009 개정 교육과정이 핵심적 목표로 추구하고 있는 창의·인성 시범 과목으로 선정됨으로써 환경교육의 확산에 기여할 수 있게 되었다. 2009년 교육과학기술부가 고시한 2009 개정 교육과정의 고등학교 '환경과 녹색성장'은 다음과 같은 목표를 지향한다.

환경·경제·사회 간의 상호 관련성을 이해하고, 환경에 관한 의사 결정력과 문제 해결 능력을 함양하며, 환경에 대한 바람직한 가치관과 태도를 기르고, 환경친화적 생활을 통하여 높은 삶의 질과 지속가능한 저탄소 녹색 사회의 실현에 기여하는 세계 시민을 양성하는 것을 목표로 한다.
가. 생태계와 인간 사회의 상호 작용에 대한 지식과 체험을 바탕으로 환경문제와 에너지 위기를 둘러싼 쟁점을 이해한다.
나. 환경 및 에너지 문제를 경제·사회 문제와 통합적으로 탐구하고 해결하는 데 필요한 의사 결정력과 문제 해결력을 기른다.
다. 인간과 환경에 내재한 가치에 대한 이해와 체험을 바탕으로 환경 윤리와 생태적 감수성을 함양한다.
라. 일상생활 속에서 환경친화적 생활을 실천하여 지속가능한 저탄소 녹색 사회를 구현하는데 적극적으로 참여한다(교육과학기술부, 2009).

또한 이 과목의 주요 내용은 '환경 프로젝트', '환경과 인류의 삶', '환경문제와 대책', '자원과 에너지', '기후 변화의 이해와 대응', '녹색성장과 지속가능한 사회', '녹색 사회로 가는 길' 등이며 내용체계를 살펴보면 <표 43>과 같다.

〈표 43〉 2009 개정 고등학교 '환경과 녹색성장'의 내용체계

대영역	중영역	내용
환경 프로젝트		○ 주제 탐색과 선정 ○ 계획 수립과 실행 ○ 결과 발표와 평가
환경과 인류의 삶	인간과 지구 생태계	○ 인간 삶의 터전으로서의 지구 생태계 ○ 지구 생태계의 구성과 특성 ○ 생태계의 물질 순환과 에너지 흐름
	인류 문명과 환경	○ 인간과 환경의 관계 및 경제 활동 ○ 산업화와 환경문제 ○ 환경관과 환경 윤리
	지속가능발전과 녹색성장	○ 지속가능발전의 이해 ○ 녹색성장의 이해 ○ 지속가능발전과 녹색성장의 관계

환경문제와 대책	대기 환경	○ 대기 환경과 인간과의 관계 ○ 대기 환경문제의 이해와 대책
	물 환경	○ 물 환경과 인간과의 관계 ○ 물 환경문제의 이해와 대책
	토양 환경	○ 토양 환경과 인간과의 관계 ○ 토양 환경문제의 이해와 대책
	생물 환경	○ 생물 환경과 인간과의 관계 ○ 생물 다양성 문제의 이해와 대책
자원과 에너지	자원과 에너지의 종류와 이용	○ 자원과 에너지의 종류 ○ 자원과 에너지 이용의 변천
	자원과 에너지 문제	○ 자원과 에너지원 개발과 고갈 ○ 자원과 에너지의 소비와 환경문제 ○ 지역 간, 국가 간의 갈등과 협력
	자원과 에너지의 친환경적 이용	○ 자원과 에너지의 절약 ○ 폐자원과 자원 순환 사회 ○ 미래 자원과 신재생 에너지
기후 변화의 이해와 대응	기후 변화의 원인과 영향	○ 기후 변화 현상과 원인 ○ 기후 변화의 직간접적 영향
	기후 변화에 대한 대책	○ 기후 변화에 대한 대응 ○ 기후 변화에 대한 적응 ○ 기후 변화와 국제적 협력
녹색성장과 지속가능한 사회	녹색 산업과 정책	○ 녹색성장의 가능성 ○ 녹색 기술의 현재와 미래 ○ 녹색 산업과 녹색 일자리 ○ 녹색 정책과 제도
	친환경적 기반 구축	○ 생태계의 보전과 복원 ○ 친환경 사회 기반 시설 ○ 환경 네트워크
	지속가능한 사회·문화	○ 녹색 생활양식과 녹색 소비 ○ 환경 정의와 문화적 다양성 ○ 참여와 봉사
녹색 사회로 가는 길	개인과 지역 사회에서의 실천	○ 개인과 가정에서의 실천 사례 ○ 학교와 지역 사회에서의 실천 사례
	국가적, 국제적 노력	○ 녹색성장을 위한 세계 각국의 노력 ○ 환경 관련 단체 및 기구의 활동 ○ 국제 협력

2009 개정 교육과정은 인류의 지속가능발전과 녹색성장을 실현하기 위해 환경, 경제, 사회를 상보적 관계로 설정하고, 환경과 경제, 사회 발전의 선순환 구조를 이룩하기 위해 필요한 지식, 기능, 태도를 환경·경제·사회의 통합적 관점에서 접근하고자 하였다. 또한 인류가 당면한 환경문제를 해결하기 위해 프로젝트 수행이라는 중·장기적인 탐구 방법을 강조함으로써 지구의 환경과 에너지 위기 등의 문제 해결에 참여할 수 있는 능력을

강조하는 교육과정이다.

그러나 2009 개정 교육과정에서는 2007 개정 고등학교 '환경' 교육과정이 시행되기도 전에 사라져버림으로써 지속가능발전교육과 환경교육의 관계 정립이 충분히 이루어지지 않았고, 거기에 더해서 녹색성장이라는 새로운 이념을 수용함으로써 이에 대한 환경교육의 정체성 확립에 중요한 기회를 맞고 있다(이순철·최돈형, 2010). 따라서 녹색성장교육에 대한 학문적 논의와 환경교육과의 관계에 대한 교육적 차원에서의 논의가 반드시 필요하다.

고등학교의 2007 개정 '환경'과 2009 개정 '환경과 녹색성장'의 내용을 비교해보면 <표 44>와 같다.

[2009개정 고등학교 환경과 녹색성장교과서]

> 2009 개정된 '환경과 녹색성장'은 환경과 경제, 그리고 사회를 통합적으로 이해하고, 변화하는 사회에 책임 있게 행동하는 데 필요한 지식, 기능, 태도를 함양하여, 지속가능한 녹색 사회를 만들어가는 데 선도적으로 참여하는 인간을 기르는 것을 목표로 한다. 나아가 학생들에게 현재와 미래 세대, 그리고 인간 이외의 다른 생물 및 환경과의 상호 의존적 관계를 인식하게 하고 공생과 조화의 가치를 학습하게 함으로써 자아실현과 삶의 질을 향상시키고자 하는 것을 목적으로 하고 있다(2009, 교육과학기술부).

한편 2011 개정 중학교 '환경과 녹색성장' 교육과정은 기후 변화 및 에너지 자원 고갈 등 환경 문제의 해결과 지속가능발전을 위한 녹색성장의 필요성이 부각되어 교과목명이 '환경'에서 '환경과 녹색성장'으로 변경 되었고, 이에 맞춰 교육과정의 전체적인 내용이 <표 45>와 같이 변화 되었다.

성격에서는 기존의 환경교육에 녹색성장교육과 지속가능발전교육을 통합적으로 다루는 것을 중점으로, 환경에 대한 통합적 이해를 바탕으로 환경오염과 기후 변화 등의 환경 문제에 대한 인식, 지속가능발전과 녹색성장을 위한 환경친화적인 태도와 문제 해결력 및 가치관을 기르고자 하였다.

‘환경과 녹색성장’ 교과가 창의·인성 시범교과임을 감안하여 탐구력과 창의적 문제 해결 능력을 통한 창의성 함양을 강조한 목표가 제시되고 있다. 이를 위해 자신의 주변과 지역 환경에 대한 탐구를 통하여, 인간과 환경을 통합적으로 이해하고, 환경 문제의 원인과 이를 해결하는 방법을 우리 지역을 중심으로 환경 프로젝트를 통해 탐색해 보고자 하였다.

　교과의 내용 체계는 ‘환경과 인간’, ‘환경과 환경 보전’, ‘지구 환경과 기후 변화’, ‘자원과 에너지’, ‘지속가능한 사회와 녹색성장’ 등 5개 대영역으로 구성되어 있다. 이는 2007 개정 ‘환경’ 교육과정의 큰 틀을 유지하면서 환경교육의 통합성을 강조하기 위해 기존의 분리되어 제시되어 있던 공기, 물, 흙의 영역을 통합적으로 제시하였으며, ‘자원과 에너지’ 영역은 녹색성장과의 연계성을 고려하여 변화를 주었다(교육과학기술부, 2011).

　따라서 제7차 교육과정과 2007 개정 교육과정, 그리고 2009 개정 교육과정, 2011 개정 교육과정에서 환경교과의 성격과 목표 및 내용에서 알 수 있듯이, 지속가능발전 혹은 녹색성장과 같은 ‘성장중심’ 패러다임을 확인할 수 있다.

　전국환경교육과교수협의회(회장 최돈형, 한국교원대학교 환경교육과 교수)도 ‘녹색성장사회의 기반이 되는 학교 환경교육 내실화를 위한 건의문’(부록 Ⅰ-3)을 청와대, 국회, 녹색성장위원회, 교육과학기술부, 한국과학창의재단, 시·도교육청 등의 유관기관에 발송하여 ‘환경과 녹색성장’ 교육의 활성화를 위해 노력하고 있다.

〈표 44〉 2007 개정 고등학교 ‘환경’ 2009 개정 ‘환경과 녹색성장’ 비교

	2007 개정고등학교 ‘환경’	2009 개정고등학교 ‘환경과 녹색성장’
성격	■ 과목 설정 배경: 환경과 인간의 관계와 상호 작용, 환경문제에 대하여 과학·기술·사회·환경의 통합적인 접근을 통해, 환경보전과 지속가능발전을 위한 가치와 태도를 함양하는 과목 ■ 목표: 환경 및 환경과 인간의 상호 작용에 대해 바르게 이해하고, 환경문제 해결 방안을 탐구하여 환경의 질을 향상시키고, 지속가능발전에 기여하는 시민을 육성 ■ 주요 내용: 6개 대영역 ■ 교수·학습 방법: 사례를 통하여 체계적이고 깊이 있는 학습 ■ 타 교과와의 연계: 관련 과목 연계를 통한 종합적인 사고력과 문제 해결력을 길러 환경보전 및 지속가능발전에 기여	■ 과목 설정 배경: 지구의 환경과 에너지 위기를 극복하고 인류의 지속가능한 발전과 저탄소 녹색성장을 실현하기 위해 설정된 과목 ■ 과목 설정의 목적: 지속가능한 녹색 사회를 만들어가는 데 선도적으로 참여하는 인간 양성, 자아실현과 삶의 질을 향상 ■ 타 과목과의 연계: 타 과목 및 창의적 체험 활동과 연계 지도의 중요성 제시 ■ 주요 내용과 강조점: 7개 대영역과 강조점 ■ 주요 교수·학습 방법과 평가 방법: 지역 사회 활동에 참여, 다양한 활동 방법 강조, 수행 평가 방법 활용 강조

목표	■총괄 목적: 지속가능발전에 기여하는 것을 강조함 ■인지적 영역: 환경과 인간의 상호 관계 ■기능적 영역: 문제 해결 기능을 배양 ■정의적 영역: 합리적 의사 결정력과 올바른 가치관을 함양 ■지식, 기능, 정의적 목표의 통합을 통한 참여 강조	■총괄 목적: 높은 삶의 질과 지속가능한 저탄소 녹색 사회의 실현에 기여하는 세계 시민을 양성하는 것을 강조 ■인지적 영역: 환경문제와 에너지 위기를 둘러싼 쟁점을 이해 ■기능적 영역: 환경·경제·사회 문제를 통합적으로 탐구하고 해결하는데 필요한 의사 결정력과 문제 해결력 ■정의적 영역: 환경 윤리와 생태적 감수성을 함양 ■실천을 통한 참여 강조
내용	■인간과 환경 ■자원과 에너지 ■환경문제의 이해와 대책 ■지역 환경과 지구 환경 ■지속가능발전과 사회 및 생활양식 ■지속가능 사회의 구현	■환경 프로젝트 ■환경과 인류의 삶 ■환경문제와 대책 ■자원과 에너지 ■기후 변화의 이해와 대응 ■녹색성장과 지속가능한 사회 ■녹색 사회로 가는 길
교수·학습 방법	■내용 재구성 ■간학문성을 가진 통합적 지도의 중요성 ■인지, 정의 목표의 균형적 반영의 중요성 ■시사 자료, 일상생활 관련 자료 활용 권장 ■사회 환경 프로그램과 연계 지도 ■다양한 학습 방법 활용 ■타 교과 연계 지도 ■학생의 진로와 연계 인식	■최대 시간 확보 권장 ■간학문적 성격 ■환경 프로젝트 지도 방법 ■창의적 체험 활동, 사회 환경교육 프로그램과 연계 지도 ■내용 재구성 방안 ■타 교과와 연계 지도 ■국내외 모범 사례 활용 ■상호 작용 촉진 교수·학습 방법 활용 ■환경 정보 생산, 전파, 공유 강조 ■체험 활동을 통한 환경 감수성 함양 강조 ■진로교육과 연계
평가	■인지, 정의적 목표의 균형있는 평가 강조 ■과정과 결과 평가를 함께 실시 ■다양한 평가 방법과 자료 활용 강조	■지식, 기능, 태도 균형 평가 및 목표, 내용, 방법 일관성 평가 강조 ■다양한 평가 방법 활용 ■함께 배우고 협력하는 능력 평가 강조 ■과정 중심 평가 강화 ■대내외 다양한 대회 참여 권장 및 그 결과 평가 반영

〈표 45〉 2007 개정 중학교 '환경'과 2011 개정 '환경과 녹색성장' 비교

항목	2007 개정 중학교 '환경'	2011 개정 중학교 '환경과 녹색성장'
성격	1. 과목의 정의: 인간과 환경의 상호 관계와 인간에 의한 환경 문제 이해, 건강하고 쾌적한 환경 인식, 지속 능한 삶을 위한 지식과 기능 습득, 환경친화적 사고와 태도를 함양하는 과목 2. 과목의 특징: 인식, 감수성, 소양, 자연과 생명에 대한 태도, 환경친화적 사고, 책임 있는 건강한 시민 육성	1. 과목의 정의: 환경에 대한 통합적 이해를 바탕으로 환경오염과 기후 변화 등의 환경 문제를 인식하고, 지속가능발전과 녹색성장을 위한 환경친화적인 태도와 문제 해결력 및 가치관을 기르는 과목 2. 과목의 특징: 녹색 성장에 대한 교육 내용 강화, 환경 프로젝트 강조, 환경 문제에 대한 통합적 접근, 창의·인성교육 강화
목표	1. 총괄 목표: 환경 감수성과 인식, 환경과 인간의 관계 이해, 지식의 탐구와 문제 해결 능력과 기능, 지속가 능발전을 위한 의사 결정력과 환경친화적 가치관을 함양, 환경보전을 위한 활동에 참여 및 실천	1. 총괄 목표: 주변 환경에 대한 탐구 통해 인간과 환경을 통합적으로 이해, 창의적 문제 해결력, 환경 감수성과 환경친화적 가치관 함양, 지속가능한 녹색 사회 구현에 참여하는 시민 양성

목표	2. 하위 목표: 4개 1) 환경 감수성과 인식을 길러 환경과 인간의 관계를 바르게 이해 2) 조사 및 관찰 과정과 감수성 및 문제 해결 기초 기능 3) 지속가능발전을 위한 환경 문제 해결을 위한 합리적 의사 결정력과 환경친화적 가치관 함양 4) 환경 보전 활동에 참여	2. 하위 목표: 4개 1) 인간과 환경의 상호작용에 대한 통합적 이해를 통해 환경의 의미를 바르게 인식 2) 환경 및 환경 문제에 대한 탐구력과 창의적 문제 해결 능력을 길러 창의성을 함양 3) 지역 환경에 대한 체험을 통해 환경 감수성을 기르고 환경친화적인 가치관을 함양 4) 개인·사회적 실천과 협력을 통해 지속가능한 녹색 사회를 구현하는데 적극적으로 참여
내용	1. 6개 대영역, 13개 중영역, 31개 내용 요소 2. 대영역: 6개 −환경과 나 −환경의 변화와 지속가능발전 −건강하고 쾌적한 환경 −자원과 에너지 −지역 환경과 지구 환경 −환경 보전의 실천	1. 5개 대영역, 12개 중영역, 30개 내용 요소 28개 2. 대영역: 5개 −환경과 인간 −환경과 환경 보전 −지구 환경과 기후 변화 −자원과 에너지 −지속가능한 사회와 녹색 성장
교수· 학습 방법	1. 학교 여건에 맞는 교육 내용 선정 및 재구성 2. 인지적, 정의적 목표 간 균형 있는 접근 3. 간학문적 접근법 4. 다양한 교수·학습 방법 활용 5. 다양하지만 보편적인 소재 선택 및 다큐멘터리 활용 추가 6. 사회 환경교육과의 연계 7. 특별 활동과의 연계	1. 학교 여건에 맞는 교육 내용 선정 및 재구성, 최대 시간 확보 권고 2. 통합적 이해 능력과 환경친화적 가치관 함양에 중점을 두며, 인지적, 정의적, 심체적 목표 간 균형 있는 반영 3. 간학문적 접근법과 학생 주도의 환경 프로젝트 활용 4. 창의적 체험 활동 및 사회 환경교육 프로그램과의 연계 5. 다양한 교수·학습 방법 활용 6. 다양하고 일상생활과 관련된 소재 이용 7. 다른 교과목, 학교와 지역 사회, 초등학교 및 고등학교와의 연계성의 고려
평가	1. 인지적, 정의적 항목에 대한 균형 및 목표와의 일관성 2. 과정 및 결과 평가의 균형 3. 다양한 평가 방법 및 산출물 이용 4. 참여 목표의 경우, 실천 성과와 효과를 분석하여 평가	1. 인지적, 정의적, 심체적 항목에 대한 균형 및 목표, 내용, 교수·학습 방법과의 일관성 2. 자기 평가와 동료 평가, 개인별 평가와 모둠별 평가 활용 권고 3. 과정 및 결과 평가의 균형 4. 다양한 평가 방법 및 산출물 이용한 수행 평가, 특히 프로젝트 참여도와 결과물 포함 권고 5. 창의·인성 함양에 중점 두어 평가, 그 요소로 창의적 문제 해결력과 협력적 참여를 제안

(2) 환경문제, 장기적인 대안과 전략으로

기후변화 및 에너지 교육과 같이 환경교육의 대응 방식도 환경파괴의 구체적 사례를 예방하는 차원에서 점차 장기적인 대안전략을 탐색하는 방식으로 바뀌고 있다.

과학과 기술의 발달 및 경제성장, 인구의 급격한 증가는 화석연료의 급격한 소비를 가져왔다. 이로 인한 온실가스의 발생은 지구 온난화의 원인으로 알려졌으며, 앞으로 지구의 기온은 더욱 높아질 것으로 예측되고 있다. 또한 이로 인하여 빙하의 해빙으로 해수면이 상승하고, 많은 생물종이 멸종할 것으로 예측되며 인류와 생물의 생활에 여러 가지 큰 영향을 미칠 것으로 예상되고 있다(IPCC, 2007; Jeffery D. S., 2008; Lester R. B., 2001; UNESCAP, 2005; UNESCAP, 2006).

지구 환경 위기의 가장 중요 쟁점으로 부각된 지구 온난화의 원인이 과도한 화석연료에 의한 것이라는 기후변화에 대한 정부 간 패널보고서들이 발표되면서 산업구조상 에너지 다량 소비 국가이자, 탄소배출량이 급증하고 있는 한국에서 기후변화 대응은 시급한 과제로 떠올랐다. 특히 신자유주의적 세계화로 인한 시장주의 확대는 성장과 발전 패러다임을 가속화시켰고, 생산 증대를 위한 에너지 사용을 급증시켜 각종 공해물질을 배출시켰다.

1997년 교토기후변화회의 이후, 지구환경의 문제에 대한 지구 온난화 문제, 에너지문제 등에 대한 새로운 인식이 널리 확산되었다. 환경교육에도 이러한 경향이 나타났다. 에너지 및 기후변화 영역에서는 과거의 에너지 절약교육이나 효율성을 높이는 제한된 실천적 방식이었다면, 현재는 온실가스를 많이 배출하는 석탄, 석유와 같은 화석연료 대신 태양광, 풍력, 바이오매스, 수소에너지 등의 신재생 에너지 확산을 통해 대안에너지의 필요성과 원리를 교육하는 방향으로 확산되고 있다.

환경운동단체들은 개인의 노력뿐만 아니라 이산화탄소의 대부분을 배출하고 있는 기업의 역할도 매우 중요하게 여겨서, 친환경적 생산시스템 구축과 기업의 탄소 배출을 감시하는 활동을 전개하고 있다. 지구 온난화에 관련된 문제는 이제 더 이상 정부를 대상으로 하는 운동에만 그칠 수는 없고 기업을 대상으로 하는 운동으로까지 변화해야 하기 때문이다. 따라서 환경 정의의 경우 기업의 사회적 책임을 촉구하는 것만으로는 환경문제를 해결할 수 없다는 문제의식에서 기업 활동의 환경정의성 평가시스템을 구축하고 이를 통해 기업에 대한 환경감시운동을 제안하고 있다. 또한 기업의 환경정보 공개를 제도적으로 의무화해야 한다는 주장까지 제기하고 있다. 예를 들어 '환경운동연합'은 기업의 환경경영 신뢰 회복을 위해 ISO부실인증신고센터를 운영함으로써 인증의 권위와 신뢰도를 높이고, 이미 인증을 획득한 기업들의 내실 있는 환경경영을 유도하고 있다.

지구 온난화를 완화하기 위해서는 이산화탄소 발생을 최소화하는 에너지를 개발, 사용하는 것이 필수적이다. 그러나 현재 우리가 사용하고 있는 에너지 사용 방식이나 기술은 지속가능성과 발전 사이에 상충을 발생시킬 수 있다(김호석, 2005). 따라서 지속가능성을 제고할 수 있는 신재생 에너지와 같은 새로운 형태의 기술개발 중요성이 증가하고 있으며(김유정, 2005), 에너지교육에 대한 필요성이 강조되고 있다.

최돈형과 김찬국(2008)은 기후변화 교육의 방향으로 원인과 영향 등에 대한 종합적 이해 증진, 완화와 적응의 양방향 교육, 환경교육의 틀 안에서의 실천, 지역 공동체의 사회적 학습 증진, 전문가와 교사 협력을 제시하였다. 김찬국과 최돈형(2010)의 『우리나라 기후변화교육의 방향에 관한 고찰』에서는 기후변화교육의 종합적인 이해에서 한 걸음 더 나아가 기후변화 대응 실천의 의미 탐색, 현 체제와 삶의 방식에 대한 성찰, 긍정적인 변화 과정에 참여 등 기후변화교육의 방향을 설정하였다. 다음은 권주연과 문윤섭(2009)의 기후변화 교육의 목표이다.

> 기후변화 현상에 관한 총체적인 이해를 바탕으로 변화하는 환경을 인식하고 통합적인 탐구 과정을 통하여 기후변화 완화 및 대응을 위한 방안을 제시하며 지구환경 공동체의 일원으로서 제시한 방안을 지속적으로 실천한다(권주연·문윤섭, 2009).

기후변화 교육의 필요성과 중요성에 대한 사회적 공감대가 형성되고 이를 위한 프로그램이 계속해서 만들어지고 있다. 또한 2007년 이후에 나타나기 시작한 기후변화교육 연구를 살펴보면 『중학생을 위한 기후 변화 대응 교육프로그램』(우정애·남영숙, 2008), 『학교 기후 변화 교육의 현황과 과제』(윤순진, 2009), 『기후 변화 교육 목표 및 내용에 대한 체계적인 연구』(권주연, 문윤섭, 2009), 『우리나라 기후변화교육의 방향에 관한 고찰』(김찬국, 최돈형, 2010) 등 20여 편에 이르고 있다.

이러한 변화는 교과서 및 교육과정에서도 확인할 수 있다. 2010년 초등학교에서는 1~4학년 교과서가 개정된 상태이며, 중학교에서는 1학년만 모든 과목이 개정되었고, 2학년은 영어와 수학, 국어만 개정되었다. 이들 교과들을 기후변화 및 에너지 교육적 관점에서 분석해보면, 개정되기 이전의 교과서들보다 양적인 증가가 눈에 띤다. 사회, 과학, 기술, 가정 과목뿐만 아니라, 현재 개정된 교과서들은 기후변화 및 에너지 교육을 거의 모든 교과에서 다루고 있기 때문이다. 미술교과에서도 태양광 자동차 및 풍차 발전소 그림이 있으며, 중학교 영어교과에서는 'Energy for the Future' 단원에서 이러한 내용을 폭넓게 다루고 있다. 중학교 2학년 수학 교과서에서도 지구 온난화로 인한 기후변화 현상을 다룬다. 질적인 변화도 주목할 만한데, 에너지 자립형 도시의 소개 및 기후변화로 인한 환경적 사례에 대해서도 자세히 소개하고 있으며, 개인적 수준에서 할 수 있는 일, 지역적인 문제와 국가적 및 국제적 노력도 자세히 안내되어 있다(이성희, 2010).

특히 환경문제의 세계화로 다양한 의제가 등장함에 따라 환경쟁점도 그 범위가 점점 확대되어 왔다. 일례로 환경쟁점도 오염, 야생보호, 인구증가, 자연자원의 고갈 등의 쟁점에서 장기적인 대안을 탐색하기 위한 전략으로 에너지, 희귀동물 멸종, 기후변화, 오존층 파괴, 유독성 폐기물, 생태계 전반의 보존 등으로 다양화되고 변화되고 있으며, 환경교육도 점차 장기적인 대안 전략을 탐색하는 프로젝트 학습방법이 도입되었다.

(3) 해석주의 패러다임: 환경 '안에서의' 교육

실증주의적 패러다임에서 벗어나 환경감수성 함양을 중시하는 해석주의적 패러다임이 부각되었으며 사회비판적 경향이 점차 나타나기 시작하였다.

제6차 교육과정 고등학교 '환경 과학'은 제7차 교육과정으로 개편되면서 '생태와 환경'으로 과목명이 변경되었다. 이는 이 시기의 생태중심주의가 강조되고 있음을 단적으로 보여 준다. 제7차 교육과정의 고등학교 '생태와 환경'에서는 다음과 같은 목표를 제시하고 있다.

> 인간과 자연과의 관계에서 나타나는 상호 작용을 전체적으로 이해하고 환경문제의 올바른 인식과 그 문제점에 대한 감수성을 가지며 환경보전, 환경문제의 예방과 해결에 필요한 가치와 태도를 기른다.
> 가. 생태계와 환경에 관한 기본적인 지식 및 환경문제 해결에 필요한 기초적인 기능을 습득하고, 이를 환경보전과 환경문제 해결에 응용한다.
> 나. 생태계와 환경에 대한 올바른 태도와 가치관을 가짐으로써 바람직한 환경관을 형성한다.
> 다. 환경문제의 예방과 해결에 적극적으로 참여하려는 동기를 부여함으로써 환경문제의 예방과 해결에 책임감과 열의를 가진다.

제7차 교육과정은 생태계에 대한 자연 과학적 인식에 기초하여 환경에 대한 인문·사회과학적 접근을 통해 생태계와 환경을 유기적으로 인식하고 이해함으로써 환경친화적인 생활양식을 습득하도록 하였으며, 특히 '환경 감수성'의 함양을 중시하는 특징을 지닌다.

제7차 교육과정의 경우 과학·기술 중심의 관점을 극복하기 위하여, 자연 과학과 사회 과학의 통합적 접근법을 강화하고 있다. 즉, 생태계에 대한 자연과학적 이해와 지식을 바탕으로, 환경과 환경문제에 대한 사회과학적 관점을 통합하여 제6차 교육과정의 한계를 극복하고자 하였다. 또한 생태계와의 유기적 연계성 속에서 환경을 파악하고자 하였고,

‘생태중심주의’로의 가치관 전환을 시도하고 있어 해석주의적 패러다임의 강화가 분명히 나타나고 있다. 이는 제6차 교육과정의 환경에 ‘관한(about)’ 교육을 넘어서서 환경 ‘안 의’(in) 교육이 강화되고 있는 것으로 파악할 수 있다.

그러나 환경적 문제가 시민 일반에게 커다란 반향을 일으킨 것은 생태학적 소통이 대 중매체에 의해 매개되면서부터 였다. ‘환경스페셜(KBS, 1999)’, ‘북극의 눈물’(MBC, 2008) 과 ‘아마존의 눈물’(MBC, 2008), 영화 ‘괴물’(봉준호 감독, 2006) 과 같은 환경오염과 환경 파괴에 대한 우려와 ‘진정한 삶의 질’에 대한 진지한 물음으로 이어지면서 환경에 대한 관심이 확대되었다. 환경오염에 대한 소통의 증가는 그에 대한 시민의 의식을 고양시켰 고, 시민의 민감성이 증대되어 인식의 전환과 생활양식의 변화로 표출되었다.

2007 개정 교육과정은 간학문적 탐구 방법을 토대로 환경친화적 가치관과 환경소양을 배양하고, 이를 바탕으로 환경과 사회, 경제를 등위의 가치로 설정하는 지속가능발전을 위한 실천 의지를 기르도록 하는 교육과정이었다. 2007 개정 교육과정에서는 지속가능발 전교육에서 제기된 환경 과목의 정체성 논의와 제7차 교육과정을 분석하는 기존 연구 결 과를 적극적으로 반영하여 패러다임의 전면적 전환을 시도하였다.

그리하여 환경과 교육과정의 성격과 목표, 내용 체계, 교수 · 학습 방법, 평가에서도 ‘지 속가능발전교육’을 적극적으로 수용하였다. 이는 2007 개정 교육과정이 패러다임의 측면 에서 보았을 때 대안적 패러다임으로의 전환이 분명히 나타나고 있다고 할 수 있으며, ‘경험’과 환경과의 상호관계를 중요시하는 해석주의적 패러다임이 보다 전면에 등장하면 서, 특히 경제와 환경보전의 관계를 아우르는 경제적 차원의 문제를 등장시키는 사회 비 판적 패러다임이 강화되는 교육과정으로 해석할 수 있다(이순철 · 최돈형, 2010). 이는 환 경을 ‘위한(for)’ 교육의 전면화에 해당한다고 볼 수 있다

(4) 환경교육 외형적 변화를 꽤하다

환경문제를 다룬 신문이나 텔레비전과 같은 매체의 연구가 환경교육 전환기를 맞이하 면서 점차 활발해졌다. 특히 인터넷의 활용은 매체를 이용한 환경교육의 활성화를 가져왔 고, 사이버상의 환경교육 프로그램 개발을 확대할 수 있는 바탕이 되었다.

이는 인터넷이 더 이상 단순한 정보탐색과 교환을 위한 도구가 아니라, 이용자들의 상호

작용과 개개인들의 일상생활이 영위되는 삶 그 자체로 자리 매김 되고 있는 상황이 되었다.

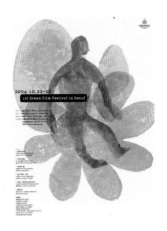

[Green Film Festival in Seoul]

따라서 인터넷의 사이버 커뮤니티를 통해서 전통적인 교육방식과는 다른 양상을 지닌 새로운 교육방식을 환경교육에서 적극적으로 활용한다면 좋은 효과를 거둘 수 있을 것이다.

1999년 5월 5일, KBS 방송국에서 제작된 환경스페셜은 <1999 봄, 깨어남>을 시작으로 꾸준히 방영되어 국민의 관심을 불러일으켰고, 2004년에는 환경영화제가 매년 개최되기 시작하였다. 환경 재난 영화가 꾸준히 사람들의 관심을 받았으며 포름알데히드 같은 물질이 왜곡된 환경적 상황을 낳는다는 영화 <괴물>(봉준호 감독, 2006)은 천만 관객을 넘어섰다.

환경부는 2000년 물 절약, 야생동물보호, 맑은 물 공급시책 등 신문광고 60여 회, TV광고 320여 회, 그리고 KBS-TV '물 전쟁 2000, 기획 시리즈'를 50회 방영하는 등 TV와 일간신문 등을 통한 홍보를 강화하였으며, 시내버스 및 지하철 등 대중교통수단과 장관의 언론매체를 통한 출연 또는 강의 등 각종 홍보를 실시하였다(환경부, 2001).

사이버환경정책교육원은 1999년 국가 정보화 지원 사업으로 환경부 주관 하에 구축되었으며, 2000년 3월 사이버환경정책교육원은 KEI로 이전되어 사이버환경정책교육원 시스템 안정화 및 시범운영이 실시되었다(환경부, 2009). 2001년 3월에는 일반인을 대상으로 한 단기 과정이 제공되었고, 2003년에는 사이버환경정책대학원이 시범 운영되었다. 현재 사이버환경정책대학원은 e-러닝 사이버환경정책교육원으로 발전되어 일반인, 학생, 전문가 등 온라인상에서 누구나 쉽게 이해할 수 있도록 과정별 차별화 e-러닝 교육콘텐츠를 개발하여 평생교육기관으로 운영되고 있다. 2009년 상반기에만 3,490명이 교육을 받았다.

『중학교 교사용 사이버 환경교육 연수 프로그램 개발』(서우석 외, 2006), 『중학생을 위한 환경교육 e-Learning 콘텐츠 개발』(서우석 외, 2006)과 같은 연구가 발표되어 이후의 사이버 환경교육의 기초를 다졌다. 이러한 기반을 바탕으로 2007년부터 디지털 환경교육 콘텐츠 개발 공모전이 시작되었고, '북극의 눈물'(MBC, 2009)과 '아마존의 눈물'(MBC, 2010)과 같은 환경 다큐멘터리의 성공을 가져왔다.

이와 관련하여 특히 인터넷의 활성화가 국민의 환경인식에 미친 영향도 매우 크다. 즉 사이버 시대의 등장은 웹(web)상의 시민운동과 참여를 활성화시키는 데 기여했고, 특히 오염문제의 고발에 있어서는 엄청난 영향력을 행사하였다. 따라서 환경쟁점의 빠른 확산과 환경운동의 참여 강도를 높이는 데 이바지했다(김성수, 2003). 그리고 환경정보시스템의 구축 및 인터넷 등 컴퓨터 통신을 통한 환경정보의 확산 및 교류는 특정지역의 환경문제 혹은 특정의 환경 쟁점을 전 국민에게 공유하도록 해주었고 토론을 통해 실효성 있는 해결방안을 도출하는데 도움을 주었다.

초·중·고에서도 이미 개발되어 운영되고 있는 블로그 및 홈페이지에서 환경교육의 다양한 소스를 공유하고 있다.

〈환경사 column〉

동강댐 반대 운동

동감댐 반대운동이란 천혜비경과 희귀동식물의 보고인 동강유역에 댐이 건설되는 것을 막아 생태계를 보전하고 천혜의 자연유산을 미래세대에게 물려주기 위해 전개된 운동을 말한다. 동강댐의 건설은 건설교통부/수자원공사와 환경단체들의 밀고 당기는 찬성반대의 결과, 2000년 6월 5일 환경의 날에 대통령은 동강댐 건설을 백지화하고 물 부족과 홍수조절 문제는 다른 방식으로 해결하겠다고 발표하여, 2년 이상에 걸친 동강댐 건설문제에 종지부를 찍었다. 대통령의 발표가 있기까지 지역주민들의 댐 건설반대운동이 일어났고, 환경단체가 이것을 전국적으로 확산시켜, 반대운동에 대한 지지를 대대적으로 획득하여 조정위원회, 공동조사단의 결성 등을 통해서 문제를 해결하는 쪽으로 결

[〈1999.1.19 경향신문〉 더 이상 동강을 동강내지 말라]

金대통령 '동강댐 백지화' 시사

"급하지 않으면 취소할수도"
私見전제로 회견서 밝혀

6개월內 최종 결론

김대중(金大中)대통령은 6일 강원 영월의 동강댐 건설과 관련, "개인의견으로는 건설하지 않을 수 있다면 안했으면 좋겠다는 생각"이라고 밝혔다.

〈3面에 관련기사〉

김대통령은 이날 방송된 강원지역 4개 문화방송(MBC)과의 회견에서 이같이 밝히고 "환경보전 입장에서 많은 사람들이 걱정하고 있는 일을 정부가 굳이 하

려고 할 필요는 없다. 꼭 댐을 따라야 수도권 물문제가 해결되는 것은 아니며 절수방법이 있을 수 있다"고 말했다.

김대통령의 이같은 언급은 사견을 전제로 하기는 했지만 정부정책에 결정적인 영향을 미칠 것으로 보여 동강댐 건설은 백지화될 가능성이 크다.

김대통령은 또 "수도권 홍수를 막기 위해 동강댐이 있어야 하는지도 아직 과학적으로 확실하지 않다"며 "그렇게 확실하지 않다면 건설하지 않을 수도 있는 것 아니냐"고 말했다.

이와 관련, 이기호(李起浩)대

통령경제수석비서관은 "정부의 방침이 아직 결정된 것은 아니다"며 "이달 중 구성되는 총리실 산하 '영월댐 타당성조사 공동조사단'에서 6개월 내에 결론을 내릴 것"이라고 말했다.

강원도·환경단체선 환영

한편 김대통령의 동강댐 건설 반대입장 표명에 대해 환경운동연합 등 환경단체와 환경부, 강원도는 "댐 안전성과 생태계 보존 문제 등을 고려할 때 옳은 판단"이라며 일제히 환영을 나타냈다.

〈최영묵기자〉
mook@donga.com

[〈1999.8.7 동아일보〉 김대통령'동강댐 백지화'시사]

말이 났다. 처음, 건설교통부와 수자원공사는 수자원의 확보와 홍수예방이라는 두 가지의 이유를 내세워 동강댐 건설을 추진하였다. 그러나 댐 건설의 계획과정을 보면, 1990년의 홍수가 계기가 된 만큼, 홍수조절이 동강댐 건설의 가장 중요한 이유이었고, 수자원확보는 그 후에 추가된 것이다.

건설교통부는 2002년에는 한국도 물 부족 국가가 될 것이라는 국제기관의 예측에 근거하여 2011년까지는 34개의 댐을 건설해야 한다는 주장을 하였다.

한편 환경단체들은 댐 건설에 의한 생태계의 파괴, 댐의 안전성 위험 때문에 이를 반대하였다. 지역주민도 지역의 생활환경의 파괴를 이유로 댐 건설에 반대하였으며, 일부 주민들은 댐 건설계획에 의한 피해보상을 위해서 댐을 건설하여야 한다고 주장하였다. 댐 건설을 둘러싼 논의는 여러 차례의 세미나, 토론회, 텔레비전 논쟁을 통해서 전개되었지만, 추진파와 반대파의 입장은 크게 변하지 않았다. 환경단체들은 수자원부족과 홍수조절이라는 목표설정 자체에 대해서는 큰 반론을 제기하지 못하고 있었다. 그러나 그 목표가 타당하다고 하더라도 수자원 확보와 홍수조절을 위한 수단으로서 동강댐 건설이 과연 타당한가에 대해서는 강한 의문을 제기하였다. 건설교통부나 수자원공사는 댐의 안전성에 대해서는 여러 가지 지하댐의 건설 등 기술적인 장치로 해결될 것으로 생각하고 있었고, 생태계의 파괴에 대해서는 정확하게 반론하지 않았다. 물 부족문제에 대해서는 환경단체 등 반대파들의 주장이 급속하게 설득력을 얻어갔다. 도시의 상수관로가 노후하여 수돗물이 누수 되고 있으며, 상수관을 교체하는 것으로 이를 막을 수도 있다는 것이다. 혹은 각 가정에 절수형 변기로 교체함으로써 얻을 수 있는 물만 하더라도 동강댐이 공급할 수 있는 양을 충분히 커버할 수 있다는 주장도 있었다. 수도요금의 절상, 물 절약운동 등으로도 동강댐이 공급할 수 있는 수량은 확보 가능하다는 것이다. 홍수조절에 관해서도 하류의 충주댐, 팔당댐의 저수량을 조절함으로써 이를 해결할 수 있다는 것이었다. 댐 건설은 약 1조 원이 드는데, 이것의 극히 일부만 투자하여도 홍수예방을 할 수 있다는 주장도 강하게 대두하였다. 수자원공사, 전문가들과 환경단체 간에 이러한 논쟁이 진행되는 가운데,

동강의 생태계를 지키자는 운동은 크게 확산되었다.

각종 여론조사에서 66%에서 85%까지 동강댐 건설을 반대하였다. 그런 가운데 정치인들은 지역주민의 의견을 반영하여야 했다. 영월, 평창, 정선 지역의 지방의원, 자치단체장은 일제히 댐 건설을 반대하였다. 지역주민 가운데 댐 건설에 찬성하는 사람들도 있었지만, 그들은 소수이었다. 강원도 도지사도 현지시찰을 통해서 중앙정부의 입장과 대립되는 것으로 인식되었지만, 댐 건설을 반대한다는 의견을 표명하였다. 매스미디어도 정부기관이라고 할 수 있는 한국방송공사까지도 동강의 생태다큐멘터리를 만들어 이를 보도함으로써 동강의 생태계의 중요성을 확인해 주었다. 환경부도 3차례나 환경영향평가서를 반려하여 보완을 요구하였으며, 이것을 통해서 댐 건설반대의사를 간접적으로 표명하였다. 그렇게 되니까, 댐 건설에 찬성하는 쪽은 건설교통부, 수자원공사, 일부의 전문가와 일부의 주민으로 고립되었다. 이에 대해, 대통령은 '물 문제는 그렇다고 하면, 홍수문제는 어떻게 하나'로 반문하였다. 대통령으로서도 정치적인 위험이 큰 결정을 하기가 어려웠다. 건설교통부, 수자원공사, 그리고 건설업자 도 중요한 이해집단들이기 때문에 이를 물리치기가 쉽지 않았다. 그러나 대통령으로서는 생태환경의 보전도 중요하고, 홍수조절도 중요하지만, 그것보다 더 중요한 것은 국민의 지지를 받아 정권을 유지하는 것이다. 그래서 정치적 결단을 위한 합리적 근거를 요구한 것이다. 대통령은 1999년 8월 6일, 개인적인 생각으로는 댐 건설을 하지 말았으면 좋겠다는 '사견'을 발표하였고, 이것이 동강댐 건설 계획이 취소된 결정적인 이유가 되어 전면 중지되었다.

환경교육을 전망하며

현재 환경혁명의 세기를 맞고 있다. 현재를 환경의 세기로 부를 수 있는가? 벤데 (Wende)는 『혁명의 역사』에서 혁명은 급격한 변화를 뜻하며, 혁명이 발생하는 순간 많은 사람은 변화를 경험한다고 하였다. 그는 혁명은 정치적으로 조직화되어 있으며 특정한 형태의 체제를 갖춘 사회에서 밑으로부터 일어나는 기존 질서의 틀에 대한 극단적인 변화를 불러일으키는 것으로, 주체세력의 의지대로 목표가 실현되는 결과에 주목한다고 하였다(권세훈 역, 2004). 이러한 혁명의 정의와 비교해보면, 현재를 환경혁명(Eco-revolution)의 시기로 명명하기에 합당하다. 경제적 성장으로 삶의 질 향상을 꾀하던 기존사회의 패러다임의 변환을 가져온 'Ecoism'은 이러한 환경혁명의 파급된 효과를 반증하고 있다.

그러나 시장자본주의 체제를 기반으로 하는 현시점에서 이러한 환경혁명이 가능한 것인지에 대한 의문도 제기된다.

자본주의 체제에서 환경을 오염시키는 방향으로는 각 개인은 강력한 동기를 가지게 되는 반면, 환경을 깨끗하게 하는 방향으로는 자발적인 동기를 갖기 어렵다. 즉각 개인의 행위는 환경에 관해서는 모순된 동기의 지배를 받게 된다는 것이다(이정전, 1996). 또한 시장경제는 경제발전과 환경보전을 조화시킬 수 있다고 주장하고 있지만, 환경의 질은 날로 악화되고 있고 환경은 경제발전을 위한 도구적 존재에 불과하다는 우려 섞인 주장도 여전히 제기되고 있다.

현재 우리나라는 녹색성장을 국가의 동력으로 삼는 정책을 표방하면서 생활 속에서 저탄소 녹색성장을 위한 국민적 실천을 강조하는 환경교육이 주로 학교에서 이루어지고 있다. 그러나 정부가 새로운 비전으로 제시한 저탄소 녹색성장도 경제성장 우위 사고가 지배하는 과거의 상황을 지속시키는 경제성장주의의 변형이 될 가능성도 적지 않다. '녹색성장기본법'에는 국가적 논란의 대상이었던 한반도 대운하, 산업 민영화와 국가기반시설에 대한 민간 투자 유치 활성화 등과 같은 사업 내용이 포함되어 있는데, 이것이 녹색으로 덧씌운 경제 중심 성장 정책(조명래, 2009)이라는 비판이 제기되고 있다. '성장'은 '발전'과는 분명 다른 개념으로 '녹색성장'은 '녹색분배'나 '녹색발전'보다 훨씬 양적인 측면에 치우쳐 있다고 할 수 있다. 이러한 녹색성장은 성장에 대한 반성보다는 성장을 하되 그것이 녹색과 조화를 이루고 있느냐에 관심을 두고 있기 때문에 성장 자체에 대해 고민은 하지 않게 된다. 따라서 무분별한 개발과 급격한 경제성장을 주도하였던 국가에서 환경에 대한 깊은 반성이 가미되었다고는 하나, '녹색'과 '성장'이라는 개념이 어느 한 지점에서 만날 수 있을지는 매우 의문스러운 일이다.

IV장에서는 지금까지 논의를 바탕으로 환경교육의 전망을 다섯 가지로 제안하고자 한다.

1. 성장 중심의 한국적 환경교육의 패러다임 형성

전환기의 지속가능발전교육과 녹색성장교육은 성장 중심의 한국적 환경교육의 패러다임으로 한동안 지속될 것으로 보인다.

한국 학교 환경교육은 사회·경제적 배경과 밀접한 관련을 맺고 진화·발전하여 왔다. 여명기에는 사회경제의 재건을 위해 계몽적 차원의 환경위생과 정화에 주로 중점이 맞추어져 있었으며, 형성기에는 환경문제를 급속하고 무분별한 경제성장의 부산물로 염려하며 문제화하는 데 무게를 두었다. 확산기에는 경제성장이 점차 안정화 단계에 접어들면서 경제적 향유를 계속해서 누리기 위한 방편으로서 환경의 질에 관심을 두었고, 전환기에는 지속가능발전과 녹색성장을 위한 뒷받침으로 환경교육을 필요로 하였다.

환경교육의 이러한 발생과 성장은 사회·경제적 토대와 매우 긴밀한 관계에 있어 왔으며, 이것은 교육이 갖는 특수성으로 인해 혹은 환경교육이 갖는 성립의 귀결로 인해 당연한 것이었다. 앞으로 학교 환경교육 역시 이러한 성장 중심의 패러다임과 괘를 같이 할 것으로 보인다. 즉, 녹색성장교육이든 혹은 지속가능발전교육이든, 양적인 '성장'과 결코 배치되기 어려운 사회적 민감성을 환경교육 안에서 한동안 담보할 것으로 보인다.

특히 우리나라는 해방 이후 현재에 이르기까지 경제개발계획을 지속적으로 추진하여 급속한 성장을 이루었다. 1990년대에 이르러 한국사회는 잠시 안정적인 경제성장을 해오다가 1997년 IMF 구제금융 이후로 경제발전이 크게 흔들리게 되었다. 다시 외환 보유고율, 실업률, GNP, 수출증가율, 무역 적자율은 한국사회를 압도하는 경제성장 지표들이 되었고, 이러한 경제성장 지표들은 '일자리 창출'을 위한 생산 및 경제 개발을 추진해야만 하는 한국의 강박적 성장주의를 대표하게 되었다. 일반 시민들은 무역수지나 경제성장이 마이너스 상태가 되면, 큰 우려를 하며 예민한 민감성을 갖게 되는 것도 이러한 사회·경제적 배경 때문으로 해석된다.

따라서 환경교육 역시 이러한 사회·경제적 상황을 반영하여 성장 중심적 패러다임이 유지될 것으로 생각된다. 이명박 정부의 녹색성장 정책에 대한 의지가 강력하고 지구 온난화와 같은 이상기후에 대한 국제적 협력과 노력이 강화되면서, 정부의 지원 하에 저탄소 녹색성장과 관련 있는 다양한 활동들이 지속될 것이다. 개정되는 교과서의 상당 부분에 녹색성장과 관련된 내용이 이미 포함되어 있으므로 학교에서 녹색성장과 환경교육은 비슷한 맥락을 갖게될 것이다.

또한 '녹색 일자리 창출' 및 '녹색기술', '녹색소비의 증진' 등과 같은 녹색 시장의 확대는 이러한 녹색성장교육을 뒷받침하고 있다. 한편 지속가능발전교육은 세계적인 공감대를 얻으면서 현재 교육의 전 영역을 아우르는 패러다임으로 자리 잡고 있다. 이러한 지속가능발전교육은 특히 한국처럼 성장지향주의가 압도하는 사회·경제적 체제에 매우 적합한 개념으로, 능동적이고 적극적인 교육의 지향점으로 평가를 받고 있기 때문에 환경교육의 외연으로서 '성장' 혹은 '발전'은 중요한 의미를 갖는다.

2. 환경교육의 정체성 논의 활성화

환경교육의 정체성 논의가 학계를 중심으로 활발히 진행되어 환경교육의 학문적 발전에 기여할 것이다.

여명기에 환경교육은 환경교육으로서 외연과 내포를 완전히 갖추지 못하고 그 맹아적 형태를 나타냈다. 이 시기에 환경교육은 환경계몽과 밀접한 관련이 있다. 환경위생과 환경정화에 대해서 잘 모르는 시민에게 환경위생의 중요함과 환경정화의 필요성을 깨우치는 데 관심을 가졌기 때문이다.

형성기에 들어서면서 환경교육은 교육적 형태를 띠게 된다. 그러나 이 시기 환경교육은 환경 운동적 성격을 어느 정도 포함하고 있다. 우선 환경에 대한 '문제' 의식이 그러하다. 환경오염을 대처하기 위해 어떻게 행동해야 하는지에 초점이 맞추어져 있으며 환경교육은 곧 환경문제를 해결하기 위한 환경보전교육으로 인식되었다.

확산기에 접어들면 환경교육은 '환경문제'를 어떻게 예방할 것인가에 대한 해결책으로서 다양한 접근을 시도한다. 이를 위해서 환경교육을 실증주의적으로 혹은 경제적인 관리 차원으로 바라보게 된다.

전환기가 되면 환경교육은 환경문제를 사회·경제적인 맥락에서 인식하게 된다. 즉 '환경문제'를 해결하기 위해서 사회 및 경제적인 영역과 균형을 찾는 시도를 하게 된다.

이와 같이 학교 환경교육사를 고찰해보면, 환경교육은 꾸준히 '환경문제'를 어떻게 인식하느냐에 대한 역사로 간단히 해석될 수도 있다. 즉 어떠한 관점으로 어떻게 '환경문제'를 해결할 것인가의 문제, 더 간단히 환경교육은 개발이냐 보호냐, 혹은 경제우선이냐 환경우선이냐의 2분법적인 사유에서의 선택의 문제로 단순화되기도 한다.

해방 이후부터 지금에 이르기까지 환경교육은 경제성장과 환경과의 조화 사이에서 균형점을 찾기 위한 담론을 형성하였다. 환경문제라고 하는 사회적 요구에 의해 성립된 환경교육의 특징은 환경교육의 학문적 영역 구분 문제와 목표 설정의 문제, 정체성의 문제에 다양한 논의를 불러일으켰다.

환경교육이 환경운동과 다르다는 주장은 '교육 내적인 이유'들에 의해서 그러할 뿐, 환경교육 자체가 가지고 있는 고유함을 체계적으로 논의할 수 있는 수준은 아직 미치지 못하였다. 따라서 환경교육의 내재적 발전을 위해서는, 환경교육이 갖는 고유함을 담아내는 통찰이 필요하고, 이러한 탐구를 통해 환경교육은 현재 사회가 안고 있는 불균형과 문제들을 바라보는 안목을 제시할 수 있을 것이다.

학교 환경교육은 친환경적 실천과 같은 목표에 매우 치우쳐 있다. 환경교육 자체만으로도 다양한 사유를 포함할 수 있는데, 환경교육을 받고 나서 달라지는 인식 및 행동의 변화에 주목하다 보니 환경교육 자체의 의미에 대해서는 깊이 있게 고민하고 있지 않다. 또한 환경과목 선택률은 현재 매우 낮은 편인데 그 이유는 환경교육을 잘못 이해하는 '오해'에서 비롯된다고 할 수 있다. 과학, 사회, 가정, 도덕에서 배우는 내용과의 중복 가능성,

환경교사가 아니어도 환경교과를 가르칠 수 있다고 생각하는 점, 환경교육은 쓰레기 분리 수거 및 재활용 같이 행동 실천적 교육이라고 생각하는 잘못된 생각 때문이다. 그러나 그러하지 않다고 확실히 논박할 수 있는 환경교육의 정체성, 환경교육의 가치를 논하는 사유도 많지 않다.

　이러한 문제 제기를 바탕으로 환경교육의 정체성을 찾는 주목할 만한 연구를 찾아볼 수 있는데, 치유적, 해결적 패러다임에서 환경교육 그 자체를 의미 있게 바라보는 즉, 환경교육의 내재적 가치를 중시하는 주장이 제기되고 있다.

> 환경교육이 환경문제 해결의 수단으로서 뿐만이 아니라, 환경교육 그 자체가 인간을 성장시키고 마음을 수양하게 하고 세상의 중요한 측면을 볼 수 있게 하는 안목을 가지게 하는 중요한 교육의 내재적 가치를 가지고 있다. 따라서 환경교육을 바로 '환경적 관점에서 세상을 볼 수'있게 하는 것이라고 할 수 있다(이두곤, 2006).

　따라서 성장 중심 환경교육 혹은 생태중심 환경교육에 대한 논란은 환경교육의 정체성에 대한 충분한 논의가 없었기 때문으로 이해된다. 학계를 중심으로 환경교육의 정체성에 대한 논의가 활발히 진행되어 환경교육의 학문적 발전에 기여할 것이다.

　한국의 환경교육은 양적으로나 질적으로 성장하여왔다고 할 수 있다. 그러나 환경교육이 곧 녹색성장교육은 아니다. 또한 환경교육이 지속가능발전 교육도 아니다. 환경교육의 한 부분으로 녹색성장교육을 포함하든 혹은 지속가능발전교육이 환경교육을 포함하든, 환경교육과 다른 교육 분야로 영역을 구분하는 것과 같은 학문적 정체성에 대한 논의는 강화될 것이다. 환경교육에 대한 개념을 묻는 것은 환경교육의 교육적 특성을 지지하는 근원적 철학이 될 것이며, 생태중심주의적 사유를 통하여 다양한 의견이 수렴되는 과정에서 진정한 환경교육을 위한 하나의 패러다임이 형성될 것이다.

　환경교육은 학문으로 계속 진화·발전할 것이다. 지속적인 학회활동 및 국제교류, 지역 간 환경교육의 네트워크화를 통해 환경교육은 꾸준히 양적, 질적 발전을 거듭해왔다. 환경문제의 해결을 위한 수단적 학문의 성립에서 통합적인 교육의 양태로, 현재는 환경교육의 내재적 가치를 지닌 학문의 양태로, 그리고 미래사회를 선도할 학문으로 진화·발전할 것이다.

3. 사회비판주의적 패러다임 확산

환경교육은 '사회비판주의적' 패러다임을 형성하게 될 것이다.

형성기와 확산기의 환경교육은 실증주의적 경향을 강하게 나타내고 있다. 이는 환경교육이 성립 초기부터 '당면한 환경문제 해결'이라는 외적인 요구에 초점이 맞추어져 일종의 '수단'적 성격이 강했으며, 당시의 교육학적 흐름도 학문중심주의, 실증주의 패러다임이 우세하였기 때문이다. 환경교육은 환경과학 연구에 가장 큰 영향을 받았기 때문에 더욱 실증주의적 성격이 강했으며, 학교 환경교육은 환경오염 문제의 해결을 위한 개념 및 원인 규명을 이론적으로 취급하였다.

전환기에 접어들면서 이러한 실증주의는 점차 해석주의적 경향을 나타낸다. 개인의 경험과 감성은 환경교육의 주요 패러다임이 되면서 체험을 통한 환경교육의 중요성이 확대된다. 이는 경제적인 안정과 더불어 삶의 질에 대한 요구가 사회 전반에 팽배해졌기 때문이다. 현재 해석주의적 경향이 우세한 가운데 사회비판적인 패러다임도 나타나고 있는데, 이는 지속가능발전교육 및 녹색성장교육이 사회경제 하의 '환경문제'를 어떻게 인식해야 하는지에 대한 문제인식과 윤리의식을 강하게 표출하고 있기 때문이다.

그러나 사회경제와 환경은 아직 동등하지 못하다. 환경교육은 사회를 비판하는데 매우 소극적이다. 특히 '환경정의'를 실현하자는 주장은 한국의 학교 환경교육사에서 매우 드문 일이다.

한국 사회는 지속적인 경제성장 과정에서 심각한 환경부정의環境不正義를 낳았다. 한편 IMF 구제금융으로 대표되는 경제위기는 빈부의 격차를 심화시키고 대량실업을 양산함으로써, 저임금과 근로조건 악화로 이어져 심각한 환경부정의를 심화시켰다. 특히 대형 국책사업의 경우 소요자본의 조달과정 및 사업의 결과로 나타난 이익의 대부분이 일부 대기업에게 집중되어 심각한 사회적 불평등을 가져왔을 뿐 아니라, 그 사업의 결과 나타난 환경 피해 역시 일부 저소득 계층 및 미래세대에게 전가하게 되었다. 또한 중산층의 붕괴와 사회적 양극화의 심화되면서 '누구를 위한 성장'이며, 삶의 질에 대한 진지한 고민이 제기되었다. 제7차 교육과정에서는 사회비판적 접근이 조금씩 나타나고 있다. 환경과 사회와 경제를 통합하는 관점에서 중장기적인 문제를 해결하려는 시도가 보인다. 따라서 환경쟁점을 사회정의의 차원에서 실천적으로 해결하려는 입장으로 다양한 규모의 정치현장에서 전개되는 사회운동을 비롯해 법률, 제도 이론 등에 관한 논의를 포함하여(Glesson & Low, 2003), 평등의 원칙에서 약자의 권리를 보호하자는 담론을 뜻(Harvey, 1996)하는 '환경정의'는 미래 환경교육의 핵심개념으로 자리 잡을 것이다. 즉 '환경정의'는 무엇이든 부족하면 무조건 공급을 늘리는 정책 방향에서 벗어나 효과적으로 수요를 관리하는 친환경적인 사회경제 체제를 만들어가는 것으로, 기존의 사회경제질서에 대한 비판적인 시각을 담고 있는 체제적 접근 방법으로서 환경의 가치를 현실적으로 지켜나갈 수 있는 사유로 앞으로의 환경교육에 핵심적인 담론이 될 것이다.

현대 환경문제는 기술공학적이라기보다 사회·경제적 측면의 성격이 더 강하다. 따라서 구조적 사유를 하지 않고 원인으로부터 해결하기란 불가능하다. 그런데 '이념적 개인주의'는 모든 문제를 개인의 행동을 변화시키는 문제로 환원시키기 때문에 환경문제를 뿌리로부터 해결하는 환경교육이 불가능하다.

특히, 산업자본주의는 상품의 생산과 소비에 의해 특징지어진다. 인간의 기본적인 욕구와 그것을 넘어선 인간의 허위 욕구를 보다 값싸게 충족시킬 수 있는 생산체계의 발전이 하나의 축이라면, 산업자본주의를 지속적으로 확대시키는 소비가 또 다른 하나의 축이 된다(이홍균, 2000). 따라서 현재 산업자본주의의 입지가 강화되고 지속적인 성장을 위해서 생산 자체에 대한 문제 제기는 현 체제에 대한 근본적인 물음이 될 수 있다. '누구를 위한 생산이며, 생산으로 얻어진 이익은 어떻게 배분되어야 하는가'와 같은 질문은 환경교육에서 적극적으로 제기되어야 한다.

그러나 학교 환경교육에서는 '생산'에 대해서 근본적인 문제를 제기하거나, 정부의 반환경적 정책에 대해 비판을 하거나, 후진국에 환경오염지향산업을 설립하는 대기업에 대해서 직접적으로 언급하지 않고 있다. 사회적으로 쟁점화된 환경문제 및 대형사업들을 외면한 체, 친환경적인 소비를 권장하고, 소비한 물건을 아껴 쓰도록 하는 생활양식에 대한 문제에 초점을 맞출 뿐이다. 게다가 친환경적인 물건의 생산 역시 환경오염지향산업을 주도했던 대기업의 자본축적과 기술력이 집약되어야 가능한 것이므로, 현재 경제체제에서 대기업은 그린 마케팅을 주도하면서 다시 자본을 축적해가고 있다.

따라서 환경과 사회경제의 관계를 통합적으로 접근함으로써, 단순히 환경보전을 위한 소극적 노력을 기울이는 일뿐만 아니라 적극적으로 사회를 변혁하고 정의를 실천하는 사회 비판주의적 패러다임으로 전환하게 될 것이며, 환경정의와 환경윤리가 주요 핵심개념이 될 것이다.

4. 생태중심주의 패러다임 확장

생태중심주의가 하나의 주요 패러다임으로 확장될 것이다.

우리나라는 오래전부터 자연을 경외하고, 자연과 공존하는 삶의 아름다움을 존중하는 세계관을 가지고 있었다. 여명기의 자연보호, 자연보전, 자연보존은 새로이 유입된 개념들이 아니라 삼국 시대 이전부터 지녀온 전통 사상으로 자연을 소중히 여기는 것을 의미하였다.

형성기에는 이러한 사상들이 학문적 외연을 갖으면서 개념화되고 영역으로 구분되면서 좀 더 체계적인 '환경' 개념을 성숙시키면서 환경보전에 의미를 두게 된다. 그러나 형성기에는 개발도상국으로의 발돋움을 위한 노력이 이러한 노력의 확산을 막아 왔다면, 확산기의 환경교육은 인간과 환경의 공존에 보다 깊은 관심을 갖게 된다. 그러나 여전히 환경은 '문제화'된 관점에서 인식되고 있으며, 환경교육의 정체성은 모호하고, 환경과 인간의 공존을 지향하지만, 실상은 인간의 삶을 위한 환경보전에 좀 더 초점을 두고 있다고 할 수 있다.

전환기에 이르러서도 생태중심주의적 사고는 분명하게 드러나지 않는다. 그 이유는 환경교육이 사회·경제적인 측면에서 논의되고 있다는 점, 지속가능발전교육 및 녹색성장교육으로 발전 및 성장과 같은 방향성과 속도감을 지향하고 있기 때문에 '정지'하여 생태중심적 사유를 하지 못하고 있다.

녹색성장교육과 지속가능발전교육 모두 '성장'을 그 기반으로 하고 있다. 환경을 위해서 경제적 성장은 어느 정도 이루어져야 한다는 주장도 있지만, 이러한 주장들은 인간중심적 사고에서 삶의 질을 자칫 통계적 수치에 의존하여 해석하는 우를 범할 수 있다. '지율스님' 단식을 계기로 시작된 지역중심 '풀 뿌리적 근본생태주의 운동'에 대한 사유는 환경교육의 흐름에 큰 영향을 끼치고 있다. 환경과 인간의 근원적 관계를 보다 깊이 있게 성찰하여 생태중심적 사고를 통해 환경교육의 본질에 접근하는 패러다임이 미래 환경교육의 하나의 학문적 철학을 완성할 것으로 생각된다.

현재 환경문제의 대부분이 인간중심주의에서 비롯되었다는 인식이 확산되면서, 환경적으로 건전하고 지속가능한 사회를 구현하기 위해 새로운 패러다임의 전환이 필요하다는 인식이 높아지면서 생태주의적 경향을 갖는 운동주체들이 부각되기 시작하였다.

오늘날 생태중심주의는 자연에 대한 생물학적 생존권을 인정하고 자연에 대한 경외사상을 바탕으로 인간과 자연의 윤리적 관계를 회복하려는(조용개, 2001) 패러다임적 변환이라고 할 수 있다. 따라서 지속적인 경제성장과 개발을 지지하는 현재의 패러다임의 반동으로 혹은 환경교육 내부의 학문적 논의를 비롯한 다양한 반성적 사유들을 포괄하는 패러다임적 변환이 나타날 것으로 기대한다. 이는 논의한 바와 같이 현 체제의 대안적 성격을 갖음과 동시에 인간의 생존을 위한 환경과의 공존이 아니라, 환경 그 자체의 생명성을 인정하는 '생명중심주의적' 태도라 할 수 있다.

최근 국내에서도 시도되고 있는 지역화폐운동[32](LETS)은 국정발행화폐를 대체하는 대안화폐를 지역공동체와 대면관계에 기초해 발행하고, 유통하는 지역경제운동이다. 지역의 구성원들이 화폐 없이 필요한 재화나 서비스를 교환하여, 지역 내의 자원, 노동력을 순환시키고, 대면관계와 공동체성을 회복시키는 것을 목표로 한다.

국내에서는 '대전한밭레츠', '송파품앗이', '광명그루', '미내사클럽' 등이 운영되고 있다. 이 외에는 종교적 신념과 가치에 근거하여 운영되는 '영성공동체', '영성 생태마을' 등도 있다. 또한 생산참여형 소비자운동인 '우리밀살리기운동'과 '한살림운동', '생태공동체운동' 등은 한국형 대안사회운동이다. 이 운동들은 철학적 이념적으로 자본주의적 경쟁체제와 국가주의적 지배체제에 대하여 철저히 비판하면서 공유와 협력, 돌봄과 나눔, 생태적 조화를 목표로 한다.

아직 학교 환경교육에 직접적인 영향을 끼치고 있지는 않으나, 녹색성장교육에 대한 일부 비판과 더불어 현 사회 체제가 안고 있는 모순들을 해결하는 대안적 사유로, 그리고 삶의 질이 악화되고 있는 상황에서 가볍게 살기와 같은 환경적 사유는 이후에 학교 환경교육에 이러한 생태주의적 패러다임이 주요한 패러다임으로 자리잡을 것으로 생각된다.

---

32) 지역화폐운동은 1983년 캐나다 코목스밸리라는 작은 마을에서 처음 시작됐다. 당시 실업자가 양산되고 있는 지역을 회생시키기 위해지역 화폐 운동은 생산자와 소비자를 일치시키는 것이다. 주민이 서로 노동력과 물품을 교환하는 질서를 만들면 외부 충격에도 흔들리지 않는 지역공동체를 유지할 수 있다는 것이다. 그렇게 만들어진 시스템이 바로 '레츠(Local Exchange and Trading System: LETS)'다. 지역화폐운동은 이처럼 코목스밸리를 시작으로 전 세계로 퍼져 나갔다. 동일한 문제의식을 지닌 이들에게 호응을 얻으면서 세계적으로 널리 지역화폐가 유통되고 있다.

5. 기후변화 및 에너지 문제의 주요 쟁점화

다양하고 심각한 환경오염 문제 중에서 특히 기후변화 및 에너지 위기 문제는 세계인의 관심에서 지속될 것으로 보인다.

[남극의 빙붕 붕괴]

[C40 세계도시기후정상회의]

남극의 빙붕 붕괴 및 해수면 상승으로 인한 국토의 잠식, 무엇보다도 꾸준한 온도 상승은 이상기후변화와 같이 전 세계인과 직결된 다양한 문제들이 발생하면서 각국은 녹색 정책을 정비하고 신재생에너지 개발과 같은 친환경적인 연구개발에 지속적인 노력을 꾸준히 할 것으로 보인다. 우리나라에서도 이미 에너지기후변화교육학회가 창립(2010.10.30)되었으며, 최근 환경교육과 관련된 논문에서도 에너지 및 기후변화문제와 관련된 논문들이 급증하고 있다. 또한 2007 개정 교육과정 및 2009 개정 교육과정에서 에너지 및 기후변화와 관련된 내용이 증가하는 추세에 있다(이성희, 2011). 이로 인해 이상기후 및 에너지 고갈은 'C40 세계 도시 기후정상회의'와 같은 국제적인 협력은 더욱 강화될 것으로 보인다. 환경문제가 지방적 지역적인 차원을 넘어서 국제적으로 해결해야 할 쟁점들이 많아서 환경교육 역시 지구적인 차원에서 세계시민들과 협력을 필요로 하면서 더욱 국제적인 노력을 가속화할 것으로 보인다.

6. 평화, 환경교육의 핵심으로

'평화'가 환경교육의 핵심 개념이 될 것이다.

평화는 사회질서의 정의로움을 지향하는 것으로, 존재하는 '갈등'과 '차이'의 다양성을 존중하고 그 모순들을 이해하여 실질적인 삶의 질에 기여할 수 있는 중요한 가치이다.

따라서 교육적 관점에서 평화교육이 지향하는 것은 평화를 만들어낼 수 있는 능력을 키우는 교육이다. 즉 자신의 삶은 물론, 타인의 삶과 공동체, 나와 너의 다름을 이해할 수 있는 능력을 키우는 것을 의미하며, 이것이 평화교육의 궁극적인 목적이 되는 것이다. 즉 중층적인 관계성 속에서 존재하는 인간의 삶에서 평화 능력은 그 삶을 풍요롭게 만드는 역할을 수행한다(고병헌 역, 1993).

이러한 평화교육은 현재 모든 사람을 위한 교육(Education for all: EFA)에서 지향하는 평화, 평등 그리고 인권, 성, 환경, 문화다양성 존중과 같은 가치를 포함하는 상위의 개념으로 교육의 모든 영역과 형태에서 증진시킬 것을 목적으로 하고 있으며, 지속가능발전교육에서도 마찬가지로 모든 교육 측면과 형식을 통하여 평화, 평등, 인권, 성, 환경, 문화다양성 존중과 같은 가치를 증진하고 있다(UNESCO, 2009). 따라서 평화교육과 환경교육의 관계는 매우 직접적이며, 다양한 가치를 통합할 수 있는 중요한 핵심 개념이라고 할 수 있다(UN, 2002).

현재 세계는 환경혁명의 세기를 맞이하였다. 어린아이로부터 노인에 이르기까지, 아침부터 저녁까지, 그리고 서울 도심에서부터 시골 동네에 이르기까지, 세계 도처에서 친환경적 실천을 의식적으로 하고 있다. 환경오염을 양산시키는 산업, 개발이나 건설에서도 '그린'이라는 말을 붙여 사용하며, 의식주衣食住 역시도 친환경적으로 만들어지고 재배된 것이 인기가 좋다. 대중매체와 인터넷에서도 환경이 최고의 화두가 되고 있다.

환경혁명을 선도하고 지지하는 근본 학문으로써 환경교육은 아직 부족한 점이 많다. 다양한 가치를 존중하고 '환경정의', '생태중심주의', '환경교육의 내재적 가치'에 대한 충분한 고민을 통해 환경혁명을 전파하고 확산시키는 학문으로 자리매김할 수 있도록 더 많은 노력이 뒤따라야 한다.

PART V

환경교육 사례

슈미트(Schmit)는 '교육학으로써 교육사를 가지지 못하면 토대가 없는 건축물과 같다' 고 하였다. 한국 학교 환경교육의 역사를 밝히는 작업은 한국 환경교육의 토대를 제공함과 동시에 과거를 바탕으로 하여 성취된 현재 환경교육의 이론과 실제를 이해하고 미래지향적인 교육학적 전망을 할 수 있는 연구 분야이다.

해방 이후부터 현재까지 환경정책은 국민의 환경권을 더욱 적극적으로 보장하려는 방향으로 발전하였고, 환경 및 환경교육과 관련된 국가의 부서는 점차 확대되었으며, 시민의 환경의식은 높아져 갔으며 학교 환경교육 및 사회 환경교육도 대체로 양적·질적으로 진화·발전되어 왔다고 할 수 있다.

그리고 무엇보다도 다양한 환경쟁점을 대하는 국민의 의식 변화에서 환경교육이 사회·경제적 변동에 끼치는 영향을 확인할 수 있다. 국민은 환경문제를 매우 중요한 쟁점으로 생각하였으며, 경제성장보다도 환경문제를 우선해서 해결하는 것을 더 바람직하게 생각하는 경우도 흔하게 볼 수 있다. 이러한 변화는 비단 인식과 의식의 변화뿐만 아니라 다양한 실천적 운동으로도 확인할 수 있는데, 환경교육과 관련된 사회환경단체의 수가 급증하였고, 환경캠페인 및 환경을 콘텐츠로 한 다양한 프로그램 및 영상물이 많은 사람의 관심과 참여를 이끌어냈다.

또한 새만금 간척사업 백지화를 위한 미래세대 소송과 천성산 도롱뇽 소송, 핵 폐기장 건설 반대운동에서 볼 수 있는 것처럼 '환경권' 수호를 위한 다각적인 노력과 국민의 호응은 지속적인 환경교육의 결과로 이해된다. 특히 태안반도 기름 유출사건에서 자원봉사자 행렬은 환경교육의 좋은 결실로 해석될 수 있다. 이러한 노력이 정부의 계획을 변경시키는 경우도 있었는데, 부안 및 안면도 핵폐기물 매립지 건설계획 및 동강 댐 건설계획을 무산시켰으며, 환경적 이유로 인하여 경부운하추진을 반대하여 정책의 변화를 가져왔다.

환경오염문제가 더욱 심각해지고 나날이 악화되어서 환경교육의 영역이 확대 발전해 온 것은 아니다. 세계 환경사를 살펴보면, 지금과 같이 고대 로마시대나 중세시대에도 환경문제는 매우 심각하였다. 한국의 경우에도 시기별 오염지표를 살펴보면, 오염기준은 점점 높아지고 오염도가 많이 개선되었으나 환경교육에 대한 연구는 더욱 활발해졌고 환경교육의 확산은 더욱 강화되었다.

[핵 폐기장 건설 반대운동]

우리나라의 환경교육은 환경에 대한 새로운 이념을 생성해내는 교육이 아니라, 자연을 애호하고 자연과 더불어 사는 사상을 회복해내는 과정이라고 할 수 있다. 이러한 토양이 곧 다른 나라에 비해서 빠르게 환경교육을 진화·발전하게 하였다. 따라서 이러한 특수성이 급격한 경제성장과 이에 따른 환경오염의 심각함을 겪으면서도 빠른 환경교육의 도입과 정착을 가져왔다고 할 수 있다.

한국의 학교 환경교육은 외국의 환경교육보다 사회·경제적 변동에 더 큰 영향을 주고받으면서 진화·발전해왔다. 또한 사회·경제적 상황 때문에 환경교육이 변형되기도 하였고, 환경교육으로 인해 사회·경제적인 상황이 변화되기도 하였다. 이렇듯 한국의 학교 환경교육은 사회경제와 모순을 극복하면서 접점을 찾는 방향으로 진행되었다.

1. 환경교육사 이렇게 적용하다

최근 환경교육에서 환경교육사를 활용하려는 움직임이 있다. 환경교육사를 도입하면 학생들이 환경교육사를 통해 현재 통용되고 있는 개념에 대한 뿌리를 알 수 있으며, 효과적인 학습에 필요한 다양한 요소들을 확인할 수 있다. 환경교육사를 이용한 수업은 개념변화를 위한 논쟁이 필요한 경우 전통적인 수업보다 매우 효과적이며, 학생들에게 훨씬 효율적인 수업 효과를 기대하게 된다(이성희·최돈형, 2009). 환경교육사를 활용한 교수·학습에 대한 연구에서 환경교육사를 활용한 수업이 갖는 효과를 자세히 살펴보면 다음과 같다.

가. 환경 및 환경교육의 본성에 대한 이해

환경교육사를 학습하는 과정에서 환경의 본성에 대한 고찰이 가능하다. 환경교육사 수업을 통해 환경의 발전과정에 대한 다양한 선례를 학습할 수 있는데, 이러한 학습을 통해 다양한 과학적 접근법에 대한 교육이 가능하다. 교육에서 단지 지식의 습득만이 아니라 그 이상으로 중요한 것은, 그 학문에 대한 견해와 관점을 세울 수 있도록 하는 것이다. 환경교육은 학생들이 환경에 대해 바르게 이해함으로써 환경적 소양을 기르고 환경에 대한 이해와 환경탐구 능력 및 환경감수성을 키우는 것을 주요한 목표로 한다.

오늘날 환경교육에서는 환경의 본성에 대한 이해의 중요성이 강조되고 있다. 그동안은 주로 귀납주의를 중심으로 획일적이고 고정된 관점에서 환경수업이 이루어진 측면이 있다. 하지만 현재 환경교육에 대한 관점은 그렇지 않다. 절대적 내지는 상식적으로 받아들여지던 설명들도 시대가 지나면 그릇된 것으로 밝혀지거나 다른 사실들로 대체된다. 환경교육사는 환경교육에서 학생들이 소홀히 하기 쉬운 환경의 본질적 측면을 사고할 수 있도록 도와주며, 환경의 역사를 학습할 때에 다양한 선례 속에서 환경과 관련된 지식, 환경쟁점을 해결하는 방법, 환경학자, 환경의 사회적 맥락 이해, 환경쟁점의 기원과 발생 등이 풍부하게 제공되어 학생들로 하여금 환경의 다면적인 특성을 인식시켜줄 수 있다. 환경교육사를 통한 환경의 본성에 대한 이해는 쿤의 패러다임[33])으로 설명될 수도 있다. 환경교육사에 대한 교육은 이러한 패러다임의 변화를 자연스럽게 이해할 수 있게 하고, 또한 동시에 학생들이 기존의 이론을 절대적인 것으로 생각하지 않고 자신의 창의성을 발휘할 수 있는 토대가 된다.

나. 환경 개념의 이해 및 탐구과정

환경과 관련된 개념은 오랫동안 많은 학자에 의해 형성되고, 수정의 과정을 거쳐 왔다. 환경 역시 이러한 개념체계를 중요한 특징으로 하기 때문에 환경교육에서 환경 개념의 올바른 이해는 매우 중요하다. 하지만 환경은 매우 복잡한 개념을 포함하고 있으므로 다

---

33) 쿤은 과학에서 교육의 역할은 매우 중요하며, 스승은 제자를 교육함으로써 자신의 패러다임을 전수하게 된다고 하였다. 이것이 쿤이 말하는 정상과학이다. 환경교육도 국가사회적 요구 및 학문의 내재적 발전으로 인해 다양한 패러다임으로 변화하였다.

수의 사람들은 환경 개념에 대해 복잡하게 생각한다. 환경과 관련된 어려운 개념을 가르치는 데 효과적으로 활용될 수 있는 전략으로 제안되고 있는 것이 바로 환경교육사이다. 환경교육사는 학생들에게 현재의 환경과 관련된 개념들이 어떤 발달 과정을 거쳤는지, 중요한 쟁점은 무엇인지를 말해 줄 수 있다. 환경교육의 발전과정에서 겪었던 다양한 경험들과, 환경과 관련된 쟁점에 이르기까지 사용했던 논리적인 과정을 따라가는 과정에서 학생들은 보다 생생하게 환경 관련 개념 학습을 할 수 있다.

또한 환경수업에서 환경교육사를 도입하여 학생이 가진 인간과 환경의 관계에 대한 오개념[34]을 변환시킬 수 있다. 이러한 점에서 환경교육사를 통해 사람들이 환경과 어떠한 관계를 맺고, 어떤 시행착오를 겪었는지 어떻게 잘못된 개념을 극복하고 바른 개념에 이르게 되었는지를 환경수업에서 다룸으로써 학생들이 자신의 개념을 확인하고 오개념을 교정하는 데 환경교육사가 효과적으로 적용될 수 있다.

환경교육사는 환경교육 전문가 및 일반인들의 노력이 담겨 있다. 환경교육에서 이루어 낸 결과들의 과정을 제공하므로 학생들이 가진 오류를 극복하는 데 도움이 된다. 또한 환경교육에서 지향하는 환경탐구 방법을 제시하여 환경탐구가 획일적이고 고정된 것이 아니라는 것을 깨닫게 해주며, 여러 가지 방법을 적용하여 환경문제들을 발견하고 해결해가는 과정을 스스로 해봄으로써 탐구정신과 탐구기능을 기를 수 있게 한다.

다. 환경 및 환경교육의 사회적 맥락에 대한 이해

환경교육사는 환경교육이 독자적으로 고립된 학문이 아니라 사회와 밀접한 관련을 맺으며 발달해 온 활동임을 제시하여 학생들로 하여금 사회의 맥락 속에서 환경 및 환경교육을 이해할 수 있도록 한다. 즉, 환경교육사는 환경수업을 통해 배우는 환경 및 환경교육에서 일어난 사실들이 사회의 어떤 맥락에 영향을 받고 상호작용을 해왔는지 제시할 수 있으며, 또한 하나의 이론이 오랜 기간에 걸쳐 사회적·철학적으로 어떤 영향을 미쳐왔는지에 대해서 설명하는 데 사용할 수도 있다.

특히 산업사회가 성장해가며 과학이 급속도로 발달하면서 개발과 경제와의 관계는 더

---

34) 오개념들은 대체로 학생들이 교실에서 공식적인 학습을 하기 전 일상의 경험을 통해서 습득한 것으로 학습에 의해 쉽게 교정되지 않는 특성을 가진다. 맥클레인은 개념학습과 관련하여 교육사적 교수법이 학생들의 오개념을 교정하는 데 도움이 된다고 보았다. 환경교육사에서 오랜 시간에 걸쳐 맞게 되는 다양한 사건들로부터 그러한 환경문제를 예방하고 해결하는 방법을 배울 수 있게 된다.

욱 밀접해지게 되었다. 따라서 현대의 환경교육에서는 사회 및 기술, 경제 발전과의 연관성을 살펴보는 일이 중요하게 부각되고 있다. 오늘날의 환경교육이 갑자기 생성된 것이 아니라, 수많은 것들과 밀접하게 얽혀지면서 발전해왔다는 것을 알 수 있도록 해준다. 현대의 환경교육에 대한 이해와 자신의 삶과 밀접한 환경이 어떠한 영향을 끼쳤는가를 바르게 이해하기 위해 환경교육사를 활용한 교육이 효과적으로 사용될 수 있다.

라. 환경학습에 대한 흥미

환경교육사를 활용한 환경교육의 효과에서 또 하나 빼놓을 수 없는 것은 환경교육사가 학생들의 흥미를 유발할 수 있다는 점이다. 2007 개정 교육과정에 의한 중학교 환경교과의 목표는 '환경감수성과 인식을 길러 환경과 인간의 관계를 바르게 이해하며 환경에 대한 지식의 탐구와 문제 해결 능력과 기능을 갖추고 지속가능발전을 위한 환경 의사 결정력과 환경친화적 가치관을 함양하여 환경보전을 위한 활동에 참여하고 실천한다'로 명시되어 있다.

이러한 목표를 달성하기 위해서는 학생들이 환경학습에 친근감을 느끼는 것이 필요한데, 환경교육사를 활용한 학습이 이에 활용될 수 있다. 적절한 주제에서 학생들에게 환경과 관련된 중요한 개념이나 아이디어 등을 역사적 상황이나 사건, 이면의 전기적 일화들과 연결시켜 보다 재미있는 환경수업이 이루어질 수 있다. 학생들이 흥미를 갖고 활발한 상호작용을 보이는 수업은 특히 자연 및 자연현상에 대한 기본적인 인식을 확립해 나가는 환경교육에서 중요한 부분이라고 할 수 있다.

즉, 환경교육이 학자들만의 학문적 전유물이며 생활과 동떨어진 학문이 아니라 삶 자체이며, 학생들이 경험하는 일상생활 속에서 이루어진 것임을 이해하고 인간과 함께 해온 역사적 산물로 환경 및 환경교육을 인식함으로써 환경교육에 대한 친근감을 갖고 학습 동기를 가질 수 있다.

마. 학생 중심의 환경교육

환경교육사를 활용한 환경교육은 크게 환경의 본성에 대한 이해를 도우며, 환경과 관련된 어려운 개념을 쉽게 이해하게 하고, 학생들이 가진 개념과 전문가 개념 사이의 간격을 메워줄 수 있으며, 환경과 나와의 관계를 깊이 있게 사고할 수 있게 하며, 환경에 대한 긍정적인 태도를 형성하는 등의 다양한 결과로 종합할 수 있다. 2007 개정 교육과정 및 2009 개정 교육과정에서 환경과 교육과정은 학생들이 구체적인 사물이나 현상의 관찰과 조작 활동 등의 탐구활동을 토대로 기본개념을 이해하고 실생활 문제를 창의적으로 해결하는 능력을 기르는 데 중점을 둔다. 이러한 목표를 달성하기 위해서 학생 스스로 관심 있는 주제를 선정하여 탐구할 수 있는 '프로젝트 수업'을 포함하기도 하였는데, 환경교육에서 환경교육사의 도입 역시 학생들이 고민하고 참여하는 기회를 제공하는 역할을 한다.

2. 학교 환경교육사 적용 사례

환경교육에서 다루는 내용 중에는 환경교육사를 수업에 사용하기에 적합한 주제가 있는가 하면, 어떤 것은 그렇지 않다. 따라서 수업 현장에서 환경교육사를 명시적[35]으로 도입할 때에 수업의 어느 부분에서 환경교육사를 도입하는 것이 적절한지를 결정해야 한다. 어떤 주제는 수업을 시작하는 도입단계에서, 어떤 주제는 전개단계에서, 어떤 주제는 수업을 정리하는 단계에서 환경교육사를 사용하는 것이 유익하다.

가. 도입 단계

도입단계에서 환경교육사를 사용할 때는 강의내용에 대한 학생들의 동기와 흥미를 유발하는데 흥미 있는 환경교육사적 사건이나 환경사적 사건을 소개하면서 당시의 사회적 배경, 환경적 사실 등을 소개하는 것이 적합하다.

---

35) 명시적 방법은 크게 두 가지 방법으로 나눌 수가 있다. 먼저 첨가식 방법은 환경교육사와 무관한 일반적인 환경 수업을 한 후에 역사에 관한 단원이 첨가되는 방식이다. 두 번째는 통합식 방법인데, 이는 표준 환경교육 내용 속에 역사에 관한 사항이 통합된 형태로써, 학자들의 과거에 자연 및 자연현상에 대한 이해의 노력으로 쌓아 온 내용을 학생들에게 소개하여 학생들이 자연 및 자연현상을 보는 다양한 관점을 생각해 볼 수 있게 하는 방식이다.

1952년 12월에는 런던에 스모그 사건이 발생하였다. 영국 런던에 1주일간 스모그 현상이 지속되면서 호흡장애, 질식, 만성 폐 질환 등으로 총 1만2000명이 사망했다. 주요 원인은 공장의 배기가스와 같은 화석연료에 의한 것으로 밝혀졌다. 1954년 7월 미국 LA에서 맑은 날씨에 안개가 발생하는 새로운 스모그 현상(일명 백색 스모그)이 발견됐는데, 1차 오염물질에 의한 '런던형 스모그'와 달리 'LA형 스모그'는 1차 물질이 햇빛과 반응해 인체에 해로운 2차 오염물질을 생성한다고 해서 광화학 스모그라고도 한다. 1956년, 5월에는 이 미나마타병이 생겼다. 일본 미나마타만 연안의 어패류를 먹은 어민들에게 1953년부터 발생한 괴질이 세상에 알려졌다. 1959년 구마모토대 의학부가 신일본질소 공장에서 배출된 유기수은이 발병 원인이라고 발표했으나 1968년에야 일본 정부에 의해 공식적으로 인정됐다. 이타이이타이병과 함께 가장 대표적인 공해병으로 전 세계 사람들에게 공해의 무서움을 일깨운 사건이다.

이러한 사회적 환경문제 속에서 Rachel Carson의 '침묵의 봄'이 출간되었다. 이 책은 환경운동 분야의 고전이라고 할 수 있을 만한 책이다. 또한 이 책은 책 한 권이 세상을 바꾼다는 말을 입증해 준 책이기도 하다.

실제로 이 책은 당시 J.F.K. 대통령의 마음을 움직여서 대통령 자문위원회를 구성하게 했다니 대단한 반향을 지녔음을 알 수 있다. 이 책에서 말하고자 하는 바는 제목에 고스란히 묻어 있다. 새들이 지저귀고 시끄러워야 할 봄에 적막한 기운만 감돈다면 얼마나 황량할까? 만일 우리가 사는 이 땅에 세상의 모든 새가 사라진다면 어떤 느낌이 들까? 아이들에게 들려줄 새소리가 없다는 것, 숲 속을 거닐며 내 귀를 간질일 새소리를 들을 수 없다는 것, 저 창공을 훨훨 날아다니는 위용 있는 새의 모습을 볼 수 없다는 것. 참으로 끔찍한 일이다.

Rachel Carson은 바로 이 끔찍한 일에 대해 고발했다.

해충을 없애려는 단순한 목적으로 공중에서 엄청난 양의 살충제를 뿌려댔지만 결과적으로는 해충도 제대로 없어지지 않았고 오히려 인간에게 이로운 곤충과 이를 먹이로 삼는 새들만 희생당했다. 이러한 연쇄적인 생태 고리의 파괴가 얼마나 광범위하게 벌어졌는지를 수많은 실례로 증명한다.

자연의 파괴는 인간의 어이없는 욕망에서 비롯한다. 해충을 없애는 방제 법에는 화학적 방제와 생물학적 방제가 있다. 자연을 훼손시키지 않는 안전한 방법은 생물학적 방제이다. 천적을 이용한다든지 불임 처리함으로써 효과적으로 방제할 수 있다. 그럼에도 수많은 과학자가 화학적 방제 연구에 열을 올리는 것은 그들에게 연구비를 대주는 화학회사의 영향력 때문이다. 생물학적 방제를 통해서는 이윤을 올릴 건더기가 별로 없지만 화학적 방제를 통해서는 엄청난 부가 쌓이기 때문이다.

그러나 저자는 섣불리 "모든 것을 팽개치고 원시로 돌아가자."는 형식의 결론으로 치닫지 않는다. 오히려 다른 차원의 연구로써 자연과 최대한 공존할 것을 주장하고, 이들 방법에 비해 살충제가 얼마나 해롭고, 거기에 비싸기까지 한가(장기적으로 환경오염 때문에 생긴 물적 · 정신적 피해까지 감안하면 상상을 초월할 정도이다)를 강경하면서도 논리적인 어조로 지적한다.

1962년 침묵의 봄이 발간된 이후로 많은 환경관련 법과 단체가 생겼다. 일본에서는 공해대책 기본법을 제정한 데 이어 환경청을 설치하였고, 미국 역시 미국환경교육법 제정 및 환경청(EPA)을 설립하였다. 우리나라에서 또한 환경에 대한 인식이 새롭게 재조명되었는데, 1963년에 공해방지법이 제정되었으며 1960년대 중반에는 '환경교육'이란 용어가 널리 쓰이게 된다.

또한 이 시기에 환경교육에서 지향하는 교육목표는 자연연구와 현장학습이었다. 현장학습의 경우, 생물학자나 지리학자 등 특정한 학문적 관점을 가진 '전문가'에 의해 수행되었다고 한다.

나. 전개 단계

개념의 심화학습이나 오개념 교정을 위해서는 전개단계에서 그 개념에 이르기까지 과학자들의 과정을 추적해 보는 것이 바람직하다. 이때는 문제가 되지 않았던 환경 및 환경교육적 문제가 인식되고 변화되는 구체적인 연구 과정이 소개되어야 할 것이다. 그리고 소개 후에 학생들이 직접 탐구를 해보면서 환경과 관련된 개념을 학습하도록 하는 것이 필요하다. 환경교육사 읽기자료의 도입, 환경교육사 논쟁수업, 환경교육사 내용을 바탕으로 한 소집단 토론수업, 역할극 등 다양하다. <표 46>은 세계 환경의 날과 관련된 주제 및 포스터이다. 세계 환경의 날은 당시 환경쟁점을 잘 드러내 준다. 따라서 현재 포스터가 없는 곳에 어떠한 내용으로 주제를 포스터화하면 좋을지 의견을 나누고 그려보는 것도 좋은 수업의 예가 될 수 있을 것이다.

〈표 46〉 세계 환경의 날 연도별 포스터(www.keep.go.kr/blog/myblog/doubleish)

연도	주제	연도	주제
2010	다양한 생물종, 하나뿐인 지구, 하나뿐인 미래	2009	지구는 당신이 필요합니다. 하나 되어 기후변화를 막아요!
2008	습관을 바꿔요! 지구를 살리는 저탄소 경제로	2007	녹아내리는 빙하-뜨거운 주제인가?
2006	사막과 사막화	2005	녹색도시-지구 정원 보호를 위한 계획
2004	구해주세요-생사의 기로에 선 바다!	2003	물-20억 인구의 갈망!

2002	지구에게 복원할 수 있는 기회를	2001	이 땅의 모든 생명체를 하나의 네트워크로
2000	환경의 새천년-이제는 행동할 때	1999	지구를 구하는 것은 곧 미래를 구하는 것
1998	온누리의 생명을 위하여 : 바다를 살립시다.	1997	지구상의 생명을 위하여
1996	우리의 지구·거주지·정원	1995	세계인이 힘을 합쳐 보다 아름다운 세계 창조
1994	하나의 지구, 하나의 가정	1993	빈곤과 환경-악순환의 단절
1992	오직 하나뿐인 지구-다함께 관심 갖고 공동으로 향유하자	1991	기후변화-전 지구의 협력이 요구
1990	아동과 환경	1989	경계하자, 지구온난화!
1988	환경보호, 지속발전, 공중참여	1987	환경과 주거
1986	환경과 평화	1985	청년, 인구, 환경
1984	사막화	1983	유해폐기물의 관리와 처리, 산성우 파괴방지와 에너지 이용률 제고
1982	스톡홀름 인류환경회의 10주년 기념-환경의식의 제고	1981	지하수 먹이사슬 보호, 유독화학품 오염방지
1980	새로운 10년, 새로운 도전-파괴된 발전은 없다	1979	아동과 미래를 위하여-파괴된 발전은 없다
1978	파괴된 발전은 없다	1977	오존층파괴, 수토유실, 토양퇴화와 삼림남벌에 관심을 갖자
1976	생명의 중요 원천	1975	인류 주거
1974	오직 하나뿐인 지구		

다. 정리 단계

정리 단계에서는 주로 환경에 대한 인간의 책임이나 환경의 사회적 영향, 환경과 인간의 관계, 바람직한 환경관 등을 정리하기 위해 환경교육사를 사용할 수 있다.

<사상 최대의 과학 도박 원자폭탄>

1945년 8월 6일, 일본의 히로시마에 일찍이 없었던 강력한 폭탄이 투하되었다. 적군에 대해 사용된 최초의 원자 폭탄이었다. 그것은 넓은 지역에 걸쳐 엄청난 파괴를 가져주었다. 제2차 세계 대전이 끝난 뒤, 당시의 미국 대통령이었던 트루먼은 이 폭탄의 발명과 제조야말로 '역사상 최대의 과학에 관한 도박'이었다고, 전시의 기밀을 고백했다.

원자 폭탄의 발명은 우라늄을 비롯한 그 밖의 방사성 원소의 원자가 파괴된다는 베크렐의 발견에서 비롯되었다. 그러나 만약 제2차 세계 대전이 일어나지 않았더라면, 과학자들은 틀림없이 산업에서의 원자 에너지의 이용을 위해 연구를 집중했을 것이다. 그러나 제2차 세계 대전으로 말미암아 영국에서의 연구는 진행 방향이 완전히 바뀌었다. 제2차 세계 대전에서 독일이 항복한 뒤에도 연합국은 폭탄을 만드는 노력을 계속하였다. 그리고 최초로 1945년 7월에 시험할 준비가 완료되었다. 그것은 그때까지 사용된 가장 큰 폭탄의 2,000배를 넘는 가공할 파괴 무기였다. 처칠 수상과 트루먼 대통령은 포츠담에서 회담을 갖고 폭탄을 사용하기로 합의하였다. 그리고 일본 정부에 최후통첩을 보냈으나 일본 총리는 이 요구를 받아들이지 않았다.

그날, 일본 히로시마의 아침은 맑게 개어 태양이 눈부시게 빛나고 있었다. 이 도시는 군수품 보급의 주요 기지였다. 공격은 예고 없이 개시되어, 히로시마 사람들에게 아닌 밤중에 홍두깨 같은 놀라움을 안겨 주었다. 폭발 후 1분도 지나지 않아 수만 명의 남녀와 어린이가 무참히 학살되었다. 연합국이 제시한 평화 조항을 일본 정부는 또다시 아랑곳하지 않았고 불과 사흘 뒤 두 번째 폭탄이 나가사키에 투하되어 28만 명의 사상자를 낸 것으로 추정되었다.

원자 폭탄의 투하가 없었어도 일본이 어차피 그해 가을을 넘기지 못하고 항복할 것이라고 전문가들은 의견을 같이하고 있었다. 그런 점에서 과연 원자 폭탄을 사용해야만 했던가, 아니면 사용을 보류해야 했는가 하는 문제는 오래도록 시비가 계속될 것이다. 1945년 8월 6일 처칠은 다음의 글을 기록하였다.

지금까지 오랫동안 자비롭게도 인간의 손이 미치지 못하는 곳에 놓여 있던 자연의 비밀이 폭로된 사실은, 사물을 이해할 수 있는 모든 인간의 가슴과 머리와 양심에 극히 엄숙한 반성을 불러일으켜야 마땅하다. 우리는 모름지기 이 가공할 힘이 세계의 평화를 위해 공헌하고, 또한 지구 전체에 예측할 수 없는 대대적인 파괴를 초래하지 않고, 끊임없는 세계 번영의 샘물이 되게끔 마음속으로 기원하지 않으면 안 될 것이다.

<청소년을 위한 환경교육사, 위르겐 타이히만>

전 세계적으로 심각한 문제가 되고 있는 환경오염, 지구를 멸망시킬 만큼 강력한 핵무기, 윤리적인 논쟁을 불러온 유전자 조작 등은 실제로 예전까지는 상상하지도 못했던 복잡한 문제를 일으키고 있다. 따라서 환경교육에서 중요하게 다루어져야 할 것 중의 하나는 학생들이 환경과 소통하는 것, 바람직한 환경관을 정립하도록 하는 것이라고 할 수 있다. 이러한 측면에서 위와 같이 환경교육사를 활용할 수 있다.

3. 환경교육사를 활용한 환경수업에서 극복해야 할 과제

환경수업과 환경교육사를 접목하는 것은 역사적 지식을 사용하면서 환경수업을 더 효과적이고 풍성하게 지도하기 위해서인 데, 교사의 철저한 준비가 필수적이다.

첫째, 교사는 전문적인 환경학자일 필요는 없지만 적어도 가르치려고 하는 내용의 배경 역사는 잘 이해하고 있어야 한다. 그런데 이것은 곧 교사의 수업 부담이 가중됨을 의

242   한국 학교 환경교육사 산책

미한다. 교사의 부담을 크게 가중시키지 않고 환경교육사를 환경수업에 도입할 방안을 찾는 것은 환경교육사적 학습 지도의 기본적인 과제이다. 따라서 환경교육사를 활용한 환경수업의 다양한 교수학습자료 개발이 필요하다.

둘째, 역사를 환경수업에 사용하는 데 직면하는 현실적 어려움 중의 하나는 이를 위한 교재가 부족함을 들 수 있다. 지난 수년간 역사적 교수의 필요성과 중요성에 대한 많은 언급이 있었지만, 현재로서는 실제로 환경사 및 환경교육사적 수업을 할 수 있는 교재나 학습모형 등이 많이 개발되어 있지 않다. 즉 환경사 및 환경교육사 활용의 또 다른 어려움은 환경사 및 환경교육사를 활용한 소재 개발의 부재이다. 현재 교과서에 실린 환경사의 내용은 단순한 '읽을거리'로 제시되고, 수업에 적극적으로 활용하기에는 학생 주체의 활동 중심 자료의 양이 부족하다.

셋째, 역사적 수업의 효과를 평가할 수 있는 방법, 초등학교에서부터 대학에 이르기까지 역사적 수업을 위한 교과 과정 등 체계적인 환경교육사적 수업을 위한 조건들에 관련된 연구도 이루어져야 한다. 환경교사 양성교육과정에서 환경교육사를 활용한 수업과 관련된 강좌 개설이 필요하다.

넷째, 역사적 수업방법은 야외체험학습 혹은 탐구학습의 중점과는 다소 거리가 멀어보일 수 있다. 그러나 몇몇 주제에 대해서는 환경교육사를 이용한 의미 있는 탐구를 구성해 볼 수도 있고, 환경교육사와 관련된 중요한 주제들을 환경프로젝트수업으로 예증해 보일 수도 있다. 전반적인 접목에서는 다소 어려움이 있기 때문에, 탐구학습 현장에서 어떻게 역사적 수업방법을 사용할 수 있는지에 대한 구체적 전략이 필요하다. 환경교육사를 활용한 환경수업의 전략에 대한 연구도 뒤따라야 한다.

위와 같이 환경교육에서 환경교육사가 차지하는 그 중요성이 큼에도 불구하고 실제 교육현장에서 환경교육사에 대한 인식이나, 교사들이 가르치는 데 도움이 될 수 있는 체계적인 자료가 아직 많이 부족한 편이다. 또한 이상기후변화 및 에너지 고갈, 삶의 질에 대한 욕구 등으로 환경교육의 중요성은 크게 대두되지만, 우리 환경교육의 현장은 환경소양과 책임 있는 환경행동을 교육하는데 다소 인색하다.

따라서 환경교육사적 학습지도의 필요성을 인식하여 학생들이 미래사회에 잘 적응하도록 대비하기 위해 가장 기초적인 환경과 관련된 지식, 탐구방법과 환경친화적인 태도를 향상시키는 기본적인 요인이 학생들의 환경학습에 대한 흥미와 관심이라고 생각하고, 환경수업에서 환경사의 일화나 환경교육적 사건 등의 내용을 중심으로 구성된 환경교육사

자료의 개발과 활용이 필요하다. 환경교육사적 수업은 학생들이 환경에 대한 바람직한 지식, 가치관, 태도를 갖추고 환경친화적 생활을 통하여 높은 삶의 질과 지속가능한 사회 실현에 기여하는 시민으로 성장하는 데 크게 기여할 것이다.

〈참고 문헌〉

강만길(2000). **한국 자본주의의 역사**. 역사비평사.

강미화(2001). 구동독의 환경문제와 통일 이후의 변화. ECO, 1, 7~37.

강영선(1969). 자연보존. **문화재**, 4, 83~85.

강욱형(1962). **입체적인 환경구성**. 문경사.

고병헌 역(1993). Hicks, D. ; **평화교육의 이론과 실천**. 서원.

곽상경(1990). 한국의 경제와 환경교육. **환경교육**, 1, 62~77.

곽영우(1998). 한국에 있어서의 경제성장과 교육발전과의 관계에 관한 연구. **교육재정경제연구**, 7(2), 271~300.

교육부(1992). **고등학교 '환경 과학'. 교육부.**

교육과학기술부(2009). **환경과 녹색성장 교육과정**. 교육과학기술부.

교육과학기술부(2010). **환경과 녹색성장 교육과정 해설서**. 교육과학기술부.

교육과학기술부 (2011). **교육과학기술부 고시 제 2011−361호. 교육과학기술부.**

교육평론사(1971). 학교환경정화에 적신호. **교육평론**, 154, 20~21.

구도완(1994). 한국환경운동의 역사와 특성. 서울대학교 대학원 박사학위논문.

구도완(1996). **한국 환경 운동의 사회학 : 정의롭고 지속가능한 사회를 위하여**. 문학과지성사.

구도완(2000). 1990년대 전문 환경운동조직의 특성. 울산대학교 **사회과학논집**, 10(1), 363~382.

구연창(1990). 한국의 사회구조와 환경교육. **환경교육**, 1, 95~107.

권경희(1997). **중ㆍ고등학교 생물 교과에서 환경교육 내용의 변천**. 연세대학교 교육대학원 석사학위논문.

권복규(1997). Colbon, T. ; **도둑맞은 미래**. 사이언스북스.

권세훈 역(2004). Wende, P. ; **혁명의 역사**. 시아출판사.

권숙표(1972). 대기오염과 인체질환 : 환경보존과 공해대책 〈특집〉. **국회보**, 123, 69 ~76.

권주연ㆍ문윤섭(2009). 기후 변화 교육 목표 및 내용에 대한 체계적인 연구. **환경교육**, 22(1), 68~82.

권중달 역(1984). 두유운(杜維運) 지음 ; **역사학 연구방법론**. 일조각.

권태환ㆍ김두섭(1990). **인구의 이해**. 서울대학교 출판부.

권혁길ㆍ이용필(2000). **초ㆍ중ㆍ고교 환경 윤리 교육 강화를 위한 체계론적 연구**. 교육부.

김귀곤 역(1980). UNESCO ; 환경교육의 세계적 동향. 배영사.

김귀곤·김귀순·김승율(2003). 지속가능발전 전략과 실행. 아카데미서적.

김동규(1996). 세계의 환경교육. 교육환경교육사.

김동식(1971). 자연의 보호와 파괴 : 새로이 등장될 공해교육. 새교실, 16(4), 42~44.

김명환(1979). 환경교육과 자연과의 지도방향에 대한 고찰. 과학수학교육연구, 3, 29~45.

김범기(1990). 일본의 환경교육. 환경교육, 1, 207~220.

김범수(2001). 일본의 자연환경교육 추진 현황에 대한 연구. 건국자연과학연구지, 12, 11~20.

김선근(1982). 기술의 국제적 이전이 환경오염에 미친 영향과 기술평가에 관한 연구. 서울대학교 환경대학원 석사
학위논문.

김선미(2009). 세계화에 따른 한국 환경운동의 변화 : 기후변화 의제를 중심으로. 담론, 11(4), 119~147.

김성수(1997). 세계화 시대를 위한 한국 경제 발전. 학문사.

김성수(2003). 한국 환경운동 발전에 관한 일고. 한국환경과학, 12(1), 1~14.

김수일(1975). 국민학교 교육과정에 터한 인구 및 환경교육. 배영사.

김수일(1976). 인구성장과 환경관리. 한국교육개발원.

김수일(1977). 인구교육을 위한 초등학교 및 중등학교 교육과정 구안에 관한 연구. 한국교육, 4(1), 109~127.

김수일·신건자·노종희·김종식(1975). 인구교육을 위한 교육과정 개발에 관한 연구 : 초중고등학교 교육과정을
중심으로. 한국교육개발원.

김수일·신군자·유광수·전경숙(1977). 환경교육을 위한 교육과정에 관한 기초조사 : 초중등학교를 중심으로.
한국교육개발원.

김석목(1964). 이상적인 환경과 교육. 청량원, 2(2).

김승진·홍은택(2008). Menzel, P., D'Aluisio, F. ; 헝그리 플래닛. 월북.

김영화(2004). 한국의 교육과 경제 발전. 한국학술정보(주).

김운종(2004). 학교 환경교육의 환경윤리학적 분석. 전남대학교 대학원 박사학위논문.

김은령 역(2002). Carson, R. ; 침묵의 봄. 에코리브로.

김응종(1991). 아날학파. 민음사.

김일기(1979). 지리과 교육과정과 환경교육. 관동대학 논문집, 7, 589~606.

김일중(2005). 한국의학술연구 : 인문사회과학편. 경제학, 6, 475~515.

김종수(2008). 한국경제론. 두남.

김종철(2008). 민주주의, 성장논리, 농업적 순환 사회. 창작과 비평, 봄, 85~86.

김종현(2007). 경제사. 경문사.

김태경(2005). 환경관리주의 환경교육에 대한 비판적 고찰 : 원인규명에서 해결기제로의 전환을 위하여. 환경교
육, 18(3), 59~74.

김태경(2006). 지속가능발전을 위한 교육(ESD)과 지속가능성을 위한 (경제)교육. 환경교육, 19(3), 67~79.

김태경·이동엽·최석진·이용순·김주훈(2005). 새로운 환경교육의 목표와 내용. 한국환경교육학회 전반기 학
술대회 발표논문집, 101~115.

김찬국·최돈형(2008). 기후 변화 교육의 방향과 과제에 대한 고찰. **한국환경교육학회 상반기 학술대회 발표논문집**, 21~25.

김찬국·최돈형(2010). 우리나라 기후 변화교육의 방향에 관한 연구. 환경교육, 23(1), 1~12.

김헌규(1978). **자연 보호를 위한 환경교육**. 금란출판사.

김호균 역(2008). Marx, K. ; **정치경제학 비판 요강**. 지만지.

김호기(1995). 환경사상과 환경운동의 흐름 및 쟁점. **창작과비평**, 90, 55~73.

김호석(2005). 지구적 환경변화와 지속가능한 발전 : 21세기 국내외 여건에 부합하는 에너지부문 구축 방안. **과학기술정책**, 15(4), 2~17.

김호범(2007). **신경제사개설**. 세화.

길종백·정병걸(2009). 녹색성장과 환경·경제의 통합 :변형과 전환 사이에서. **정부학연구**, 15(2), 45~70.

나일준(1984). **중학교 환경교육 강화를 위한 모형단원 개발**. 연세대학교 교육대학원 석사학위논문.

내무부(1979). **자연보호백서**.

노경임·이학동·박현주(1998). 국내 환경교육 연구의 동향. **환경교육**, 11(2), 69~82.

노융희(1978). 환경오염에 대처하는 환경교육 : 대도시교육의 진단. **수도교육**, 30, 21~24.

노융희(1983). 경제개발에 따른 환경문제. **국회보**, 202, 42~48.

노진철(2000). **환경과 사회학 : 환경문제에 대한 현대사회의 적응**. 한울.

노진철(2004). 압축적 근대화와 구조화된 위험 : 대구지하철재난을 중심으로. **경제와 사회**, 61, 208~231.

노진철(2010). **불확실성 시대의 위험 사회학**. 한울.

녹색성장위원회(2009). **녹색성장 국가전략**. 녹색성장위원회 보고서.

남상준(1994). 환경보전과 경제교육. **경제교육**, 5, 7~18.

남상준(1995). **환경교육론**. 대학사.

대통령자문 지속가능발전위원회(2007a). **지속가능발전에 관한 일반국민 인식조사 보고서**.

대통령자문 지속가능발전위원회(2007b). **지속가능발전에 관한 공무원 인식조사 보고서**.

대한민국정부(1993). **신경제 5개년계획(1993-1997)**.

류석환·감연희(1998). 울산지역 상수원의 수질오염에 관한 연구 : 부영양물질 오염을 중심으로. **울산대학교 자연과학논문집**, 8(1), 229~238.

리우+한국민간위원회(2002). **지속가능발전을 위한 한국민간위원회 보고서**.

문교부(1973). **초등학교 교육과정**. 고금문화사.

문교부(1973). **문교부령 310호 초등학교교육과정해설집**. 교희도시(주).

문교부(1973). **문교부령 325호 중학교 교육과정해설집**. 교학도서(주).

문교부(1974). **문교부령 325호 고등교육과정해설집**. 교학도서(주).

문무겸(1958). 환경에의 적응과 교육. **단원**. 1. 30~38. 단국대학교학도호국단.

문윤진(2008). **한국의 경제 발전에 따른 고등학교 경제교육의 변화**. 경성대학교 교육대학원 석사학위논문.

문태훈 (2008). 한국 환경정책의 변화와 과제 : 1963~2007. **한국정책학회보**, 17(3), 131~161.

민경찬(1957). 체육에 대한 환경교육. **문교월보**, 66~68.

박광순(1992). **역사학입문**. 범우사.

박만규(1971). 자연 보호와 공해. **생활공해**, 1(3), 35~40.

박병선(1970). 공해방지를 위한 문제점과 그 대책 : 도시권의 생활환경 정화를 중심으로. **국회보**, 102, 15~20.

박성수(1977). **역사학개론**. 삼영사.

박상현(1979). 환경교육의 실제와 지도방향. **부산교육**, 203, 18~23.

박이문(2004). 역사란 무엇인가? 역사의 실상과 허상. **철학과 현실**, 60, 237~246.

박장환(2002). 경제학사와 경제사의 관계. **경상논집**, 30(1), 111~127.

박정희(1971). 학교환경 정화에 대한 효과적 방법 : 학교경영의 근대화. **문교경북**, 29, 55~59.

박재묵(1995). **지역반핵운동과 주민참여 : 4개 지역 원자력시설반대운동의 비교**. 서울대학교 대학원 박사학위논문.

박종국 역(2007). Carr, E. H. (1961). ; **역사란 무엇인가**. 육문사

박준희(1973). 환경교육의 동향. **새교육**, 25, 21~27.

박준희(1974). 공해와 환경교육 : 대도시 교육의 특성과 문제점. **도시교육**, 17, 20~30.

박태섭(2003). **한국경제 발전론**. 형설출판사.

박태윤·정완호·최석진·최돈형·이동엽(2001). **환경 교과교육학 교재 개발연구**. 한국교원대학교 부설 교과교육
　　　공동연구소.

백문수(1996). **환경위기에 대한 지속가능개발의 교육방향**. 한국교원대학교 대학원 석사학위논문.

변호걸(1996). 교육사회사 연구방법론에 대한 고찰. **안양전문대학 논문집**, 19, 417~437.

사득환(2000). 새로운 천년을 향한 지속가능한 발전. **지역개발연구**, 8, 125~143.

산림청(1996). **임업통계**.

산업은행(1978). **경제 협력 실적의 과제**.

서난희(1999). **한국 환경교육의 동향과 발전방안**. 연세대학교 교육대학원 석사학위논문.

서미석 역(2006). Annold, D.; **인간과 환경의 문명사**. 한길사.

서우석·이용환·정철영·이재호·나승일·김진모·김재호·이윤조(2006). 중학생을 위한 환경교육 e-Learning
　　　콘텐츠 개발. **환경교육**, 19(3), 20~39.

서우석·정철영·이재호·김재호·이윤조(2006). 중학교 교사용 사이버 환경교육 연수 프로그램 개발. **환경교육**,
　　　19(3), 1~19.

서울대학교 환경대학원(1975). **한국에서의 국가발전과 인간환경에 관한 회의 유인물**.

성정희(2006). 지역전문센터를 통한 지속가능발전교육의 의미와 향후 과제. **한국환경교육학회 2006 학술대회 및**
　　　한마당, 185~188.

손경석(1966). 자연 보호의 다섯 가지 전제. **신동아**, 26, 254~258.

송병락(1997). **한국경제론**. 박영사.

송인경·김지윤(2005). 지속가능발전과 기업의 역할. **한국환경교육학회 전반기 학술대회 발표논문집**, 43~48.

심상황(1962). 환경 위생. **대한의학협회지**, 5(10), 24~28.

신세호(1977). **환경교육**. 삼화서적주식회사.

신세호·최석진·권치순·최돈형·조난심(1987). **학교 환경교육의 강화방안에 관한 연구**. 한국환경과학연구협의회.

신세호·최돈형·한용술·남상준·김영란·고인환(1991). **제 6차 교육과정 개정에 대비한 학교 환경교육 강화 방**
안 연구. 환경처.

신순임(1979). 환경교육의 새로운 사조와 환경교육. **과학 교육 연구**, 6, 1~10.

신용하(1982). **사회사와 사회학**. 창작과 비평사.

신용하·박명규·김필동(1995). **한국 사회사의 이해**. 문학과 지평사.

오용선(2007). **한국 산업화의 지속가능성 평가와 녹색대안**. 한국학술정보.

유근배(1990). 미국의 환경교육. **환경교육**, 1, 221~232.

유동운(1992). **환경경제학**. 비봉출판사.

유용대(1992). 산업입지와 하천오염 : 환경보존과 공해대책 〈특집〉. **국회보**, 123, 87~92.

윤영자(1992). **근대경제사**. 한국방송통신대학출판부.

안기희(1990). **한국의 환경보전운동 현황**. 환경보전.

안기희(1997). 한국의 학교 환경교육 발전을 위한 당면과제와 해결방안. **환경교육**, 10(2), 339~348.

안기희·박용언·서정무(1984). **환경경제**. 녹원출판사.

안영희·남영숙(2006). 지속가능발전교육을 위한 중학교 국어 교과서 분석 및 개선 방안. **한국환경교육학회 하반**
기 학술대회 발표논문집, 49~54.

양희승 역(2007). Helena, N. H. (1992) ; **오래된 미래**. 중앙북스.

양종회·이시재 공역(1995). Humphrey, C. R., Frederick, H. B. (1982) ; **환경사회학: 환경·에너지·사회**. 사
회비평사.

원병우 역(1966). 인간의 자연환경을 수호함에 있어서 국제자연보존의 역할. **문화재** 2. 158~172.

오원철(2006). **박정희는 어떻게 경제 강국 만들었나**. 동서문화사.

오홍석(1991). 국지적 환경문제와 세계적 환경문제. **지역환경**, 9, 5~17.

우석훈·김종호(2002). 생태경제학과 한국 사회의 환경담론. **환경교육사상**, 41, 72~97.

우정애·남영숙(2008). 중학생을 위한 기후 변화 대응 교육프로그램. **한국환경교육학회 하반기 학술대회 발표논**
문집, 91~95.

우한정(1979). 철새의 이동에 관한 소고. **자연보존**, 26, 9~14.

유계숙(2007). **가족정책론**. 시그마프레스.

유길상·이규용(2002). **외국인 근로자의 고용실태 및 정책과제**. 한국노동연구원.

유네스코한국위원회(1979). **환경교육 연구 협의회 보고서**.

유문량(2007). **경제 발전과정에서의 한국의 통상 및 산업정책 : 중국경제에의 함의**. 동국대학교 대학원 석사학위
논문.

윤순진(2009). 학교 기후 변화 교육의 현황과 과제. **환경교육**, 22(2), 1~22.

윤세중(1973). **초등학교 환경교육 내용에 과한 분석적 연구**. 연세대학교 석사학위논문.

윤세중(1975). 환경과학 교육과정 개발 : 화학의 환경교육. **공주사범대학교 논문집**, 13, 293~297.

윤세중(1976). 대학교 교육과학의 환경교육. **환경교육연구**, 8, 21~34.

윤세중·곽종흠(1977). 환경환경교육과정개발: 대학교양과학의 환경교육. **환경교육연구**, 8, 21~34.

이길상 역(1976). Carson, R ; 침묵의 봄. 탐구당.

이득연(1992). **주민환경운동의 전개과정과 의미구성**. 연세대학교 대학원 박사학위논문.

이덕재(2006). 경제위기 10년의 한국경제와 이른바 2007년 체제. **노동사회**, 10(8), 31~39.

이대근(2006). 경제성장과 구조변동. **한국사론, 43 : 한국의 변화와 성장 그리고 희망**. 국사편찬위원회.

이무춘 · 전의찬 · 김기철(2000). 환경전문인력 양성의 개선 방안. **환경교육**, 13(1), 23~35.

이병학(1960). 환경 위생이란 무엇인가. **보건세계**. 7(3), 24~26.

이성관(1966). 농어촌의 환경 위생. **대한의학협회지**, 9(6), 9~13.

이병훈(1978). 환경교육에서의 자연환경교육의 사명. **자연보존**, 20, 9~11.

이병훈 · 김자홍 · 이광호 · 이홍제 · 이기종 · 이영범(1978). 환경과학 교육과정 개발을 위한 기초 연구 : 중등학교 학생의 환경에 대한 태도 조사. **환경교육논총**, 3, 1~7.

이선경 · 김대희 · 김인호 · 이재영 · 정철 · 김남수 · 김수연 · 정수정 · 조은정 · 최인미(2006b). 환경보전시범학교 지원 사업의 운영 실태와 개선 방안, **환경교육**, 19(3). 123~137.

이선경 · 이재영 · 이순철 · 이유진 · 민경석 · 심숙경 · 김남수 · 하경환(2005). **유엔지속가능발전교육10년을 위한 국가추진전략 개발연구**. 대통령자문 지속가능발전위원회.

이선경 · 이재영 · 이순철 · 이유진 · 민경석 · 심숙경 · 김남수 · 하경환(2006a). 지속가능발전 및 지속가능발전교육에 대한 대학생과 교사들의 인식. **환경교육**, 19(1), 1~13.

이성희(2010). 에너지 기후변화 교육과정 분석. **에너지기후변화교육 창간예비호**. 51~62.

이성희(2011). 과학기술예술 융합교육을 통한 초등학교 에너지기후변화교육의 활용방안 연구. 에너지기후변화교육, 1(1), 1~12.

이성희 · 최돈형(2008). 환경사의 함의. **한국환경교육학회 상반기 학술대회 발표논문집**, 49~53.

이순철 · 최돈형(2010). 한국 환경과 교육과정의 패러다임 변화에 대한 역사적 고찰. **환경교육, 23(1)**, 27~35.

이숭모(1983). **환경관리와 남북무역**. 영남대학교 경영대학원 석사학위논문.

이연수(1977). **환경교육에 관한 일 연구**. 부산대학교 교육대학원 석사학위 논문.

이영학(1987). **조선시기 농업생산력 연구현황: 한국중세사회 해체기의 제문제(下)**. 한울.

이영학(2009). 조선시기 경제사연구의 현황. **한국외국어대학원 역사문화연구소**, 32, 49~80.

이요한(1990). 독일의 환경교육. **환경교육**, 1, 233~249.

이은상(1969). 명승과 자연자원의 보호 : 법적인 보장과 국민의 의식을 위하여. **문화재**, 4, 79~82.

이재만(1978). 환경교육에서 본 환경문제와 환경교육. **과학과교육**, 166, 35~38.

이정전(1991). **환경문제 : 현대사회 문제**. 서울 사회문화연구소.

이정전(1996). 자본주의 사회에서도 인간과 자연의 조화는 가능한가. **경기과학**, 102, 89~100.

이재영(2008). **환경교육사와 환경교육론. 중등학교 교사 환경직무연수 교재**. 환경부.

이종란(2003). **한국경제 발전에 따른 경제교육의 변화 연구**. 성신여자대학교 교육대학원 석사학위논문.

이종원(2002). **한국경제론**. 율곡출판사.

이 진(1996). **지구시대의 환경정책**. 기한재.

이진수 역(1992). Althusser, L. ; **레닌과 철학**. 백의.

이해조(1971). 시급한 자연 보호 : 각국의 경우와 비교해서. **월간 산**, 27, 62~65.

이해주(1980). **한국공업화의 역사적 전개**. 세무경리협회.

이혁규(2010). 한국사회과교육학회 사회과교육의 기원 및 시기 구분 문제에 대한 고찰. **시민교육연구**, 41(4),
129~152.

이호영(1996). **한국경제의 이해**. 법문사.

이호생(2004). Green market과 환경정책수단의 오염감축효과에 대한 小考. **자원·환경경제연구**, 13(1), 119~131.

이홍균(2000). 지속가능한 발전 개념에 대한 비판 : 열린 체계와 닫힌 체계. **한국 사회학**, 34, 807~831.

이화여자대학교 환경교육연구회(1973). **환경교육 시리즈 제 1호~제 8호.**

이화여자대학교 환경교육연구회(1974). **환경학개론: 인간· 환경·교육**. 익문사.

일월서각 편집부(역)(1985). 芝原拓自(1981). ; **경제사총론 : 소유와 생산양식의 역사이론**. 일월서각.

임문순(1974). 침묵의 봄. **공해대책**, 19, 56~58.

임지현(1992). 경제사란 무엇인가. **오늘날의 역사학**. 역사와 비평.

장원석·이지은(2009). 소비자생활 협동조합의 성과와 과제. 한국협동조합연구, 27(1). 179~201.

전성우 역(1997). Max, W. ; **막스베버의 사회과학방법론**. 사회비평사.

정규호(2003). 한국 환경문제의 기원과 전개과정 및 특성. **계간사상**, 59, 7~30.

제종길·이영(2002). 환경교육 연구 방법의 개선. **21세기 한국의 환경교육**. 교육환경교육사.

정대연(2002). **환경사회학**. 아카넷.

정순목(1981). 한국교육사 인식의 제문제. **한국교육사학**, 11, 9~32.

중앙교육연구소(1971). **인구문제를 초중등교육에 반영시키기 위한 방안에 관한 연구**. 중앙연구소.

정범진 역(2000). Crosby, A. W. ; **생태제국주의**. 지식의 풍경.

조규상(1968). 도시환경위생문제 : 예방의학적 견지에서. **도시문제**, 3(9), 88~93.

조성화·최돈형(2008). **교육관에 기초한 학교 환경교육의 목적 고찰**. 환경교육, 21(1), 57~69.

조태진(1996). 여천공단 환경문제의 전개과정과 새로운 전략. **환경과 생명**, 11, 42~57.

조명래(2009). 토건적 녹색 성장과 '녹색 환각'의 위험. **환경과 생명**, 59, 19~35.

조용개(2001). 생태중심 생명가치관 확립을 위한 환경윤리교육의 모형 개발에 관한 연구. **환경교육**, 14(2), 8~18.

주인호(1959). 호흡기와 환경 위생. **한국의약**, 2(3), 69~72.

지승현·남영숙(2007). 지속가능발전 이해 교육 프로그램 개발 연구. **환경교육**, 20(3), 76~88.

지승현·남영숙(2009) 지속가능발전에 반영된 사회·경제적 인간상에 대한 이론적 고찰. **한국환경교육학회 2009
년 학회 창립 20주년 특별 학술대회 발표논문집**, 62~67.

피정만(2002). 교육사 연구방법의 세계적 동향에 관한 연구. **교육연구**, 10, 45~64.

차용호(2009). 이민자 사회통합을 위한 정책방향. **다문화와 평화**, 3(1), 165~200.

최돈형(2005). 지속 가능한 미래와 학교환경교육. **한국환경교육학회 2005년 전반기 학술대회 발표논문집**, 24-42.

최돈형(역)(2005). **환경교육학입문**. 원미사.

최돈형(2006). 우리나라 학교 환경교육 10년의 회고와 전망. **한국환경교육학회 하반기 학술대회 발표논문집**,
3~23.

최돈형(2007). 교육패러다임의 변화와 한국 환경교육의 진화. **한국환경교육학회 전반기 학술대회 발표논문집,** 133~140.

최돈형(2009). 지속가능한 미래와 학교 환경교육. **환경교사 전문성 신장 연수 교재.** 청람환경교육연구회.

최돈형·김찬국(2008). 우리나라 기후변화교육의 현재와 방향에 대한 고찰. **한국환경교육학회 상반기 학술대회 발표논문집,** 32~36.

최돈형·남상준·김영란·이재영(1992). 학교 환경교육 내실화 방안에 관한 조사. **교육월보, 9,** 84~91.

최돈형·남상준·이재영·손연아(2001). 제2차 중·장기 환경교육 강화 방안 연구. 환경부

최돈형·노경임(2000). 현장체험중심의 환경교육 활성화 방안연구-독일의 환경교육이 주는 시사점을 중심으로. **환경교육, 13(2),** 51~62.

최돈형·손연아·이미옥·이성희(2007). **환경교육 교수학습론.** 교육환경교육사.

최돈형·한용술·남상준·김영란(1991). 제 6차 교육과정 개정에 대비한 학교 환경교육 강화 방안 연구. 환경처.

최병두 (2004). 참여정부의 정책기조와 환경정책 평가. **도시연구, 9,** 241~260.

최석진(1999). 한국환경교육학회 10년과 우리나라 환경교육 발전. **환경교육, 12(2),** 1~9.

최석진(2010) 환경교육진흥법 제정과 국가 환경교육종합발전 방안의 의미. **환경교육, 23(1),** 112~120.

최석진·김경옥·김현정·심현민·최경희(2004). **주요 외국의 환경교육 비교 연구.** 환경부, 환경교육협의회 공편.

최석진·김영민·김재범·이시재(1997). **환경교육 홍보 종합 계획 수립 연구.** 한국교육개발원.

최석진·신동희·이선경·이동엽(1999). **학교 환경교육 내용 체계화 연구.** 한국환경교육학회.

최식인(2005). 저 출산력 시대의 인구교육 방향, **사회과교육, 44(2),** 59~81.

최오규(1966). 환경과 교육. **강원교육, 62,** 108~111.

최용연(1971). 환경교육의 개념. **교육과학,** 118~120.

최은지·최돈형(2005). 지속가능성 교육을 위한 초등학교 환경보전시범학교의 발전방안 연구. **환경교육학회 후반기 학술대회 발표논문집,** 3~170.

최희선(1974). 인구문제의 교육적 접근. **교육논총, 5,** 191~198.

표정훈 역(1998). Hughes. J. D. ; **고대문명의 環境史.** 사이언스북스.

통계청(2007). **사교육비실태조사 결과.**

하대선(1978). 환경오염 에 대처하는 환경교육. **부산교육, 195,** 25~29.

하양선 역(2006). Baylis, J., Smith, S. ; **세계 정치론.** 을유문화사.

한국공해문제연구소(1983). **내 땅이 죽어간다.** 한국공해문제연구소.

한국교육과정평가원(2009). **기후변화대응방안과 녹색성장 교육과정 개발 연구.**

한국교육과정평가원(2010). **환경과 녹색성장 교육과정 해설서.**

한국교육개발원(1977). **환경교육을 위한 교육과정개발에 관한 기초연구.**

한국교육개발원(2003). **사교육비 실태 및 사교육비 규모 분석 연구.**

한국교육개발원(1994). 한국교육사 연구 보고서. 1~3권

한국교육개발원(2011). **2020 교육환경 전망과 정책적 대응방안.** 8(20), 1~50

한국은행(1963). **경제백서.**

한국은행(2005). 경제백서.

한국인터넷진흥원(2007). 2007 상반기정보화실태조사.

한국환경과학연구협의회(1987). 환경보전에 관한 국민의식조사.

한국환경기술개발원(1996a). 한국의 환경 50년사. 한국환경기술개발원 연구보고서.

한국환경기술개발원(1996b). 환경문제에 대한 국민의식.

한국환경사회학회(2004). 우리 눈으로 보는 환경사회학. 창비.

한진희·김재훈(2008). 국가 성장 전략으로서의 녹색성장 : 개념·프레임웍·이슈. 녹색성장 국가 성장 전략의 모
    색 회의 발표 자료.

한진희·신석하(2008). 경제위기 이후 한국경제의 성장 둔화에 대한 실증적 평가, KDI 정책포럼, 201.

해군본부(1972). 공해로부터의 지구회생. 해군, 222, 169~175.

허남혁 역(2004). John, B. ; 녹색사상사. 이매진.

허 장(1998). 우리나라 환경정책의 형성과 발전에 관한 연구. 국토계획, 33(4), 221~241.

황우원(2003). 1980년대 우리나라의 환경문제 및 환경교육에 관한 연구. 연세대학교 교육대학원 석사학위논문.

홍순만(1970). 한라산 국립공원과 자연 자원 보존 : 한라산은 전 인류의 재산이다. 제주도, 44, 86~94.

홍웅선(1971). 환경교육의 기본방향. 공해대책, 13, 21~25.

홍웅선(1972). 환경교육의 기본방향. 유네스코한국위원회 환경문제 연구협의회 보고서.

홍웅선(1974). 초등학교 환경교육 교육과정에 관한 연구. 연세논총, 2, 83~106.

황인성(2007). 한국경제 회고와 새로운 출발. 삼성경제연구소.

환경처(1991a). 국민학교 학생용 환경교육자료: 사람과 환경.

환경처(1991b). 중학교 환경교육자료: 인간과 환경.

환경처(1991c). 고등학교 환경교육자료: 생존과 환경.

환경청(1982). 환경보전에 관한 국민의식조사보고: 환경문제에 대한 국민의식은 높다.

환경청(1983). 환경교육에 관한 심포지엄.

환경청(1986). 환경보전에 관한 국민의식조사.

환경청(1987a). 환경백서.

환경청(1987b). 환경보전에 관한 국민의식조사.

환경부(1988). 환경백서.

환경부(1990). 환경백서.

환경부(1995). '95 상수도 통계.

환경부(2002). 국가 지속가능발전을 위한 환경교육 추진전략 개발 연구.

환경부(2005). 환경교육 발전 10개년 계획 연구 보고서.

환경부(2008). 환경백서.

환경부(2009a). 환경30년사 편찬사업 결과보고서.

환경부(2009b). 저탄소 녹색성장을 위한 외국의 환경교육 비교 분석연구.

Altman, I. & Wrightsman, L. S.(1975). *The Environmental and social behavior : privacy, personal space, territory, crowding, monterrey.* Calif : Brooks/Cole Publishing Co.

Anderson, R. E. & Carter, I.(1978). *Human behavior in the social environment : A social system approach.* Chicago : Aldine Publishing Co.

Baumo, W. J. & Oates, W. E.(1971). The Use of standards and prices for protection of the environment. *Swedish Journal of Economics,* 42~54.

Bechtel, R. B.(1997). *Environment and behavior : An introduction.* London : Sage Publications.

Beckerman, W.(1992). Economic growth and the environment; Whose growth? Whose environment? World Development, 20(4), p. 491

Boulding, K. E.(1966). The Economics of the coming spaceship earth. In : H. Jarrett(ed.) : *Environmental quality in a growing economy.* Baltimore.

Buchanan, J. M. & Stubblebine, W. C.(1962). *Externality.* Economica.

Buttel, F. H. (1987). New direction in environmental sociology. *Anmual Review of Sociology, 13,* 465~488.

Chess, W. A. & Norlin, J. M.(1991). *Human behavior in the social environment : A social systems model.* Boston : Allyn and Bacon.

Commoner, B., Michael, C. & Paul J. S.(1983). The Causes of polution in theodore D. Goldfarb(ed.). *Taking sides: Clashing views on controversial environmental issues.* Guilford. Conn : The Dushkin Publishing Group.

Corvisier, A. (1980). Sources et methodes en histoire sociale. 29.

Gardner, G. T. & Sterm, P. C.(1996). *Environmental problems and human behavior.* Boston : Allyn and Bacon.

Hardin, G.(1968). Tragedy of the commons. *Science, 162,* 1243~1248.

Huckle, J.(ed)(1983). *Geographical education : Reflection and action.* Oxford : OUP.

IPCC. (2007). *Climate change 2007 - Synthesis report.*

Jeffrey D. S.(2008). *Common wealth ; Economics for a crowded planet.* Penguin Books Ltd, London.

John F. (1997). *교육에서의 성취도와 수준의 딜레마 : 호주의 환경교육 사례 연구.* 환경교육, 10(2), 75~76.

KIEI(1978). New Challenges and Opportunities for Korean Economy Proceedings of the KIEI Symposia.

Kirk, W.(1983). Personal communication, December 13.

Kuznets, S.(1973). *Modern economic growth : Rate, structure and spread new haven.* Yale University Press.

Kneese, A. & Bower, B.(1972). *Environmental quality analysis.* The Johns Hopkins University Press.

Laser R. B.(2001). *Eco-ecomomy ; Building an economy for the earth.* W. W. Northon & Company, Inc., New York.

Lee, S. J.(2000). The Environmental movement in Korea and It's political empowerment. *Korea Journal, 40(3),* Korean National Commission for UNESCO.

Lewis, W.(1954). *A Economic development with unlimited supplies of labor.* The Manchester School, May.

LæssØe, J & Öhman, J.(2010). Learning as democratic action and communication: framing Danish and Swedish environmental and sustainability education. *Environmental Education Research, 16(1),* 1~7.

Peattie, K.(1992). *Green marketing.* London : pitman Publishing.

Pillari, V.(1988). *Human behavior in the social environment. Pacific Grove.* Calif : Brooks/Cole Publishing Co.

Queralt, M.(1996). *Social environment and human behavior.* New Jersey : Prentice Hall.

Spaargaren. G., Mol. P. J. A. & Buttel, F. H.(2000). *Environment and global modernity.* Sage Publications.

Standen, V. & Foley, R. A.(1989). *Comparative sociology : The Behavioral ecology of human and other mammals.* Bostern : Blackwell Scientific Publications.

Turvey, R.(1963). *On Divergences between social cost and private cost.* Economica, 309~313.

UNESCO(1995). *World education report.* Paris.

WCED(1987). *Our common future.* Oxford University Press. Oxford.

UNESCAP.(2005). Achieving environmentally sustainable economic growth in Asia and the Pacific. *Theme paper: United nations economic and social commissions for Asia and the Pacific.* Ministerial Conference on Environment and Development, 24-26 March 2005.

UNESCAP.(2006). Green growth at a glance: The way forward for Asia and the Pacific, United Nations Publications.

うみの みちろ(海野道郎)(1993). 環境破壊の社會的メカニズム, 飯島伸子 編 環境社會學, 有斐閣.

こぢゃは きみこ(小澤紀美子)(2007). 일본의 환경교육. **환경교육학회 학술대회 발표논문집,** 141~145.

すわて つお(諏訪哲郎)(2005). 한중일 학교 환경교육의 전개와 특색. **환경교육,** 18(2), 113~125.

Zhu Huaixin(2004). 중국 환경교육 발달에 관한 분석. **한국 환경교육의 과거ㆍ현재ㆍ미래.** 한국환경교육학회.

-신문-

경향신문, 1965-06-15.

경향신문, 1970-05-27.

경향신문, 1973-10-16.

경향신문, 1973-11-01.

경향신문, 1982-09-04.

경향신문, 1989-10-17.

경향신문, 1996-06-05.

경향신문, 1999-01-19.

국민일보, 2008-04-28.

동아일보, 1973-10-12.

동아일보, 1974-08,28.

동아일보, 1975-09-09.

동아일보, 1978-10-05.

동아일보, 1984-06-09.

동아일보, 1985-07-08.

동아일보, 1993-01-20.

동아일보, 1995-07-23.

동아일보, 1999-08-07.

동아일보, 1999-09-08.

동아일보, 2007-11-12.

매일경제, 1969-05-27.

매일경제, 1972-03-09.

매일경제, 1972-06-10.

매일경제, 1973-01-20.

서울신문, 1995-01-23.

소년한국일보, 1991-11-07.

전남일보, 1992-05-30.

한겨레신문, 2009-05-13.

-인터넷-

http://www.unesco.org/en/science-and-technology/publication/

http://www.preventionweb.net/english/professional/publications/v.php?id=2335

http://www.me.go.kr/

http://etips.me.go.kr

http://www.kostat.go.kr/

http://www.bok.or.kr/

http://blog.naver.com/tripgood?Redirect=Log&logNo=90107184351

http://www.keep.go.kr/blog/myblog/doublelsh

<부록 Ⅰ> 학교 환경교육 발전을 위한 건의서

1. 학교 환경교육 강화를 위한 건의서

예로부터 우리 조상은 이 땅을 금수강상으로 가꾸며, 자연과의 조화 속에서 드높은 민족문화를 창조하여 왔습니다. 그러나 산업의 발달과 인구의 팽창 등에 따른 대기와 물의 오염, 녹지에 대한 인간의 무분별한 훼손 등으로 자연은 그 평형을 상실한 지 오래되었으며, 생활환경이 악화함으로써 인간과 모든 생물은 생존까지도 위협을 받고 있습니다. 지금 우리는 큰 전환점에서 서 있습니다. 지금 이 시점에서 환경이 우리에게 미친 영향에 대하여 깊이 반성하지 아니하고, 대책을 강구하지 않는다면, 그 영향은 앞으로 더욱 심각하고 걷잡을 수 없는 결과를 초래할 것입니다.

환경문제에는 그 원인이 되는 여러 요소가 복합적으로 관련되어 있으므로 이 문제의 해결을 위해서 우리는 다양하게 접근하지 않을 수 없습니다. 그러나 환경문제는 환경 자체의 자정 능력 이상으로 인간이 자연을 남용하고 파괴한 행위와 이에 대한 인간들의 책임감 결여가 주된 원인이 되므로, 그 해결은 궁극적으로 교육에 의존하지 않을 수 없습니다. 학교 교육을 통해서만 자연과 인간의 상호관계를 체계적으로 이해시키고, 올바른 가치관과 도덕성을 기를 수가 있기 때문입니다.

질 높은 삶과 지속적인 국가발전을 위한 기초교육인 환경교육은 학교에 취학하는 모든 학생에게 의무적으로 부과되어야 하며, 환경 및 생태계 일반에 대한 기본 개념이 형성되는 국·중·고교 시기에 특히 그 중요성이 두드러지는 것이라고 믿습니다. 더구나 전인교육 지향적인 환경교육은 지적인 교과학습에 편중되거나 기능 또는 기술 습득에 치우치는 교육이 아닌, 인간과 환경과의 관계를 통합적으로 다루는 생활교육이며, 행동교육이 되어야 합니다. 그럼에도 불구하고 현행 교육과정에서는 환경교육 내용이 소홀히 취급되고 있으며, 학교 교육은 환경문제에 대해 적극적으로 대응하지 못하고 있습니다.

환경교육의 강화야말로 우리가 기대하고 지향해야 할 교육의 가장 중요한 기본방향임을 강조하며, 제6차 교육과정 개정에 있어 추진해야 할 환경교육의 강화 및 내실화 방안을 다음과 같이 건의합니다.

첫째, 환경교육을 책임지고 적극적으로 추진할 수 있도록 담당기관과 제도적 장치가 마련되어야 한다.

현행 헌법은 '환경권'을 명시하고 있으나, 교육법 빛 교육법시행령에는 환경교육 관련 규정이 전혀 없습니다. 교육 주무 부서인 교육부 직제에도 담당관 또는 장학관을 두고 있지 않아, 현재 교육부에 환경교육을 전담하는 담당관이 없고 장학편수실의 정신교육장학관, 사회과학편수관, 자연과학편수관 등에 업무가 부분적으로 나누어져 있어 환경교육 추진 주체가 명확히 설치되어 있지 않습니다. 환경처의 공보관이 환경보전교육에 관한 지원 업무를 담당하고 있으나 인력과 예산이 매우 부족한 실정입니다. 환경교육을 보다 체계적 조직적으로 추진하기 위한 제도적·법적 근거를 마련하기 위하여 헌법에 명시된 '환경권'의 취지를 반영하는 조항을 교육법시행령에 신설하고, 교육부의 직제를 개정하여 장학편수실에 환경교육담당관, 혹은 장학관을 두어 환경교육을 관장하게 하며, 시도 교육청 과학기술과 내에 환경교육계를, 시군구교육(구)청에 환경교육 담당을 두어야 합니다.

둘째, 제6차 교육과정 개정에 있어서는 환경교육이 크게 강조되어야 한다.

제5차 초·중등학교 교육과정에서는 환경 관련 내용이 과학과와 사회과 등에 부분적으로 포함되어 있으나, 입시 지향적인 교과 운영으로 말미암아 환경교육에 대한 인식도가 낮은 편이고, 환경교육 내용이 차지하는 비중 또한 성과를 기대하기에는 부족한 실정입니다.

교육부는 환경교육의 장·단기 목표와 단계별 추진 방안을 천명하는 '학교환경교육 종합계획'을 시급히 제정·선포할 필요가 있습니다. 또한 교육부는 '교과용 도서 편찬 지침'에 환경교육에 관한 사항을 구체적으로 명시함으로써 전 교과에 걸쳐 환경교육의 내실화를 기해야 합니다.

초·중학교의 환경교육 교재로서 '환경보전'에 대한 1종 또는 2종 도서를 제작·보급하는 것이 바람직합니다. 그리고 고등학교 교육과정에서는 통합교과의 성격을 띤 '인간과 환경'교과를 필수과목으로 설정하여 이수하도록 하여야 합니다.

셋째, 환경교육을 위한 국가 수준의 연구 및 지원체제가 수립되어야 한다.

지금까지 학교 환경교육에 대한 연구 활동은 체계적, 심층적이라기보다는 학계 혹은 연구소에서 단기적 필요에 의해 산발적으로 이루어져 왔습니다. 그리고 학교 환경교육은 정부, 학교, 사회 및 관련기관 상호 간의 유기적 협동체계의 미비로 조직적인 추진이 어려웠던 것이 사실입니다. 따라서 학교 환경교육의 활성화를 위해서, '환경교육추진위원회'를 설립하여 교육부 장관의 직속기관으로 운영하여야 합니다. 위원회의 위원은 교육부, 환경처, 교육연구기관, 환경단체 등의 전문인사로 구성하도록 하며, 여러 개의 분과를 두어 환경교육 추진의 구심체로서의 역할을 하도록 하여야 합니다.

넷째, 환경교육 전문 교사의 양성이 효율적으로 추진되어야 한다.

교사 양성 대학의 환경교육 관련 강좌의 현황을 분석한 결과에 따르면, 사범대학 학생들이 선택할 수 있는 교양(선택)과목 중 환경관련 과목이 극히 제한적이며, 교육대학의 경우 환경교육 관련 과목이 필수과목으로 개설되어 있지 않습니다.

제6차 교육과정이 개정되고 이에 따른 교과서 개편이 이루어진다 하더라도, 실제 교수·학습 활동을 이끌어가는 교사양성에 문제점이 있을 때에는 의도한 목표를 효과적으로 달성할 수 없으므로, 관련 전문지식을 갖춘 교사들을 많이 확보하기 위하여 각급 학교의 교사 양성교육은 물론, 현직교사 교육 프로그램에 환경교육을 필수 정규과정으로 개설하는 방안이 시급히 마련되어야 합니다. 그리고 교육부는 대학으로 하여금 정책적으로 환경교육 전문인력을 양성할 수 있는 코스 또는 과를 신설·운영하도록 권장할 필요가 있습니다.

다섯째, 환경교육 내용을 쇄신하여 학생들이 능동적으로 참여하는 실천적 교육에 주력해야 한다.

오늘의 학교는 '19세기의 교육방법으로 21세기의 주역들을 교육'하고 있다는 비판을 받고 있습니다. 특히 환경교육은 우리에게 절실한 문제를 경험을 통해 배우고, 바람직한 태도와 가치관을 함양하며 문제 해결을 위한 기능을 습득하는 데 중점을 두어야 한다는 점에서, 기존의 교과 교육과는 달리 학생들의 생활경험과 직결된 교육으로서의 체계를 세워 실시해야 할 것입니다. 즉, 실제 체험을 통한 환경과의 상호작용을 통해서 행동과 태도로 나타나는 학습의 중요성을 인식하여, 학생들이 체험적이고 정의적인 학습을 할 수 있도록 교내에 '과학동산'을, 그리고 시·도 교육청별로 '자연학습원' 그리고 국가 수준에서는 '환경공원'이나 '생태공원'을 설립, 운영하도록 지원하여야 합니다.

이상과 같이 제도화되고 내실화된 학교 환경교육을 통해, 21세기 도전을 극복하고 환경적으로 쾌적한 삶을 영위하는 데에 우리의 교육이 기대할 수 있는 길을 열어 주시길 건의하는 바입니다.

1991년 7월

한국환경교육학회

회장 신세호 외 회원 일동

2. 환경교사 임용 확대 및 학교환경교육 여건 조성을 위한 건의서

존경하는 부총리 겸 교육인적자원부 장관님, 환경부 장관님, 시·도교육감님, 교장선생님과 교원 여러분, 그리고 우리나라의 교육발전을 위해 헌신하시는 국회의원님과 언론인 등 모든 국민에게 감사의 말씀을 올립니다. 이렇게 글을 올리게 된 것은 우리나라 교육에 있어서 학교환경교육을 확산, 정착시켜 나가기 위해 환경교사 임용 확대 및 학교환경교육 여건 조성을 위한 간곡한 건의를 드리기 위해서 입니다.

환경교육은 세계적으로 확산 추세에 있습니다. 독일, 스웨덴, 영국, 호주, 미국, 일본, 중국, 인도 등 많은 나라에서 환경교육의 필요성과 효과에 대하여 공감하고, 환경교육을 강화하고 있는 실정입니다. 그 대표적인 예가 최근 유네스코를 중심으로 환경위기의 해소를 위한 세계 시민성 함양과 국가적·세계적 차원의 지속가능성을 높이기 위한 '지속가능발전교육'이 강조되고 있는 것입니다. 환경교육의 궁극적인 목적은 환경적 소양을 갖추고, 환경문제와 관련하여 올바른 의사결정을 내리고 책임을 다할 수 있는 민주시민의 양성에 있으며, 이러한 환경민주시민을 통해 지속가능한 발전과 사회가 가능해집니다.

우리나라도 국가 교육과정에 환경교과가 편성되어 있어 제도상으로는 환경교육 선진국이라 할 수 있습니다. 우리나라는 학교환경교육의 중요성을 인식하여 지난 1996년부터 사범대 환경교육과 설립을 통해 환경교사 양성과정을 운영하고 있으며, 2000년을 기준으로 볼 때 사범대학 환경교육과에서 연간 100여 명, 일반대학교의 교직과정과 교육대학원에서 연간 400명 안팎의 환경교사가 배출되고 있습니다. 그러나 실질적인 학교환경교육은 제대로 이루어지지 못하고 있습니다. 왜냐하면 환경교육을 전공한 예비교사들이 거의 학교 현장에 임용되지 못하고 있기 때문입니다. 전국을 통틀어 지난 5년 동안 신규 임용된 환경교사는 57명에 불과하며, 그나마 최근 2년 동안 임용된 교사는 단 1명뿐입니다.

환경교사 임용이 이렇게 적은 주된 이유는 환경교육의 가치에 대한 인식이 학교 현장에서 아직 약하다는 점과 입시위주의 학교 풍토 그리고 교육과정 운영 권한이 일선 학교로 분산된 가운데 일선 학교에서는 중요한 환경교육의 발전을 위한 고려보다는 단기적인 안목과 현실적 상황에 치우쳐 환경교육에 대한 고려를 크게 하지 못하고 있는 상황이기 때문입니다. 따라서 이러한 문제를 타개하기 위해서는 교육에 관계된 지도급 인사들, 학교교육에 리더십을 발휘할 수 있는 교육인적자원부, 교육청, 그리고 학교의 교장선생님

등의 역할이 중요합니다.

2005년 현재 전국적으로 982개의 중·고등학교에서 환경교과를 선택하고는 있지만 담당교사의 약 70%가 상치과목 교사들이어서 국어, 영어, 수학 등의 보충학습이나, 자율학습 시간으로 활용되는 경우가 많습니다. 또한 환경과목의 내용이 환경을 전공하지 않고서는 가르치기 어려운 부분이 많아, 환경수업이 이루어지는 경우에도 비디오를 틀어주는 등 매우 형식적인 수준에 머무르는 경우가 적지 않습니다. 환경을 전공하지 않은 교사들에 의해 대부분의 환경수업이 이루어진 결과 학교교사들조차 환경교육을 쓰레기를 줍고, 환경미화 활동을 하는 교육, 환경을 보전하자는 당위적인 주장만을 나열하는 교육, 야외에 나가서 활동하고 일회성으로 끝나버리는 교육 정도로 인식하고 있는 실정입니다.

이러한 문제를 해결하기 위해서는 환경교육에 대한 열정과 전문성을 지닌 환경자격증을 가진 교사들이 학교 현장에서 선도적인 역할을 할 수 있도록 임용되어야만 합니다. 환경교육은 환경과 인간의 관계에 대한 올바른 인식을 가지게 하며, 학생의 창의적인 사고력과 문제 해결력을 길러주며, 건전한 자아 존중감과 환경을 사랑하는 감수성을 가지게 하여 올바른 의사결정과 이에 따른 책임을 다하는 민주적이며 자주적인 시민을 양성하는 것을 목적으로 합니다. 이와 같은 환경교육의 목적은 지, 덕, 체의 조화로운 인간상을 추구하는 교육의 본질적 목적에 부합하며, 특히 요즘과 같이 바람직한 인간성이 무시되고 있는 시대에 환경과 인간에 대한 조화와 사랑을 길러주는 환경교육은 더욱더 필요하다고 생각됩니다.

환경교육은 현재 이루어지고 있는 대부분의 교육과는 달리 인간의 감성과 태도, 가치관에 등에 중점을 두고 있습니다. 즉, 현대 사회에서 가장 부족하면서도 가장 필요로 하는 영역을 환경교육에서 중시하고 있는 것입니다. 그러면서도 또한 환경교육은 현대사회에서 중요한 시대사적, 문명사적 문제라고 할 수 있는 환경문제에 대해 여러 학문의 관점에서 종합적이고 근본적으로 탐구하므로 세상을 통합적으로 볼 수 있고 미래를 바람직하고 건강한 방향으로 개척할 수 있는 힘을 길러주며, 환경적으로 세상을 볼 수 있는 안목과 높은 수준의 교육을 받은 사람이 가지는 교양을 형성하는 교육적 가치가 높습니다. 환경교육은 그 자체가 자연과학과 응용과학 및 첨단기술, 인문학과 사회과학이 함께 포함되어 있어 세계를 폭넓고 깊이 있게 이해하게 하므로 어느 교과 이상으로 큰 가치를 안고 있는 교육이며 과목입니다.

최근 학생들이 공부하는 시간은 많은데 오히려 학력은 과거의 학생들에 비해서 떨어진다는 우려를 표하는 교육 전문가들이 많습니다. 이 말은 현재의 학생들이 많은 정보와 지식을 습득하지만 이를 자신의 것으로 소화해 내지 못하는, 즉 사고력, 문제 해결력, 자기 주도적인 학습능력 등이 부족하다는 것입니다. 환경교육은 위와 같은 교육 문제를 해결하기 위한 핵심적인 역할을 담당할 수 있는 교과입니다.

환경교육은 학생들로 하여금 환경친화적인 행동을 실천하게 할 뿐만 아니라 창의적인 사고와 문제 해결 능력을 기르는데도 도움이 되는 것으로 밝혀지고 있습니다. 즉, 환경교육을 받은 학생들은 학습 능력에 있어서 환경교육을 받지 않은 학생들에 비해 뛰어난 성취를 보인다는 것입니다.

환경교육은 따뜻한 감성과 냉철한 사고를 가지며, 자신의 신념에 따라 스스로 행동하는, 미래사회가 지향해야 할 인간상을 추구하는 교육입니다. 또한 이러한 환경교육은 교육의 본질적인 목적에 부합하는 교육이며, 현재 우리 사회가 당면하고 있는 제 문제들을 해결해 줄 수 있는 지속가능발전교육입니다.

유엔이 정한 "지속가능발전교육 10년"(2005~2014년)도 벌써 1년 반이 지나고 있습니다. 지속가능발전교육은 사회가 지속가능한 미래로 발전하는 데 필요한 기초 지식을 강조하고, 지구의 지속가능성을 위협하는 주요 사회적, 경제적, 환경적 쟁점들을 다각도로 이해함으로써, 지역 및 사회적 쟁점에 관한 정보를 수집, 분석, 해결하는 종합적인 능력을 함양합니다. 환경교육은 우리사회가 지속가능한 건강한 사회, 행복한 사회, 선진화된 사회로 발전하는데 큰 기여를 할 것입니다.

저희 (사)한국환경교육학회에서는 입시 위주의 교육이 넘쳐나고 있는 현재의 교육현실에서 지속가능발전교육으로서의 환경교육을 강화하는 것이 학교 현장에서의 교육 문제들을 해결해 나가는 방안이 될 것이며, 이를 통해 우리나라의 교육 패러다임이 변화될 것으로 확신합니다.

사회적으로도 여러 자치단체에서 환경교육센터들이 계획, 설립되고 있어 재미있고, 의미 있는 환경교육과 다양한 환경교육 프로그램들이 평생교육으로 확대될 것으로 예상됩니다. 그러나 친환경적인 가치관과 태도는 어렸을 때 형성되는 것으로써 이러한 교육경험이 부족하거나 소홀히 되는 현실에서 학생들은 환경의 중요성, 환경과 인간의 관계, 나아가 지속가능한 인류 발전에 무지한 사람으로 성장하게 됩니다. 이러한 교육적 · 사회적 결과가 현재의 환경위기를 낳은 것입니다. 학교환경교육이 지구를 살리고 지속가능한 사회의 초석이 됩니다.

저희 (사)한국환경교육학회에서도 우리 미래의 행복한 삶을 위해 학교 현장에 의미 있는 다양한 환경정보와 교육내용, 교육 프로그램들을 개발하여 확산하며, 지속가능발전교육으로서의 환경교육을 강화하고, 환경 교사들을 지원하며 그들과 함께 현장의 문제들을 해결해 나가는 데 노력할 것입니다.

여러 교육관계자님, 우리나라가 지속가능한 사회로 발전해 나가는 데 있어서 중요한 역할을 하게 되는 학교환경교육이 제대로 정착되어 발전할 수 있도록 환경교사의 임용확대와 환경교육이 내실 있게 이루어질 수 있는 학교 분위기 형성에 적극적으로 힘써 주시기를 바랍니다. 학교 교육 관계자님의 교육에 대한 비전이 우리나라의 교육 패러다임을 바꾸고, 나라의 발전과 미래의 행복을 가져올 것이라 확신합니다.

감사합니다.

2006년 6월 일

(사)한국환경교육학회 회장 최돈형 외 회원 일동

3. 녹색성장사회의 기반이 되는 학교 환경교육 내실화를 위한 건의문
- 준비된 환경교사가 녹색성장을 이끈다 -

전 세계가 환경오염, 자원고갈, 기후변화, 자연재난, 에너지와 경제 위기 등으로 전례 없는 고통을 겪으면서 이에 효과적으로 대응하기 위해 총력을 기울이고 있다. 이명박 대통령은 2008년 국가 비전으로 '저탄소 녹색성장'을 제시하고, "이산화탄소 배출, 기후변화 등에 관한 청소년들의 이해를 돕기 위해 **차기 교육과정에 녹색성장의 개념을 반영하는 방안을 검토하라**"고 지시하였고, 2009년에는 '**녹색생활이 녹색기술보다 중요하다고 지적함으로써 생활양식의 변화를 위한 녹색교육의 필요성을 강조하였다.** 하지만 최근 교육계의 움직임을 보면, 이러한 국가 비전을 실현하는 녹색교육정책에서 조차도 핵심이 빠져있거나 왜곡되어 있다는 것을 알 수 있다.

2009년 11월 18일에 한국교육과정평가원에서는 개정된 고등학교 '환경과 녹색성장 교육과정(안)'에 대한 공청회가 개최되었다. 그 자리에 참가한 교수, 학생, 사회단체, 기자, 환경 및 녹색성장 전문가들은 모두 한목소리로 "**환경과 녹색성장 교육을 제대로 하기 위해서는 이를 전공한 전문 교사가 교육을 담당해야 한다**"라고 이야기했다. 하지만 녹색성장과 녹색교육을 강조하는 현 정부가 2008년과 2009년 두 해 동안 임용한 환경 전공 교사는 단 한 명도 없다. 한마디로 복표와 방법론이 정반대 방향을 향하고 있는 것이다.

우리나라에서 환경을 독립과목으로 가르치기 시작한 지 15년이 지났으나 한국의 학교 환경교육은 양적으로 나 질적으로 위기에 처해 있다. 2008년 자료에 의하면 전국 4,570개 중·고등학교 중에서 755개교(16.5%)만이 환경을 선택하고 있다. 이는 환경 전공 교사의 환경 과목 담당 비율이 5% 정도 수준임을 감안하였을 때, '**고등학교 졸업생 100명당 약 1명만이 정상적인 수준의 환경교육**'을 받고 있다는 의미이다. 매년 100여 명의 환경 전공 교사가 배출됨에도 불구하고 전체 환경 담당 교사 중 약 70%가 무자격 상치교사들이다. 다시 말해 환경 이외의 과목을 담당하는 교사들이 시수의 안배를 위해 완경 수업을 나누어 맡는 비율이 70%에 이르고 있는 것이다. 이는 환경 수업의 질적 저하에 가장 큰 원인이 되고 있다.

이런 교육의 질 하락으로 인한 결과는 벌써 현실로 나타나고 있다. 2007년 환경부가 월드리서치에 의뢰하여 조사한 결과에 따르면, '**기후변화에 대해 인식 수준이 가장 낮은 집**

단이 10대 청소년들'로 나타났다. 응답자 중 10대가 기후변화 주요영향에 대한 인식도 (76.3%, 전체 평균 91.0%)와 원인에 대한 인식도(64.3%, 전체 평균 80.2%)에서 가장 인식 수준이 낮은 것으로 나타났다.

이러한 위기 상황을 어떻게 극복할 것인가? 최근 교육과학기술부는 창의와 인성을 강조하는 **2009년 개정 교육과정**에 따라 고등학교 '**환경과 녹색성장**' 과목을 창의·인성교육 시범과목으로 지정함으로써 위기 극복을 위한 중요한 첫발을 내디뎠다. 이 발표에 대해 우리 환경교육과 교수들은 적극적인 환영과 지지의 뜻을 밝힌다. 교과별로 분절된 교육과정 속에서 '**환경과 녹색성장**'이야말로 **우리 시대의 문제 해결을 위한 창의성과 더불어 살아가는 데 필요한 인성을 함께 기를 수 있는 최선의 과목**임이 틀림없다.

그러나 우리는 최근 교육과학기술부와 한구고가학창의재단 주변에서 떠도는 다음과 같은 세 가지 무책임하고 어처구니없는 발상을 지적하고 경계하고자 한다.

- 첫째, 환경교유고가 녹색성장교육이 별개라는 발상
- 둘째, 환경을 여러 과목에서 분산형으로만 가르쳐도 충분하다는 발상
- 셋째, 새로 바뀐 교육과정에 따라 시수가 모자라는 교사들에게 '환경과 녹색성장'과목을 맡게 한다는 발상

교사는 각자의 전공 영역이 있는 전문가이다. 그중에서도 환경 교사는 환경문제를 둘러싼 다양한 경제, 사회, 문화, 과학적 요소를 통합적으로 다루어 지속가능한 삶을 스스로 창조하는 인재를 양성하기 위해 특별히 훈련된 교육전문가이다. 환자가 없어 쉬고 있다고 정신과 의사에게 암 제거 수술을 맡길 수 없듯이, 녹색교육을 강조하는 현 정부가 교사의 전공과 상관없이 환경수업을 나누어 맡기는 반교육적 행위를 당장 멈추어야 한다. 준비된 교사 없이 녹색교육은 없고, 녹색교육 없이는 녹색성장도 없다.

우리 환경교육과 교수들은 **환경과 녹색성장 교육**이 제자리를 잡고 활성화되기 위해 다음과 같이 건의한다.

1. "**환경과 녹색성장 교육은 이를 전공한 환경 교사가 담당한다**"는 원칙으로 모든 정책, 현상, 문제에 접근하라.
1. 현직 교사에 대한 체계적인 연수를 실시하는 동시에 **환경 전공 교사의 신규 임용을**

확대하라.

1. 녹색성장기본법에 근거하여 전국의 초·중·고등학교 중 **최소 10%를 에코스쿨** 또는 **녹색성장교육시범학교**로 지정하여 지원하고, **1학교 1환경교사 제도**를 도입하라.

2011년 2월 18일

전국환경교육과교수협의회 회원 일동

강형일, 김기대, 김대희, 김현우, 남영숙, 문윤섭,

박종근, 시놓상, 안삼영, 유영억, 이두곤, 이재영,

이진헌, 정 철, 최돈형, 허재선, 황규탁(가나다순)

〈부록 Ⅱ〉 국내외 환경사 및 환경교육사 연표

‣ 표시는 한국의 사회경제적 사건임

국내 환경교육사 연표	국내 환경사 연표		국외 환경사 연표	국외 환경교육사 연표
		1872	・미국 옐로우스톤 국립공원지정	
		1882	・영국, 템즈강 오염으로 '대도시 하수 처리 위원회'가 구성	
		1888	・독일 Ernst Luehdorf 향토보호 운동	
		1897	・일본 족모동산 사건	
		1908	・미국 루즈벨트 대통령 자연 보존위원회 조직	
		1910	・일본, 이타이이타이병 발생	
		1913	・자연경관 보호에 관한 베른국제회의	
		1922	・국제조류보호위원회발족(런던)	
		1923	・동식물계 및 자연풍경과 천연기념물 보호에 관한 파리 국제회의	
		1930	・벨기에, 뮤즈계곡사건	
		1943	・미국, LA 스모그 사건	
‣・'신조선의 조선인을 위한 교육'이 발표됨	‣・8. 15광복 ‣・미 군정, 자유 시장 개설	1945	・히로시마 원자폭탄 투하	
‣・교수요목 제정		1946		
	・현대토건, 학희화학공업사 설립	1947		
・헌법에 의무 교육 규정	・대한민국 헌법 제정 및 정부 수립, ・한미원조 협정 조인 ・삼성물산공사 설립	1948	・미국, 도노라스모그 사건 ・국제자연자원보존연맹(IUCN) 발족, 49년 설립 ・건조지대의 연구계획	・IUCN 회의에서 자연 보존 부 본부장인 프리처드(Thomas Pritchard)가 '환경교육' 용어 구두로 사용
・교육법에서는 홍익인간을 교육의 기본 이념으로 설정	・세계보건기구(WHO)가입	1949	・미국, 자연 보호를 위한 국제 기술회의	
	・한국 전쟁 발발 ・농지개혁법 제정, 경제안정 15원칙 발표	1950		

국내 환경교육사 연표	국내 환경사 연표		국외 환경사 연표	국외 환경교육사 연표
	· 발췌개헌	1952	· 영국, 런던스모그 사건(4천명 사망) · 일본, 미나마타병 첫 환자 발생(52명 사망)	
	· 긴급통화조치 단행(1원 =100원) · 휴전협정 조인 · 선경직물 창립	1953	· 체코, 블루베이비병 발생 · 일본 미나마타병 첫 환자 발생	
· 제1차 교육과정 공포	· 미국 원조 개시 · 한국 IMF, IBRD 가입	1955	· 열대습윤지역의 연국계획	
		1956	· IYF(국제청소년환경보존연맹 발족)	
· 문교월보에서 '체육에 대한 환경교육(민경찬)'		1957		
	· 금성사 설립	1958	· 자연 및 자연자원보전에 관한 회의(아테네)	
	· 3 · 15부정선거 · 4 · 19혁명 · 경남 진동만에 적조 발생 보고 · 제 2공화국 수립	1960	· 일본 사일시 스모그 현상	
	· 한국전력주식회사 발족 · 오물청소법 및 수도법 제정 · 5 · 16군사정변	1961	· 세계야생동물보호재단(WWF)	
	· 제1차 경제개발 5개년계획	1962	· Rachel Carson「침묵의 봄」출판 · 제1차 세계국립공원회의(미국: 시에틀) · 일본 욧가이치 천식 사건	
· 제2차 교육과정 공포	· 공해방지법 제정 · (사)한국자연보존협회설립 · 독물및극물에 관한 법률 지정 · 한국자연보존협회: KACN · 대한석유공사 설립 · 제3공화국 탄생, 박정희 대통령 취임	1963	· 국제생물학 사업계획 I.B.P(1964) · 미국 S,L.Udall: The Quiet Crisis 발행 · 이탈리아 베이온트댐 사건	
	· 환율현실화 및 단일변동환율제 채택 · 수출 1억 달러 달성	1964	· 일본 이타이이타이병 발생(128명 사망)	
	· 금리현실화조치 단행 · 가족계획사업 시작 · 현대건설 국내 최초로 해외 진출 · 부산 감천화력발전소 주변지역 매연 분쟁	1965	· 미국 존슨대통령 백악관 자연미 보존회의 개최	· 영국에서 '환경교육' 용어 최초 사용
	· 하수도법 제정 · 한국자연보존위원회 IUCN 가입 · 선경직물, 폴리에스터 아세테이트 원사공장 준공	1966	· 영국 남극답사팀, 남극 성층권 오존 감소 발견	

국내 환경교육사 연표	국내 환경사 연표		국외 환경사 연표	국외 환경교육사 연표
· 공해와 관련하여 '환경교육의 기본방향(홍웅선)' 발표	· 야생조수 보호 및 수렵에 관한 법률 제정 · 공원법 · 최초의 환경 행정부서 보건사회부 환경위생과 공해계 설립 · 국립공원 최초지정(지리산 국립공원) · 제2차 경제개발 5개년계획 · 현대자동차, 대우실업, 롯데제과 창립 · 공해방지법시행규칙 제정	1967	· 일본 공해대책기본법 제정 · Torrey Canyon 기름이 영국 Cornwall 근처 북해로 유출	
	· 포항종합제출주식회사 창립	1968	· Paul Ehrlich 「인구 폭탄」 출판 · UN Biosphere Conference 개최 · 유럽이사회, '대기오염규제에 관한선언', '유럽수헌장' 발표 · 정부간 전문가회의(파리) · 아프리카통합기구(OAU), 자연과천연자원보존하기위한아프리카협약 체결 · 시에라클럽 '네바다 산맥 미네랄 킹 계곡의 나무, 바위, 야생 생물 대리 소송'하여 패소 · 일본 이타이이타이병 환자, 카드뮴을 배출한 광업소 고소하여 승소 · 일본 가네미유 사건 · 탈리노마이드 사건	
	· 국립공원협회 · 삼성전자 설립 · 공해방지관리인 세미나	1969	· 미국 국가환경정책법 제정 · 미국 뉴멕시코주 알라모골드 사건	· 미국 환경교육저널(JEE) 출판 · Stapp과 학생들은 Michigan 대학에서 환경교육을 정의 · 미국 환경정책법 제정
	· 새마을 운동 전개 · 분뇨처리장 건설 · 수렵금지령 · 경부고속도로 개통 · 전태일 분신자살 · 새마을운동 시작	1970	· 4월 22일 첫 번째 지구의 날 행사 개최 · 로오마클럽 : RC(스위스) · 미국 환경보호청 창설 · 미국 환경보전법 · 유럽각국 '자연보존의 해' · 일본 동경상공 스모그 현상 · 일본 공해방지법 강화	· 미국환경교육법 제정 및 환경보호청(EPA)설립 · 서부지역환경교육의회 (Western Regional Environmental Education Council, WREEC) 설립 · 영국 환경교육의회(CEE) 설립 · IUCN회의에서 환경교육 정의
· 교육과학 저널에 '환경교육의 개념(최용연)' 발표	· 수출 10억 달러 달성 · 국가비상사태 선포	1971	· 일본 환경청 설치 · 프랑스 '인구, 기아, 인구과잉, 그리고 전쟁 문제'의 해결책 회의 · 그린피스 설립 · 람사협약 (물새의서식지로서국제적으로중요한습지에관한협약) 체결 · 세계습지의날(2월 2일) 지정 · 인간과 생물권 계획(1971: 파리) · 일본의 환경청 창설	· 북미환경교육협회 (North American Association for Environmental Education, NAAEE) 설립

국내 환경교육사 연표	국내 환경사 연표		국외 환경사 연표	국외 환경교육사 연표
	· 제3차 경제개발 5개년계획 · 경제의 안정과 성장에 관한 긴급명령 공포 · 제 4공화국 수립 · 현대중공업, 선경유화, 선경석유설립	1972	· 스웨덴 유엔인간환경회의에서 6월 5일 환경의 날 제정 · 로마클럽 「성장의 한계」 발간 · 시에라클럽이 국제적인 환경보호단체로 성장 · 런던 협약 (폐기물및기타물질 투기에의한해양오염방지에관한협약) 체결 · 세계문화및자연유산의보호에 관한협약 체결 · Schumacher 「작은 것이 아름답다」 발간 · Arne Naess "Deep Ecology" 개념 정의	· 스웨덴 유엔인간환경회의 '인간환경선언', '인간환경에 관한 행동강령' 채택, 유엔환경계획 (UNEP) 발족 · Lucas 'Education about/in/for Environment' 제시
· 제3차 초·중·고교 교육과정 공포 · 서울대학교 환경대학원 설립 · 환경교육 관련 최초의 저널 발간 '환경교육 제 1~8호(이화여자대학교 환경교육연구회)' 발간 · 환경교육 관련 최초의 석사논문 '초등학교 환경교육 내용에 관한 분석적 연구(윤세중)'	· 환경행정전담과인 '공해과' · 전남 순천 제 2수원지 농약 살충제에 오염. 물고기 떼죽음. · 중화학공업정책 추진 발표 · 포항종합제철, 포항제철소 1기 설비 준공 · 제1차 오일쇼크	1973	· 침코 운동 시작 · 멸종위기에처한야생동식물의 국제거래에관한협약(CITES) 체결 · 해양오염방지협약(MARPOL) 체결 · 미국 미시간 PBB(Polybromide biphenyl) 사건	· 유엔 환경 계획(United Nations Environmental Programme; UNEP) 설립
· 새교육에서 '환경교육의 동향 (박준희)', '환경교육 : 현대 사회에 적응하는 교육(권태준)' 잇달아 발표 · 도시교육에서 '공해와 환경교육 : 대도시 교육의 특성과 문제점(박준희)'발표 · 고교평준화	· 자연보호협회 · 충북 진천 저수지 10만여 마리 물고기 떼죽음 · 삼성중공업, 삼성석유화학 설립 · 서울지하철 1호선 개통	1974	· 일본 자연보호헌장 제정 · Worldwatch 설립 · 과학자들은 CFCs가 오존층을 서서히 손상시킬 수 있다고 발표 · 영국 수질 오탁법	
· 배영사에서 출판한 단행본 '국민학교교육과정에 터한 인구 및 환경교육 : 교사용지도서 (김수일)' · 서울대학교 환경대학원 '한국에서의 국가발전과 인간환경에 관한 회의'(보문집)에 '환경교육의 목표와 실천지침' 수록	· 정부에서 자연 보호 운동을 함 · 속천항 앞바다 독수대 현상으로 어폐류 떼죽음 · 현대자동차 포니 에콰도르 첫 수출	1975	· 국제조류 보호 위원회 :I.C.B.P · 제1차 국제해중공원회의(동경-공장폐수와 원유유출로 인한 해양오염) · 미국 버지니아주 호스웰시 제임스강 오염	· 베오그라드 국제환경교육회의, 베오그라드 헌장 발표 · 국제연합교육과학문화기구 (United Nations Educational, Scientific and Cultural Organization; UNESCO)설립 · UNEP에 의해 국제 환경교육 프로그램(International Environmental Education Programme; IEEP) 설립, Connect 환경교육소식지 발간 · 일본 초중학교 공해대책위원회가 초중학교 환경교육연구회로 명칭 변경
	· 자연보호헌장 공포 · 최초의 하수처리장 건설 · 최초의 원자력발전소 건설(경남 고리) · 한국 호남정유공장 사건 · 국립환경연구소 설립 · 합성수지폐기물처리사업법 제정 · 울산공단 주변 어린이 피부병 발생 · 제2한강교 척추굽은 물고기 발견 · 유류에 의한 해양의 오염방지를 위한 국제협약 가입	1976	· UN회의에서 인간의 기본권 제공방법에 관한 65개의 권고안을 제안 · 세계유산위원회	· Project Learning Tree (WREEC, AFI) · 국제지역환경교육세미나에서 '환경교육의 개념화' 발표

국내 환경교육사 연표	국내 환경사 연표		국외 환경사 연표	국외 환경교육사 연표
· 한국교육개발원 주최 환경교육 세미나, 환경교육 단행본 '환경교육'(신세호 편, 삼화서적주식회사) 발간	· 한국 IUCN 가입 · 정부에서 자연보호 운동을 범국민 운동으로 제창, 자연보호협의회 구성 · 환경보전법 제정(환경영향평가제도 도입) · 보건사회부 환경관리관 승격 해양오염방지법 · 한국환경보호연구회(민간단체) 발족 · 인천시 일광화학공업 아황산 유출 · 자연보호위원회-협회-보호회 · 제4차 경제개발 5개년계획 · 수출 100억 달러 달성	1977	· 세계은행의 Chico강 4개 대형 댐 건설에 대한 재정적 지원을 철회할 것을 요구 · 케냐 야생동물 포획 금지령	· 트빌리시 정부간 환경교육 회의 · 프랑스 교육부에서 학교 환경교육 정규화 규정 · 일본 대학교 환경교육연구회 발족
	· 자연보호헌장 공포 · 환경보전협회 발족 · 최초의 하수처리장 건설 · 최초의 원자력발전소 건설(경남 고리) · 국립환경연구소 설립 · 합성수지폐기물처리사업법 제정 · 울산공단 주변 어린이 피부병 발생 · 전남 고씨일가 농약에 중독 사망 · 여천공단 주변 10개 마을 어린이 피부병, 중이염 발생 · 럭키석유화학 설립 · 원자력 발전 시작	1978	· 일본에서 천식병 사망 · 러브캐널 사건 · 프랑스 브리태니포트샬 연안 아모코카디스 사건	· 미국 National Leadership Conference on Environmental Education 개최
· 최초의 환경교육 번역본 '환경교육의 세계적 동향'(유네스코 편, 김귀곤 옮김, 배영사) 발간	· 박정희 대통령 암살, 12·12 시태 · 울산시 여천동 어린이 피부병(가려워 가려워병) 발생	1979	· 장거리이동성대기오염협약 체결 · 쓰리마일섬의 핵발전소 원자로가 일부 녹아내려 주변에 방사능 누출 · 이동성야생동물실전협약(CMS) 체결 · James Lovelock '가이아 이론' 제시	· 중국환경과학협회, '기초교육 수준에서의 환경교육에 관한 회의' 개최
· 7.30 교육개혁 조치	· 환경청 설립 · 헌법에 환경권 조항 신설 · 자연공원법 제정 · 한국자원재생공사 설립 · 자연공원법 제정 · 6개 환경측정관리소 신설 · 5.18 광주민주화 항쟁	1980	· IUCN, UNEP, WWF 협력 하에 세계보전전략 제안	· 유럽 환경교육 워크숍 개최 · 독일에서 환경교육을 필수과목으로 지도 권장 · 환경교육연구에 관한 국가 위원회 (National Commission on Environmental Education Research) 창설 · 호주환경교육협회 (The Australian Association for Environmental Education) 설립

국내 환경교육사 연표	국내 환경사 연표		국외 환경사 연표	국외 환경교육사 연표
·최초의 환경교육 단체 '사단법인 환경교육회(후, '환경교육협회') 창립	·환경오염방지사업단법, 환경관리공단법 제정 ·환경직렬 신설(공무원 임용령 개정) ·전두환 대통령 취임, 제 5공화국 출범	1981	·Aldo Leopold 「토지윤리」 발간	
·제4차 초·중·고교 교육과정 고시	·온산공단 '괴질병' 발생 , ·'한국공해문제연구소 창립(1988년 공해추방운동연합, 1993년 환경운동연합으로 명칭변경) ·제5차 경제사회개발 5개년계획 ·금융실명거래에 대한 법률 제정	1982	·스톡홀름 +10 협약 ·UN해양법협약 ·개발도상국의 미래 대부금 재앙 단계 설정 ·국제포경위원회, 상업포경 중단 합의 ·나이로비 선언 ·미국 미주리주의 타임스비치 사건	·제 10회 UNEP 관리이사회특별회의에서 환경교육 강조(나이로비)
·환경청 '환경교육에 관한 심포지움' 개최 ·유네스코 한국위원회 '에너지 및 환경교육 국내 워크숍' 개최	·환경오염방지사업단법, 환경관리공단법 제정 ·인구4천만 명 돌파 ·배출부과금제도 시행	1983	·유엔세계환경발전위원회(World Commission on Environment and Development: WCED) 창립 ·미국 환경보호국과 미국 국립과학원 온실기체에 대한 보고서 발간 ·일본 가네미 지방 고이아니아 사건 ·독일 녹색당 연방의회 진출	·Project WILD (WREEC, AFI)
	·선박으로부터의 오염방지를 위한 국제협약 및 의정서 가입 ·폐기물관리법 제정 ·6개 환경지청, 1개 출장소 설치 ·남극 조약 가입 ·5대강에서 수은 검출	1984	·도, 보팔 사건	·호주환경교육저널 (Australian Journal of Environmental Education, AJEE) 최초 발간
·환경청 환경보전 시범학교 1차 지정 및 환경교육 심포지엄 개최	·남극해양생물자원보존에 관한 협약 ·울산 광역시 온산병 사태	1985	·미국 기상위성 님부스로 지구 오존층에서 '홀' 확인 ·오존층 보호를 위한 비엔나 협약 체결	
	·폐기물관리법 제정 ·6개 환경지청, 1개 출장소 설치 ·간척사업으로 인한 아산만 김양식 피해발생. 어민들 피해 보상운동 벌임. ·빈병 보증금제도 실시(소주병)	1986	·소비에트 연방 체르노빌 핵발전소의 4개 중 한 개 원자로 폭발 ·국제 포경위, 전세계 바다에서 고래잡이 금지	
·제5차 교육과정 고시(환경교육을 국가사회 요구 중점 사항으로 명시)	·명예 환경 감시원제 도입 ·경기도 시흥군 우물물 비소오염. 집단 피부병 발생. 한국환경과학연구협의회 설립 ·6월 항생 및 6.29선언 ·제 6차 경제사회발전계획	1987	·몬트리올의정서 채택 ·유럽 각국이 모여 '유럽 환경의 해' 제정 ·제1차 세계기상회의에서 정부간기후변화패널(IPCC) 결성	·UNESCO/UNEP 환경교육과 훈련에 관한 교육적 회의(모스크바) ·세계환경발전위원회(WCED): Our Common Future(브룬트란트보고서) 발간
·환경청 발주, 한국교육개발원 개발의 환경교재 '사람과 환경'발간, 이후 90년까지 초·중,·고교용 자료 개발 보급 ·한국교육개발원 '환경교육 개선을 위한 TV 프로그램 개발 연구' 수행	·서울 상봉동 연탄공장 진폐증 환자 발생 ·서울소재 온도계 공장 근로자 수은 중독으로 사망 ·고리 원전 피폭 사망. ·영광,고리, 월성 원전 주변 주민 원전반대 시위 ·노태우 대통령 취임, 제 6공화국 출범 ·국민연금제도 시행	1988	·환경 지도자 Chico Mendes 살해됨 ·E.O.wilson 「생물다양성」 발간 ·독일 바다표범 소송 제기	·일본 환경청에 환경교육간담회 설치 ·환경교육에 관한 유럽 결의

국내 환경교육사 연표	국내 환경사 연표		국외 환경사 연표	국외 환경교육사 연표
· 한국환경교육학회 발족 · 환경청 환경보전시범학교 중학교용 환경교육교재 '인간과 환경' 위탁개발 · 한국교육개발원 '한·독 환경교육 학술회의-환경교육의 과제와 실천' 개최	· 수돗물 중금속 오염 파동(팔당상수원 오염사고) · 영광원전 3,4호기 건설 반대 백만인 서명운동	1989	· Exxon Valdez 유조선이 알래스카에서 기름 유출 · 국가 간 유해폐기물의 이동에 관한 바젤협약 체결 · 몬트리올의정서 발효 · 미국 '환경에 책임을 지는 경제기구연합(CERES)' 발디즈원칙 발표	· NAAEE는 주정부와 지방 환경교육 협의회와 함께 협력적인 프로그램을 구축
· 한국환경교육학회 주최 환경교육 세미나 개최 · UNESCO Paris 본부에 한국의 환경교육 상황 보고서 제출	· 환경청이 환경처로 승격 · 대기환경보전법 제정 · 자연, 환경 분야 전문가와 기자단의 '90년대의 자연과 환경을 위한 권유'포럼 및 선언문 채택 발표 · 환경법 복수법화 · 수돗물에서 트라이할로메테인 검출로 제2차 수돗물 파동 · 해운대구 반송동 쓰레기 매립장 반대 시위 · 안면도 핵폐기물 처리장 반대 시위(안면도사태). · 전국적으로 골프장 반대 운동 진행 · 오존층 보호를 위한 비엔나 협약 가입 · 오존층파괴물질에 관한 몬트리올 의정서 가입 · 시장평균환율제도 도입	1990	· 캐나다 Green Plan 발표	· 미국 환경교육추진법 제정 · WET Project 개발 · 일본 환경교육학회 발족 · 영국 환경교육을 위한 국가 교육과정 발간
· 한국교육개발원에 환경교육 연구부 설치 · '학교 환경 교육 강화에 관한 건의서' 교육부 장관에 제출 · 한·영 환경 교육 세미나 · 민간 환경 보전 운동 단체의 장단기 목표 및 추진 방안	· 오수분뇨및축산폐수의처리에 관한법률 제정 · 환경개선비용부담법 제정 · 환경 범죄의 단속에 관한 특별 조치법 제정 · 낙동강 페놀 사건 · 안면도 핵 폐기장 건설 계획 백지화 · 새만금 방조제 공사 착공 · 대구 비산 염색공단 폐수 불법 방류 사실 폭로 · 화성 산업 폐기물 처리장 주변 주민들 산업 폐기물 반입 저지 · 금강 제2휴게소 건설 반대운동 · 동양화학 공장 가스 유출 사고	1991	· 쿠웨이트 125만 톤의 기름이 유출, 최악의 기름 유출 사고 · 동양화학 군산공장 TDA제조 공정상의 수봉탱크 톨루엔 디이소시아네이트(TDI)오염사례	· 미국 국가환경교육신장프로젝트(National Environmental Education Advancement Project) · 일본 문부성 「환경교육지도자료(중·고교 편)」 발간 · 영국 「Caring for the Earth(지속가능한 삶을 위한 전략)」 발간
· 제 6차 초·중등학교 교육과정 고시- 중·고교에 「환경」과 독립 · 환경 독립 교과 위상을 명시한 '제 6차 초·중·고 교육과정' 고시 · 한국교육개발원 초등학교 환경교육자료 '환경교육시리즈', '중등학교 교사용 환경교육 연수교재', '초등학교 교사용 환경교육 연수교재' 등 연구 개발 · 「중학교 '환경'과 교육과정 시안 연구·개발」보고서 연구 발간	· 국가환경선언 채택 · 환경마크제도 도입 · 폐기물의 국가간 이동 및 처리에 관한 법률 제정 · 자원의 절약과 재활용 촉진에 관한 법률 제정 · 제7차 경제사회발전 계획 · 몬트리올 의정서 가입	1992	· 기후변화협약(기후변화에 관한 유엔기본협약) 체결 · 생물다양성협약 체결 · Union of concerned scientists 「인류에 대한 세계 과학자들의 경고」 발간 · Norberg-Hodge, Helena 「오래된 미래」 발간 · 세계물의날(3월 22일) 지정	· 유엔환경개발회의 개최(Rio 선언) -Agenda 21 채택 · 중국인민교육출판사 「환경교육」 교재(중등학교용) 발간 · 환경보호국에서 환경정의를 위한 사무국을 설치 · 일본 문부성 「환경교육지도자료(초등학교 편)」 발간

국내 환경교육사 연표	국내 환경사 연표		국외 환경사 연표	국외 환경교육사 연표
·제1회 국제환경교육학술발표 대회 ·환경교육과 관련된 최초의 박사학위 논문 '학교 환경교육의 문제점과 자기환경화를 통한 환경교육전략의 효과 (이선경)'	·한국 환경자원 공사법 제정, 러시아 핵폐기물 동해 투기 사건 ·환경개선부담금제도 도입 ·러시아 핵폐기물 동해안 투기 사건 ·강원도 인재군 여의도 43배 되는 제병훈련장 설치 계획 ·지리산 양수댐 거설 반대운동 ·영광 5,6호기 건설반대운동 ·OECD 환경위원회 옵저버 가입 ·기후변화협약 가입 ·환경운동연합 창설 ·김영삼 대통령 취임 ·금융실명제 실시 ·신경제 계획	1993	·일본환경기본법 공포, 시행 ·캐나다 NRTEE(National and Pro-vincial Rroundtables on the Econ-omy and the Environment) 설립 ·캐나다 정부 환경시민의식프로그램 (The Environmental Citi-zenship Programme) 발표	
·환경부 내에 환경교육과가 '민간환경협력과'로 변경 ·환경부전공 자격연수 시작 ·한국교육개발원 '중학교 환경 교과의 교수·학습 및 평가 방법 연구' 수행 ·한국환경교육학회 '대학생의 환경보전 활동에 대한 대토론회 개최	·환경처가 환경부로 승격, 4개 환경관리청, 4개 지방환경관리청, 9개 출장소 ·한국환경민간단체진흥회 발족 ·녹색연합 창립 ·1월 굴업도 핵 폐기장 선정 ·군포시 산본 신시가지 쓰레기 소각장 건설강행 ·원진레이온 공해산업 중국수출 ·생수시판 허용 ·97동계유니버시아드 대회 개최를 위한 덕유산 산림 파괴 ·낙동강 식수오염사고 발생 ·바젤협약 가입	1994	·IUCN 멸종 위기 종의 목록을 개정하여 출간 ·이집트에서 인구와 개발에 관한 회의(카이로) ·유엔총회에서 사막화방지협약 체결, 세계사막화방지의날(6월 17일) 지정 ·유엔 해양법 발효 ·세계생물다양성의날(12월 29일) 지정	·미국 대통령 직속기관인 지속가능발전 부서 환경정의 발효 ·중국 환경교육연구센터 설립
·한국교육개발원 제 6차 교육과정에 의한 중학교 '환경' 교과용 도서 발행, 중학교 '환경' 적용 시작 ·한국환경교육학회 환경부에 '사단법인' 등록 ·환경을 독립과목으로 개설(1995 중학교 환경) ·환경과생명을지키는전국교사 모임 출범	·폐기물처리시설설치촉진및주변지역지원등에관한법률, 토양환경보전법, 먹는물 관리법 제정 ·쓰레기 종량제 실시 ·쓰레기 종량제 전국적으로 실시 ·굴업도 핵 폐기장 선정 백지화 ·오존정보제 서울시범 실시 ·남해안 시프린스호의 기름 유출사건 ·수출 1000억 달러 달성, 1인당 국민소득 1만 달러 달성	1995	·IPCC는 '지구 기후에 대한 인간의 영향이 있는 증거가 있다고 제안한다'고 결론짓는 보고서 발간 ·Ken Saro-Wiwa 처형 ·일본 '토끼소송' - 1999년 승소 ·세계오존층보호의날(9월 16일) 선포	·Environmental Education and Train-ing Partnership (EETAP)을 창설 ·일본 '어린이 에코클럽' 사업 전개 ·영국 환경교육연구(EER) 최초 발간

국내 환경교육사 연표	국내 환경사 연표		국외 환경사 연표	국외 환경교육사 연표
· 환경관련학과 설치대학 급증 (전문대42, 개방대11, 대학교 64개교), 정부 녹색환경의 나라 건설 발표 · 교사양성대학교 '환경교육과' 신설 · 일반대학교 환경관련학과 '환경과 교직과정' 승인 · 제 6차 교육과정에 의한 고등학교 '환경 과학' 적용 시작	· 시화호 수질오염 사회 문제화, 시화호 오염문제로 새만금 간척사업에 대한 문제제기 본격화 · 미군 송유관 파열로 인한 한강 기름오염 사건 · 대구 위천공단 건설 계획과 부산·경남 지역의 물 분쟁 · 다중 이용시설 등의 실내 공기질 관리법 제정 · 환경 NGOs 급증(약 600개), 해양수산부 설치, 한국 OECD 가입 · 환경보호에 관한 남극조약 의정서 가입 · 김포 쓰레기 매립장 젖은 쓰레기 반입금지 · 국립공원내 가야산 해인골프장 건설 백지화를 위한 서명운동 백만인 돌파 · 환경의 날을 법정기념일로 지정 · OECD 가입	1996	· Theo Colborn, Dianne Dumanoski, Pete Myers 「도둑맞은 미래」출판 · Mathis Wackernagel, William Rees 생태발자국 개념 개발	· 아시아·태평양 환경교육 심포지엄(일본 동경) · 북미 환경교육 정상회담 및 세미나 개최 · UNEP-UNESCO 환경교육 워크샵(호주) · 캐나다 환경교육저널 (Canadian journal of environmental education, CJEE) 최초 발간 · 영국 「환경교육을 위한 국가전략」발간 · 중국 「국제환경교육의이론과실제」 발간하여 대학생 교재로 사용
· 한국환경교육학회 '제 2회 국제환경교육 세미나-지속가능개발과 환경교육' 개최 및 '우리나라 학교 환경교육 실태조사 연구' 수행 및 학회지 '환경교육' 연 2회 발행 시작 · 제7차 교육과정 고시-중학교 「환경」, 고등학교 「생태와 환경」 설치 · 환경 독립 교과 위상을 유지한 '제7차 초·중등학교 교육과정' 고시 · 한국교육개발원 '환경교육·홍보 종합계획 수립' 수행	· UNEP의 「세계환경의 날」 행사를 서울에서 개최(서울선언 체택) · 람사협약 가입 · 경남 창녕의 우포늪 생태계 보전지역으로 지정(1998년 람사습지로 등록) · 독도 등 도서지역의 생태계 보전에 관한 특별법 제정 · 대만 핵폐기물 북한 반입 저지 운동 · 기후변화협약과 영흥도 화력발전소 건설문제 · 죽음의 재 다이옥신 검출 · 한보철강, 기아자동차 부도 · IMF 구제금융 요청 및 IMF 지원 금융합의	1997	· 교토의정서 채택 · 인도, 칼리마탄과 수마트라에서 산불-'아시아의 갈색 구름층(Asian Brown Cloud)' 발생	· UNEP-UNESCO 환경교육 워크샵(방콕) · UNESCO 국제회의 개최(테살로니키) 환경과 사회: 지속가능성을 위한 교육과 공공인식
· 중·고교 「환경」교과서 개발 방향 확정 · 전국 대학교 교육대학원 석사과정 '환경교육전공' 신설 인가	· 낙동강 재두루미 소송-기각 · 매향리 미군전용사격장 소음 피해 소송-승소 · 생명의 숲 가꾸기 국민운동 출범 · 그린벨트정책 대폭 후퇴 · 환경호르몬, 유전자 조작 농산물 등 국민의 생명안전 위협 · 국립공원정책 후퇴 · 김대중 대통령 취임, · 예금자보호법 시행	1998	· 남극의 오존홀이 2500만 ㎢까지 커졌다는 보고 · 독일 녹색당 연정으로 집권	· 한·중·일 등에서 환경교육 발전세미나

국내 환경교육사 연표	국내 환경사 연표		국외 환경사 연표	국외 환경교육사 연표
· 한국환경교육학회 '학교 환경교육 내용체계화 연구' 수행 · '한국과 독일의 학교 환경교육 국제비교와 강화방안 연구' 수행 · '한·독 환경교육 국제워크숍' 개최 · 환경부에서 환경체험프로그램 공모 사업 추진 · 서울대학교 대학원 협동과정 석사과정 및 박사과정 '환경교육전공' 신설 · 한국교육개발원 '제7차 교육과정 환경교과서 개발 연구'	· '2천년대를 위한환경선언' 채택 발표 · 5대 한강수계 상수원 수질개선 및 주민 지원 등에 관한 법률 제정 · 습지 보전법, 환경·교통·재해 등에 관한 영향평가법 제정, · 월성 원자력발전소 중수 누출 · 비무장지대에서 고엽제 살포 확인 · 새만금 사업 1차 중단(민관 공동조사 실시) · 동강댐 반대 국민운동 · 에너지 절약 마크제도 실시 · 환경전문다큐멘터리 '환경스페셜' 방영 시작 · 대우그룹 부도	1999	· 시애틀 시민 시위가 WTO의 환경적 사회적 결점을 부각시킴	· 북미환경교육협회(NAAEE)에서 환경교육 자료 Kit 발간
· 7차 교육과정의 중학교 '환경' 교과서 검정 심사본 발표 · '중등학교 2급 환경 정교사' 배출 시작 · 환경부 '한·중·일 3국 환경교육 네트워크(TEEN)' 출범 · (사)환경교육센터 설립	· '전국환경전문가회의' 창립 · 미군 부대의 포름알데히드 한강 무단 방류 사건 · 어장 휴식년제 도입 · 대통령자문 '지속가능발전위원회' 발족 · 새만금 미래세대 환경소송(2000.5.4) · 동강댐 건설 계획 백지화 · 국민기초생활보장법 시행	2000	· 난분해성의 매우 독한 살충제의 완전한 단계적 금지 · 다이옥신과 퓨란, PCBs를 포함하는 여러 화학물질의 제한 요구	· 한·중·일 환경장관 회담 결과로 3개국간 환경교육 net-working 사업 추진합의 · EETAP의 지원으로 교육자들에게 온라인상으로 환경교육 제공
· 한국환경교육학회 '제2차 중·장기 환경교육 강화방안 연구' · '청소년 사회 환경교육 프로그램 평가방안 연구' · '고등학교 생태와 환경 성취기준 및 평가기준 개발 연구' · '환경교육진흥법 시안 개발·제정 연구' 등 수행 · '환경교육진흥법 제정 공청회' 개최 · 환경부 '체험환경교육의 활성화를 위한 프로그램 운영에 대한 평가 및 사례 개발' 연구 수행 · 국회환경포럼 · 눈높이 환경교실 구축	· 새만금 사업 재개 · 환경오염 신고 포상금제도 실시 · IMF 구제금융 종식 · 인천국제공항 개항	2001	· IPCC 인간에 의해 지구온난화 현상이 일어난다고 보고 · 미국 교토의정서 비준하지 않을 것을 발표 · 116개국은 식물 유전자에 대한 생물공학 특허를 제한, 식물 유전자원에 관한 새로운 국제 협약을 표결 · 국제수역에서 어업에 관한 기본 규칙 제시 · 투발루 국토 포기 선언 · 잔류성유기오염물질(POPs)의 국제적 규제를 위한 스톡홀름 협약 체결	
· 한국환경교육학회 '국가 지속가능발전을 위한 환경교육 추진전략 개발 연구' 수행, · 환경부 '체험환경교육의 이론과 실제' 위탁 연구 · 환경교육진흥법 제정 추진 및 환경교육사 자격 개발 · 고등학교 생태와 환경 성취기준 및 평가기준 연구 개발 · 제3차 TEEN 워크샵·심포지엄 한국 개최	· 청계천 복원 시삽, 4대강 특별법 제정 · 환경정책기본법 제정 · 중국 황사로 휴교령 · 기후변화에 관한 국제연합 기본협약에 대한 교토의정서 가입	2002	· 세계경세포럼(WEF)에서 환경 지속가능성지수(ESI)제시 · 지속가능발세계정상회담(WSSD) 개최 · 남극 라르센 B 붕빙 붕괴 · 호주 그레이트 베리어 리프의 산호초 백화현상 · EU 교토의정서 비준 · UN 스모그층 기후패턴 변화시킴 · 중국의 황사로 대한민국 휴교령 · 지구 온난화로 인한 국토 침몰로 투발루 주민 이주 시작	· 요하네스버그에서 UN지속가능개발위원회 개최 - 2005부터 2014년까지 유엔 지속가능발전교육10년(United Nations Decade of Education for Sustainable Development) 제정

국내 환경교육사 연표	국내 환경사 연표		국외 환경사 연표	국외 환경교육사 연표
·한국환경교육학회 '학교 환경교육과 사회 환경교육의 연계방안 연구' 수행	·새만금 사업 재개, 건설 폐기물의 재활용 촉진에 관한 법률, 백두대간 보호에 관한 법률, 수도권 대기 환경 개선에 관한 특별법 제정, 4대강 물관리종합대책 추진 ·생산자책임재활용제도 도입 ·환경·교통·재해등에관한영향평가법 ·새만금 갯벌을 살리기 위한 4개 종교 3보1배 수행 ·부안 핵 폐기장 반대 투쟁 ·천성산 도롱뇽 소송 - 2004년 기각 ·노무현 대통령 취임 ·칠레와 FTA 협정 서명	2003	·공공보건협약 채택 ·아마존 산림벌채 40% 증가 ·기후 배출권 거래 법안 채택 ·세계 유적지에서 탐험이나 채광을 하지 않기로 서약 ·멸종위기에 처한 유인원을 위한 긴급회의 개최	·일본 환경교육추진법 제정 ·1차 세계환경교육회의(WEEC), 포르투갈
·한국환경교육학회 '중등임용시험 환경 과목 시험의 출제방안 연구' ·환경부 "환경교육협의회" 조직·운영 ·환경교육단체 "한국 환경교육 네트워크(KEEN)" 결성 추진 ·한국환경교사모임 출범 ·지속가능발전교육 국제 세미나	·수질오염 총량관리제 최초로 경기도 광주시 시행 ·야생 동식물 보호법, 악취 방지법 ·친환경 상품 구매 촉진에 관한 법률 제정, ·새집증후군 사회 문제화 ·부안 핵 폐기장 건설 계획 백지화 ·제1회 서울환경영화제 개최	2004	·EU 첫 번째 오염 명부 발간 ·동양의 고릴라 70% 멸종 ·도미니카 공화국의 폭우와 홍수(2,000명 이상 사망) ·EU 캐나다산 밀렵 곰 수입금지	·2차 세계환경교육회의(WEEC), 브라질
·한국환경교육학회 '환경교육 발전 10개년 계획 연구보고서' 발간 ·환경교육 전문성 신장을 위한 교사연수 ·TEEN 활성화를 위한 하천 체험학습 프로그램 실시 ·초등학생용 환경교육교재 개발 개발연구 ·체험환경교육 프로그램 개발(에코센터 프로젝트) ·대통령자문지속가능발전위원회 '지속가능발전교육 활성화 방안' 발간 ·한국환경교육네트워크(KEEN) 창립	·정부고속철도 천성산 터널공사 재검토 ·새집증후군에 따른 실내공기 환경기준 강화 ·청계천 복원공사 완공 ·통영시, 유엔대학으로부터 유엔지속가능발전교육 통영 RCE 승인(2006년 선포식) ·기후변화에 관한 국제연합 기본협약에 대한 교통의정서 발효	2005	·미국을 제외한 대다수의 나라들 교토의정서 비준 ·미국 의회는 알래스카에 야생서식지에 송유관 허가 ·유럽의회는 유해화학물 금지 ·중국 송화강에 유해화학물 100톤이 유출 ·허리케인 카트리나 미국 남동부 강타	·인도에서 지속가능한 미래를 위한 교육을 주제로 환경교육센터회의개최 ·3차 세계환경교육회의(WEEC), 이탈리아
·지속가능 미래를 위한 친환경을 주제로 학술 심포지엄 및 정책토론회 개최 ·환경교사 임용 확대 및 학교 환경교육 여건 조성을 위한 건의서	·계양산 골프장 반대, 나무 시위 ·장항갯벌 매립을 추진 ·평택 미군기지 확장 논란 ·인천시, 유엔지속가능발전교육 인천 RCE 인증 ·새만금간척사업 법원 최종 판결 ·환경보건법 실시 ·경부운하 추진 반대 시위 ·영화 '괴물' 천만명 돌파 ·종합부동산세 시행 ·환경교육 발전계획(2006~2015)발표	2006	·그린란드 빙하가 2배 빨리 녹고 있다는 미국 과학자들 보고 ·NASA는 지구온도가 12,000년 중에서 가장 높았으며 10년마다 0.2℃높아졌다고 보고 ·인도의 사르다르 사로바르 댐 건설 완료 ·중국 양쯔강 돌고래 멸종 ·'불편한 진실' 다큐로 지구온난화 문제 부각 ·CITES 상아 무역 제한 ·말레이시아에서 툰자세계어린이환경회의 개최	

국내 환경교육사 연표	국내 환경사 연표		국외 환경사 연표	국외 환경교육사 연표
·2007년 개정 교육과정 고시-중학교「환경」, 고등학교「환경」 ·제주특별자치도 조례 '환경교육 의무제 도입'	·태안반도 기름유출 ·서울외곽도로 사패산 터널 공사재개 후 개통 ·생물다양성협약 바이오안전성에 관한 카르트헤나의정서 가입	2007	·앨고어와 IPCC 노벨 평화상 수상 ·상아 무역 제한 붕괴 ·교황 베네딕토 16세는 평화와 환경보호를 크리스마스 메시지로 전함 ·살아있는 지구라는 콘서트가 전 세계 10개 도시에서 동시 개최	·일본 환경교육지도자료(초등학교판) 개정, 환경교육추진지침 발표 ·4차 세계환경교육회의(WEEC), 남아프리카공화국 ·국제환경교육학술대회, 인도
·한중일환경교육 네트워크 캠프 개최 ·환경교육진흥법 시행령 공포	·낙동강 페놀 포르말린 유출 사고 ·제 10차 람사르 총회 경상남도 창원에서 개최 ·정부 정책의 방향 '녹색성장' ·'북극의 눈물' 방영(MBC) ·1인당 GNP 2만 달러 돌파 ·이명박 정부 출범 ·광우병 파동 및 광화문 촛불 집회 ·멜라닌 파동 ·4대강 정비 사업 추진	2008	·유엔환경계획 기후중립 선언, 기후중립네트워크에 첫 번째로 가입 ·코스타리카의 금광 프로젝트 허가 ·선진국 G8회의에서 온실가스 50% 감축 합의 ·IUCN은 포유류의 1/4가 멸종될 것이라고 보고 ·NASA는 북극해가 가라앉고 있다고 보고 ·Green Economy Initiative(GEI) 런칭	
·서울 초등1~2학년 전체 학생 환경교재 배부 ·(사)한국환경교육학회 창립 20주년 기념 행사 ·2009 개정 교육과정 고시- 고등학교「환경과 녹색성장」 ·유네스코 지속가능발전교육 한국위원회 발족 ·녹색성장교육활성화 방안	·환경부 전국 폐석면광 조사 실시 ·제3차 서울 C40 세계도시 기후정상회의 개최 ·툰자세계어린이청소년환경회의 대전에서 개최 ·4대강 살리기 사업 착공	2009	·국제수은조약 체결 ·유엔 '지구를 위한 한시간' 행사 진행 ·반기문 유엔 사무총장 '마무리 짓자!(Seal the Deal!)'라는 표어아래 전 세계적 기후 변화 캠페인을 출범시켰다고 선언 ·몰디브가 세계 최초의 탄소중립국가가 될 것임을 서약하면서 UNEP 기후중립 네트워크에 가입 ·코펜하겐 기후변화협약 회의	·5차 세계환경교육회의(WEEC), 캐나다
·저탄소녹색성장기본법 시행 ·에너지기후변화교육학회 창립	·아마존의 눈물 방영(MBC)	2010	·맥시코만 기름유출사고	·일본 ESD 활동 실천사례 등록 제도시작
·녹색성장사회의 기반이 되는 학교환경교육 내실화를 위한 건의문 ·유네스코 지속가능발전교육 공식프로젝트 인증제 실시 ·2011개정 교육과정 고시- 중학교「환경과 녹색성장」	·환경부 지속가능발전기본계획 ·기후변화교육을 위한 에니메이션 및 교구개발	2011	·일본 후쿠기마 원전사고	·6차 세계환경교육회의(WEEC), 오스트레일리아

최돈형(崔燉亨)

강원도 양양에서 출생하여 서울대학교 물리교육과(이학사)를 졸업하고, 같은 대학의 대학원에서 과학교육학 전공으로 교육학 박사학위를 받았으며, 캐나다 앨버타 대학교 교육심리학과에 UNESCO/UNDP Fellow로 파견되어 인지심리학을 연구하였다.

서울 영동중학교와 서울고등학교에서 과학과 물리를 가르쳤으며, 이후 한국교육개발원 환경교육연구부장, 과학교육연구부장 등으로 재직하면서 과학과와 환경과의 교육과정, 교과용도서, 교수학습자료, 정책연구 등을 연구·개발하였다. 한국교원대학교 환경교육과 교수로 재직하면서는 교육연구원장, 교수학습센터장, 환경교육과학과장 등을 역임하였으며, 환경교육학의 이론 정립과 정체성 확립 그리고 실천 연구와 교육에 몰두하고 있으며, 현재 환경학교육연구소 소장을 맡고 있다.

한국환경교육학회 창립회원 및 학회장, 한국환경교육네트워크 발기인 대표 및 공동대표, 한국과학교육학회 부회장, 교육부 과학과교육과정심의위원, 환경과교육과정심의위원(장), 충북청풍명월21실천협의회 부회장 및 교육홍보분과위원장, 충북환경교육네트워크 발기인 대표 및 공동대표 등으로 활동하고 있다.

『환경교육학개론』(공저), 『21세기 한국의 환경교육』(공저), 『환경교육학입문』(역), 『환경교육 교수학습론』(공저), 『교사가 생각하는 환경교육』(공역) 등을 출간하였으며, 『초등학교 슬기로운 생활』, 『초등학교 과학』, 『중학교 과학』, 『고등학교 물리』, 『고등학교 공통과학』, 『중학교 환경』, 『고등학교 환경과 녹색성장』 등의 교과용 도서를 집필하였다.

이성희(李成姬)

서울에서 출생하여 한양대학교 사학과, 경인교육대학교 초등교육과를 졸업하고, 이후 한국교원대학교에서 환경교육학 전공으로 교육학 박사학위를 받았다.

서울 은정초등학교, 서울 월정초등학교에서 담임 및 교과 교사로 근무하고 있으며, 한국환경교육학회 및 에너지기후변화교육학회에서 다양한 역할을 하고 있다. 또한 청람환경교육연구회 및 융합인재교육(STEAM) 교사 연구회에서 활발한 연구를 하고 있으며, 서울과학교육 편집위원 및 환경교육포털 블로그 운영 등 다채로운 활동을 하고 있다. 현재 환경교육의 활성화를 위해서 교사 연수 및 교수학습 자료 개발에 많은 노력을 기울이고 있다.

저서로는 『환경교육 교수학습론』(공저), 『교사가 생각하는 환경교육』(공역) 등을 출간하였으며, 「에너지 기후변화 교육의 정규 교육과정 반영을 위한 초중등학교 교육과정(공저)」, 「한강愛 재미있는 생태복원이야기(공저)」을 집필하였고 『신나고 재밌고 생생한 에너지 나라』, 『환이랑 경이랑 가꾸는 초록 서울』 등의 교재집필에 참여하였다.

교육이 환경을 만나다

한국 학교 환경교육사 산책

초판인쇄 | 2012년 1월 17일
초판발행 | 2012년 1월 17일

지 은 이 | 최돈형 · 이성희
펴 낸 이 | 채종준
펴 낸 곳 | 한국학술정보㈜
주   소 | 경기도 파주시 문발동 파주출판문화정보산업단지 513-5
전   화 | 031) 908-3181(대표)
팩   스 | 031) 908-3189
홈페이지 | http://ebook.kstudy.com
E-mail | 출판사업부 publish@kstudy.com
등   록 | 제일산-115호(2000. 6. 19)

ISBN   978-89-268-3028-4 93370 (Paper Book)
         978-89-268-3029-1 98370 (e-Book)